纪录小康工程

全面建成小康社会

安徽小康史

ANHUI XIAOKANGSHI

本书编写组

全国百佳图书出版单位

时代出版传媒股份有限公司

安徽人民出版社

责任编辑:蒋越林　李　莉　肖　琴
封面设计:石笑梦　葛茂春
版式设计:王欢欢　葛茂春

图书在版编目（CIP）数据

全面建成小康社会安徽小康史 / 本书编写组编著— 合肥 : 安徽人民出版社，
2022.10

（"纪录小康工程"地方丛书）

ISBN 978－7－212－11478－7

Ⅰ . ①全… Ⅱ . ①本… Ⅲ . ①小康建设－史料－安徽 Ⅳ . ① F127.54

中国版本图书馆 CIP 数据核字 (2022) 第 098656 号

全面建成小康社会安徽小康史

QUANMIAN JIANCHENG XIAOKANG SHEHUI ANHUI XIAOKANGSHI

本书编写组

安徽人民出版社出版发行

（230071　合肥市政务文化新区翡翠路 1118 号）

安徽新华印刷股份有限公司印刷　新华书店经销

2022 年 10 月第 1 版　2022 年 10 月合肥第 1 次印刷

开本: 710 毫米 ×1000 毫米 1/16　印张: 17.5

字数: 230 千字

ISBN 978－7－212－11478－7　定价: 62.00 元

邮购地址 230071　合肥市政务文化新区翡翠路 1118 号

安徽人民出版社营销部　电话: (0551) 63533258　63533259

目　录

一、引　论

习近平总书记在庆祝中国共产党成立100周年大会上庄严宣告："经过全党全国各族人民持续奋斗，我们实现了第一个百年奋斗目标，在中华大地上全面建成了小康社会，历史性地解决了绝对贫困问题，正在意气风发向着全面建成社会主义现代化强国的第二个百年奋斗目标迈进。这是中华民族的伟大光荣！这是中国人民的伟大光荣！这是中国共产党的伟大光荣！"

全面建成小康社会体现了社会主义的本质要求，彰显了中国社会制度和国家治理体系的显著优势。全面建成小康社会，是中华民族发展史上前所未有的伟大壮举，是中国共产党在赶考之路上交的一份合格答卷，更是实现中华民族伟大复兴的必经之路。全面建成小康社会实现了中国式现代化的阶段性目标，完善拓展了我国社会主义现代化建设的布局和途径。全面建成小康社会的过程蕴含着合理的历史逻辑、理论逻辑与实践逻辑。全面建成小康社会之所以能够实现，离不开中国共产党的坚强领导，离不开中国人民的艰苦奋斗与积极探索。

（一）全面建成小康社会的历史逻辑

1. 中国传统文化中的"小康"

《诗经·大雅·民劳》中有诗句云："民亦劳止，汔可小康。"这是"小康"概念在中国历史上首次提出。"康"意为"安"，"小康"即"小安"，诗句原意为"人民的生活太辛苦了，应该让他们稍稍安稳休养一下"。可见，最为初始的"小康"概念，是对百姓安稳生活状态的一种描述。

先秦时期的"小康"概念，在汉代被进一步阐发。《礼记·礼运》中云："大道之行也，与三代之英，丘未之逮也，而有志焉。大道之行也，天下为公。选贤与能，讲信修睦，故人不独亲其亲，不独子其子，使老有所终，壮有所用，幼有所长，矜寡孤独废疾者，皆有所养。男有分，女有归。货恶其弃于地也，不必藏于己；力恶其不出于身也，不必为己。是故谋闭而不兴，盗窃乱贼而不作，故外户而不闭，是谓大同。今大道既隐，天下为家。各亲其亲，各子其子，货力为己。大人世及以为礼，城郭沟池以为固，礼义以为纪。以正君臣，以笃父子，以睦兄弟，以和夫妇，以设制度，以立田里，以贤勇知，以功为己。故谋用是作，而兵由此起。禹、汤、文、武、成王、周公，由此其选也。此六君子者，未有不谨于礼者也。以著其义，以考其信，著有过，刑仁讲让，示民有常。如有不由此者，在执者去，众以为殃，是谓小康。"在汉代，"小康"已经从一种对百姓生活状态的描述，变成了儒家思想中仅次于"大同"社会的理想社会状态。所谓"大同"，是传说中禅让制时代的社会实景。所谓

"小康"，则是私有制制度建立之后的理想政治景况。

　　儒家这一理想社会图景，一再为后世所强调。裴松之所注的《三国志》中便言："自中原酷乱，至于建安，数十年间，生民殆尽。比至小康，皆百死之余耳。"唐代《大历八年夏至大赦文》也论道："关辅之内，农祥荐臻，嘉谷丰衍，宿麦滋殖。间阎之间，仓廪皆实，百价低贱，实曰小康。"牛僧孺曾上书给皇帝言道："臣等待罪辅弼，无能康济，然臣思太平亦无象。今四夷不至交侵，百姓不至流散；上无淫虐，下无怨讟；私室无强家，公议无壅滞。虽未及至理，亦谓小康。"明成祖也将"得斯民小康"作为自己的为政目标之一。由此可见，"小康"这一词语，实际上已经成为中国历史上理想社会的代名词之一，并且这一理想具有现实性。"小康"并不像"大同"一般，被认为是一种存在于上古社会，只能作为终极政治理想的社会模式，而被认为是通往"大同"社会的必经阶段，通过努力在实践中得到实现的一种社会图景。

　　五千多年来，"小康"作为一种社会理想，集中表达了中华民族对美好生活的向往。中国古代对于"小康"社会的具体阐释大致趋同，均将"小康"描述为一种经济繁荣、政治清明、社会安定、文化发展、百姓安居乐业的社会图景。这些社会图景的建构，包括对政治、经济、文化、社会等多个方面，但这些建构不是以统治者的政权稳固为基准，而是以人民生活的安宁稳定为前提，以当时社会生活所存在的问题为靶向，其核心理念是对民生的重视。

　　但是，由于受到生产力水平的制约和社会财产所有制的限制，中华民族的"小康"愿望在数千年古代历史中，始终没有真正长久地实现。正因此，"小康"社会也成为中华民族几千年来孜孜以求的政治理想。

2．"全面建成小康社会"的提出

"全面建成小康社会"是中国共产党第十八次全国代表大会提出的战略目标。这一目标不仅是对中国传统文化的赓续，同时也是中国共产党初心与使命在新的历史时期的体现。

从 1921 年成立至今，中国共产党已经走过了一百年的光辉岁月。在这一百年的岁月中，中国共产党带领中国人民推翻了三座大山，改变了中国近代以来长期受剥削、受奴役的半殖民地半封建的地位。在 1949 年建立了真正独立自主、由人民当家作主的中华人民共和国。随后，中国共产党又带领中国人民进行了社会主义革命和建设，通过三大改造建立了社会主义基本制度。再后，中国共产党继续带领中国人民走上了中国特色社会主义的建设之路，在社会主义现代化建设的历程上留下了串串脚印。一百年来，中国共产党始终坚持"为中国人民谋幸福，为中华民族谋复兴"，在不同的历史阶段，提出了不同奋斗目标，为中国未来的发展指出了方向，"小康"，即是这些奋斗目标中不可或缺的一环。这一百年的奋斗历史与建设经验，为"全面建成小康社会"战略的提出和实现提供了宝贵的思想素材和实践基础。

新中国成立初期，中国共产党面对的是国民政府留下的"一穷二白"的旧中国，生产凋敝、通货膨胀、经济萧条，整个国民经济处于崩溃状态，人民生活十分困难。面对这个局面，中国共产党迅速将工作重心转移到经济建设上来，在一个较短的历史时期内，完成了土地改革，恢复了农业、工业生产和交通运输建设，在三年内使国民经济得到了全面恢复。随后，又开始了对农业、手工业、资本主义工商业的社会主义改造工作。

1954 年，在第一届全国人民代表大会上，中国共产党第一次明确地提出要实现工业、农业、交通运输业和国防的"四个现代化"任务。在 1964 年年底到 1965 年年初召开的第三届全国人民代表大会第一次会议上,中国共产党再次提出"四个现代化"的宏伟目标,并宣布:调整国民经济的任务已经基本完成。今后发展国民经济的主要任务,是要在不太长的历史时期内,把我国建设成为一个具有现代农业、现代工业、现代国防和现代科学技术的社会主义强国。在中国共产党的领导下,中国从零起步,取得了前所未有的社会主义建设成就,逐步建立起独立的比较完整的工业体系和国民经济体系。这些成就为"全面建成小康社会"提供了政治保证与制度基础,提供了经济与物质的前提,也提供了精神力量的支持与宝贵的经验借鉴。

中共十一届三中全会后,中国进入改革开放的新时期。通过对过去三十年社会主义建设正反两方面经验的总结、对国际国内形势的科学分析,结合中华优秀传统文化的精髓,邓小平创造性地提出了"小康"这一目标。1979 年,邓小平在会见日本首相大平正芳时指出:"我们的四个现代化的概念,不是像你们那样的现代化的概念,而是'小康之家'。"所谓的"小康之家",以对"四个现代化"的量化结果为标准。提出到 20 世纪末,争取国民生产总值达到人均 1000 美元,实现小康水平。这也是"小康"这一概念第一次在中华人民共和国成立后的正式提出。作为中国改革开放的总设计师,邓小平在后来不断重申"小康"这一概念。1980 年,邓小平在中共中央经济工作会议上正式提出:"经过二十年的时间,使我国现代化经济建设的发展达到小康水平,然后继续前进,逐步达到更高程度的现代化。"1982 年,邓小平在会见联合国秘书长德奎利亚尔时提出,"我们摆在第一位的任务是在本世纪末实现现代化的一个初步目标,这就是达到小康的水平","再花三十年到五十年的时间,接近发达国家的水平"。1984 年，邓小平会见日本首相中曾根康弘时说："翻两番，国民生产总值人均达到八百美元，就是到本世纪末在中国建立一个小康社会。这个小康社会，叫做中国式的现代化。"通过邓小平一系列的讲话及论述，"小康"从中国传统社会的美好愿景，成为国家现代化发展的一个明确目标。

1982 年，党的十二大提出到 20 世纪末我国经济建设总的奋斗目标是："在不断提高经济效益的前提下，力争使全国工农业的年总产值翻两番，使人民的物质文化生活水平达到小康水平。""小康"这一奋斗目标正式被确定为中国共产党的行动方向。1987 年，党的十三大正式把人民生活达到小康水平作为第二步奋斗目标，确立了"三步走"的战略构想："第一步，实现国民生产总值比 1980 年翻一番，解决人民的温饱问题；第二步，到 20 世纪末，使国民生产总值再增长一倍，人民生活达到小康水平；第三步，到 21 世纪中叶，人均国民生产总值达到中等发达国家水平，人民生活比较富裕，基本实现现代化。"

在中国共产党的领导下，中国人民在 1990 年基本解决了温饱问题。在此基础上，党的十三届七中全会对人民的小康水平进行了更加明确的定义："所谓小康水平，是指在温饱的基础上，生活质量进一步提高，达到丰衣足食。这个要求既包括物质生活的改善，也包括精神生活的充实；既包括居民个人消费水平的提高，也包括社会福利和劳动环境的改善。"由于有了明确的定义，小康社会这一建设目标的方向性得以进一步明确。

1992 年，党的十四大提出要在 20 世纪 90 年代达到小康水平。为"小康社会"目标的实现给定期限，是中国共产党对人民的庄严承诺。1997 年，党的十五大提出了新的"三步走"发展战略："要在 21 世纪第一个十年实现国民生产总值比 2000 年翻一番，使人民的小康生活更加宽裕，形成比较完善的社会主义市场经济体制；再经过十年的努力，到建党一百年时，使国民经济更加发展，各项制度更加完善；到21世纪中叶建国一百年时，基本实现现代化，建成富强民主文明的社会主义国家。"

在"三步走"战略的指引下，在中国共产党领导和全国人民的不懈努力下，到20世纪末，中国国内生产总值达到89404亿元，于2000年超额完成人均国民生产总值比1980年翻两番的任务，各方面建设取得重大进展，标志着党的十四大提出的"三步走"发展战略中的第二步"达到小康水平"的目标如期实现。但是，当时的小康仍然是低水平、不全面、发展很不平衡的小康，只是"总体小康"。针对这种情况，2002年召开的党的十六大提出要在21世纪头二十年，集中力量，全面建设惠及十几亿人口的更高水平的小康社会，在优化结构和提高效益的基础上，国内生产总值到2020年力争比2000年翻两番，综合国力和国际竞争力明显增强。社会主义民主更加完善，社会主义法制更加完备，依法治国基本方略得到全面落实，人民的政治、经济和文化权益得到切实尊重和保障。全民族的思想道德素质、科学文化素质和健康素质明显提高，形成比较完善的现代国民教育体系、科技和文化创新体系、全民健身和医疗卫生体系。可持续发展能力不断增强，生态环境得到改善，资源利用效率显著提高，促进人与自然的和谐，推动整个社会走上生产发展、生活富裕、生态良好的文明发展道路，小康社会建设由"总体小康"向"全面小康"迈进。2007年召开的党的十七大，深刻分析国际国内形势发展变化和新世纪新阶段中国发展一系列新的阶段性特征，对实现全面建设小康社会的宏伟目标作出全面部署，在经济、政治、文化、社会、生态文明等五个方面提出新要求。与党的十六大确定的到2020年奋斗目标相比较，这些新要求既与之相衔接，保持了目标的连续性，又根据新的情况和条件进行了充实。特别是根据经济持续快速发展的实际，调整了党的十六大提出的到2020年力争实现国内生产总值比2000年翻两番的经济增长目标，提出"实现人均国内生产总值到2020年比2000年翻两番"的更高要求。这些新要求深刻反映了党的执政治国理念的新发展，集中体现了科学发展观的本质要求和基本精神。会议提出在"2020年全面建成小康社会目标实现之时，我们这个历史悠久的文明古国和发展中的社会主义大国，将成为工业化基本实现、综合国力显著增强、国内市场总体规模位居世界前列的国家，成为人民富裕程度普遍提高、生活质量明显改善、生态环境良好的国家，成为人民享有更加充分民主权利、具有更高文明素质和精神追求的国家，成为各方面制度更加完善、社会更加充满活力而又安定团结的国家，成为对外更加开放、更加具有亲和力、为人类文明作出更大贡献的国家"。"全面建设小康社会"的目标变得更为全面，内涵变得更为丰富，要求也变得更为具体。

3. 党的十八大以来对"全面建成小康社会"的创新阐释

中国特色社会主义新时代是向全面建成小康社会冲刺的关键时刻。党的十八大以来，以习近平同志为核心的党中央，团结带领全党和全国人民，锚定全面建成小康社会这一宏伟目标，统筹推进"五位一体"总体布局，协调推进"四个全面"战略布局，攻坚克难，奋发有为，向着全面建成小康社会进军。

2012年，党的十八大提出要在中国共产党成立一百年时完成"经济持续健康发展，人民民主不断扩大，文化软实力显著增强，人民生活水平全面提高，资源节约型、环境友好型社会建设取得重大进展"的全面建成小康社会的奋斗目标。2017年，党的十九大作出了决胜全面建成小康社会、开启全面建设社会主义现代化国家新征程战略部署，吹响了夺取全面建成小康社会伟大胜利的号角。习近平总书记提出了一系列重要思想重要理念，作出了一系列重大决策重大部署，为全面建成小康社会这一目标作出了历史定位和战略谋划。全面建成小康社会是党向人民、向历史作出的庄严承诺，是实现中华民族伟大复兴中国梦的关键一步；在"四个全面"战略布局中，全面建成小康社会是战略目标，居于引领地位，全面深化改革、全面依法治国、全面从严治党是三大战略举措；全面小康，覆盖的领域要全面，是"五位一体"全面进步，覆盖的人口要全面，是惠及全体人民的小康，覆盖的区域要全面，是城乡区域共同发展的小康；小康不小康，关键看老乡，全面建成小康社会最艰巨最繁重的任务在农村，特别是在贫困地区；必须尽快把影响如期实现全面建成小康社会目标的短板补齐；全面建成小康社会要靠实干，基本实现现代化要靠实干，实现中华民族伟大复兴要靠实干，等等。

（二）全面建成小康社会的理论逻辑

在中国革命与建设社会主义的历程中，中国共产党一向注重马克思主义基本原理与中国实践相结合，全面建成小康社会即是这一有机结合的产物。革命导师马克思、恩格斯曾指出，无产阶级夺取政权后应"尽可能快地增加生产力的总量"。毛泽东也指出："社会主义革命的目的是为了解放生产力。"邓小平曾指出："社会主义的本质，是解放生产力，发展生产力，消灭剥削，消除两极分化，最终达到共同富裕。"

"小康"是中国传统文化一直倡导和追求的理想社会状态，其概念本身也是中国历史实践的产物。中国共产党在历史实践中，多次提出建设更高水平的小康社会，对小康社会的标准进行了精准量化，以经济指标为主对小康社会提出了具体要求，在本质内涵上，这些要求是对生产力提出的更高水平的发展要求，因此，建成小康社会的手段是解放与发展生产力。所谓"全面"，所体现的是共同富裕的基本原则。邓小平指出："社会主义与资本主义不同的特点就是共同富裕，不搞两极分化"，"社会主义最大的优越性就是共同富裕，这是体现社会主义本质的一个东西"。习近平也指出："消除贫困、改善民生、逐步实现共同富裕，是社会主义的本质要求，是我们党的重要使命。"因此，全面建成小康社会、实现共同富裕这一理论，是马克思主义与中国实践相结合的创新理论。

在《政治经济学批判（1857—1858 年手稿）》中，马克思将人的发展分为三种表现形态。第一种形态表现为"人的依赖关系（起初是自然发生的）"，所对应的是以体现农业文明的自然经济为基础的传统社会，这时的人，是以集体协作的方式进行物质生产实践，共同抵御外部自然的威胁，人与人之间呈现出直接的依附关系，共同体全面统摄个人生活，个人不具备自由发展的现实条件。第二种形态表现为"以物的依赖性为基础的人的独立性"，所对应的是体现工业文明的现代市场经济为基础的资本主义社会，这一时期形成了普遍的社会物质交换、全面的关系、多方面的需求以及全面的能力的体系。在马克思的时代，人的发展的第三种形态并没有真正在实践中存在，仅是一种理想性的社会，马克思将其表述为"建立在个人全面发展和他们共同的、社会的生产能力成为从属于他们的社会财富这一基础上的自由个性"，对应的则是理想的共产主义社会。在这一时期，人们真正获得了依照个体本性而全面发展的条件，"自由人的联合体"将真正形成。可见，马克思所归结的三种表现形态，其实是将现实中存在、而非理论中存在的人的发展作为社会发展的衡量尺度。中国共产党所提出的建设"小康社会"的构想，实际上反映了中国共产党为人民而生，因人民而兴，始终同人民在一起，把为人民利益而奋斗作为立党兴党强党的根本出发点和落脚点。习近平总书记指出："全面建成小康社会，不是一个'数字游戏'或'速度游戏'，而是一个实实在在的目标。在保持经济增长的同时，更重要的是落实以人民为中心的发展思想，想群众之所想、急群众之所急、解群众之所困。"全面建成小康社会的核心即是人民，所关注的是人民群众的现实需求，以人民作为全面建成小康社会的衡量尺度。这是马克思关于人的发展理论的中国实践。

（三）全面建成小康社会的实践逻辑

中国共产党的领导是中国全面建成小康社会的根本保证。在不同历史时期，中国共产党洞察时代大势，科学分析形势，把握发展规律，作出正确决策，确保了小康社会建设不断推进。中国共产党充分发挥总揽全局、协调各方的作用，充分发挥中国特色社会主义制度优势，把亿万人民团结和凝聚起来，汇聚起小康社会建设的磅礴力量。一代又一代中国共产党人，弘扬伟大建党精神，顽强拼搏、不懈奋斗，为实现全面小康付出巨大牺牲。没有中国共产党的领导，就不会全面建成小康。

在全面建成小康社会的实践中，中国共产党始终坚持以经济建设为中心和以人民为中心的发展思想相统一。在实践中，中国共产党将经济建设作为发展路径，以人民为中心作为发展目标。在社会主义建设的探索阶段，由于忽略了经济建设的中心地位，中国共产党曾经付出过巨大代价，这些代价让中国共产党得到了一个规律性认识，即在社会主义建设过程中，要始终坚持以经济建设为中心。全面建成小康社会的具体原则即是"以经济建设为中心"。习近平总书记明确指出，"人民对美好生活的向往，就是我们的奋斗目标"，并在实践中形成和提出了"以人民为中心"的发展思想。全面小康能否得到人民认可、经受历史检验，最根本的还是要看处于贫困状态的人民的基本生活能否得到满足。为此，中国打响了精准脱贫攻坚战，补齐了全面建成小康社会的民生短板。通过一系列的精准脱贫举措，中国脱贫攻坚取得了决定性的成就，贫困人口由 2012 年年底的 9899 万人锐减至 2019 年的 551 万人。2020 年，新冠肺炎疫情不期而至，为实现全面建成小康社会这一目标带来了新的挑战。对此，中共中央作出科学决策：对老弱病残以及因疫情致贫返贫的人口进行重点帮扶，聚焦深度贫困地区，多措并举巩固成果，保持脱贫攻坚政策稳定，并推进全面脱贫与乡村振兴有效衔接，确保高质量完成脱贫攻坚目标任务。同时，还要加强教育、医疗、住房、饮水等各项民生领域工作，健全社保兜底机制，切实提升人民的现实获得感。

生态环境治理是关乎中华民族永续发展的长远问题，以往的经济建设留下了一系列的污染问题，成为全面建成小康社会的环境短板，对此，中国打响了污染防治攻坚战。习近平总书记指出："绿水青山就是金山银山。"在以经济建设为中心的同时，中国也关注经济建设与生态环境的协调发展，确立了节约资源和保护环境的基本国策；制定实施了严格的生态文明制度，以法治理念、法治方式推动生态文明建设；开展了蓝天保卫战、碧水保卫战、净土保卫战等工作，在全社会形成了齐抓共管的生态环境保护氛围，推动了人与自然和谐发展。绿色发展方式和生活方式，在全面建成小康社会的实践过程中逐步形成。蓝天白云、清水绿岸广泛出现，生态系统质量和稳定性不断提升，人与自然和谐共生的美丽中国愈发清晰。

面对全面建成小康社会可能遇到的各种风险，中国打响了防范化解重大风险攻坚战。正如习近平总书记所指出的，"发展起来有发展起来的问题，而发展起来后出现的问题并不比发展起来前少，甚至更多更复杂了"。在全面建成小康社会的这一关键阶段，来自国内外包括意识形态领域、金融经济领域、生态环境领域等各个方面的风险因素开始集中显露。为了守住全面建成小康社会乃至整个社会主义事业的根本底线，中国在实践中不断吸取经验、总结教训，始终保持忧患意识与底线思维，进一步提升洞察风险、防范风险、化解风险、治理风险、转化风险的能力，为全面建成小康社会进而实现中华民族伟大复兴提供了安全保证，补齐了全面建成小康社会的安全短板。

在全面建成小康社会的实践中，中国始终坚持"五位一体"总体布局和"四个全面"战略布局相统一。全面小康的关键在于"全

巢湖湿地

面"。全面建成小康社会，就是要建成经济、政治、文化、社会和生态文明建设"五位一体"全面发展的小康社会。为此，中国共产党提出和实施了"四个全面"战略布局，通过"全面深化改革""全面依法治国""全面从严治党"来推进和实现"全面建成小康社会"。同时，中国坚持制度建设和制度自信相统一。全面建成小康社会的核心要义，即是对束缚生产力发展的生产关系和上层建筑的各个环节进行改革。邓小平在1992年南方谈话中提出，再有三十年的时间，各方面制度要"更加成熟，更加定型"。为了使全面建成小康社会的各方面制度"更加成熟，更加定型"，中共中央提出了完善和发展中国特色社会主义制度，推进国家治理体系和治理能力现代化的全面深化改革总目标；提出了建设中国特色社会主义法治体系、建设社会主义法治国家的全面推进依法治国总目标。党的十九届四中全会通过了《中共中央关于坚持和完善中国特色社会主义制度、推进国家治理体系和治理能力现代化若干重大问题的决定》，明确提出了在制度和治理体系建设上"坚持和巩固什么、完善和发展什么"等一系列重大课题。制度改革的魄力，来自对中国特色社会主义的制度自信，以及与此相联系的道路自信、理论自信、文化自信。坚持"四个自信"，也正是全面建成小康社会目标实现的根本经验。

（四）全面建成小康社会的中国模式

作为全球人口最多的国家和世界上最大的发展中国家，中国全面建成小康社会，不仅是中华民族历史上前无古人的伟大事业，中国历史上任何一个所谓盛世都不曾做到的伟大壮举，同时也是人类发展史上的伟大壮举。中国全面建成小康社会，为人类走向现代化探索了新路径，以中国模式为构建人类命运共同体贡献了中国智慧和中国力量。

1. 党委领导与政府主导相结合

全面建成小康社会，是中国共产党人的奋斗目标。在实现这一目标的过程中，中国始终坚持党委领导和政府主导的建设模式。党委作为领导核心，负责总揽全局、协调各方力量；政府作为主导，始终把建设小康社会作为本行政区域发展的重要目标和任务。在中国共产党的统一领导下，在各级人民政府的主导下，中国人民被广泛地发动起来，集中全民力量，完成了全面建成小康社会的实践工作。

2. 全面建设与精准脱贫相统一

全面小康，重在全面。中国的全面小康，体现发展的平衡性、协调性和可持续性，是物质文明、政治文明、精神文明、社会文明、生态文明协调发展的小康；是不断满足人民日益增长的多样化多层次多方面需求、不断促进人的全面发展的小康；是国家富强、民族振兴、人民幸福，多维度、全方位的小康。中国的全面小康，是全体人民共同享有发展成果的小康。在全面建成小康社会的过程中，中国实现了经济的持续健康发展、人民民主的不断扩大、文化进一步的繁荣发展、民生福祉的显著提升。同时，在全面建成小康社会的过程中，中国共产党坚持不让一个人掉队，不让一个区域落下，不让一个民族滞后，不断创新扶贫理论和政策，从通过体制改革实施反贫困战略、大规模开发式扶贫到开展"八七"扶贫攻坚、实施精准扶贫精准脱贫，坚持做到扶持对象、项目安排、资金使用、措施到户、因村派人、脱贫成效"六个精准"，实施发展生产脱贫一批、易地搬迁脱贫一批、生态补偿脱贫一批、发展教育脱贫一批、社会保障兜底一批"五个一批"政策，使全国贫困群众与全国人民一道迈进了小康社会。截至 2020 年年底，中国如期完成了新时代脱贫攻坚目标任务，现行标准下 9899 万农村贫困人口全部脱贫，832 个贫困县全部摘帽，12.8 万个贫困村全部出列。

3. 发达地区与欠发达区域协调发展

由于幅员辽阔、人口众多、基础不同，中国各地区的发展很不平衡。在全面建成小康社会的过程中，中国区域发展的重大战略得到了高质量推进，京津冀地区协同发展、长江经济带发展全面绿色转型、粤港澳大湾区建设持续推进、长三角区域一体化进程加快、黄河流域生态保护和高质量发展扎实起步。安徽省南北发展差异较大，中共安徽省委、省政府坚定不移贯彻国家战略，推进城乡统筹发展，促进"一圈五区"协同发展，城与乡、板块与板块、省内与省外等几大关系统筹兼顾、协调并进。开展省内区域的南北结对共建，促进实现皖北振兴；重点推进合肥都市圈提质升级，加快推动合淮、合六同城化发展，联动阜阳城市圈发展；提升皖江城市带承接产业转移示范区发展能级，支持江北、江南新兴产业集中区创新发展，打造沿江智造走廊；推进皖西大别山革命老区振兴发展，大力发展适应性产业和特色经济，加强老区红色资源保护与利用；高品质建设皖南国际文化旅游示范区，协作建设杭黄世界级自然生态和文化旅游廊道。

4. 城市发展与乡村发展相协调

全面小康是城乡区域共同发展的小康。"三农"问题、城乡协调发展等问题，是全面建成小康社会过程中所面对的战略难题。在全面建成小康社会的实践中，中国坚持工业化、城镇化和乡村振兴战略相结合，"三农"突出问题被不断解决、城乡统筹变得更加协调。乡村振兴战略深入实施，农业得到了全面升级，农村得到了全面进步，农民得到了全面发展，乡村逐渐走向了繁荣发展。乡村的城镇化水平得到了持续提高，中国基本形成了以城市群为主体、都市圈为依托、大中小城市和小城镇协调发展的城镇体系。以人为核心的新型城镇化加快推进，新型工农城乡关系正逐步形成。在小康社会的建设中，农村与城镇形成了双轮驱动、相辅相成、齐头并进的发展态势。通过新型工业化和城镇化的结合，中国的经济社会结构得到了优化，中国的现代化进程进一步加快。

（五）全面建成小康社会的安徽探索

安徽省是长三角地区的重要组成部分，但经济社会发展水平较低。2014年全省有国家级贫困县20个、省级贫困县11个，有建档立卡识别的贫困村3000个、贫困人口484万，全面建成小康社会是一项十分艰巨的任务。安徽省全面建成小康社会最为核心、艰巨的任务是脱贫攻坚，安徽省将大别山革命老区、皖北、沿淮行蓄洪区等深度贫困地区作为扶贫重点，把精准扶贫、精准脱贫作为基本方略，建立上下联动、各司其职的工作机制，形成大扶贫工作格局，探索出全面建成小康社会的安徽路径。

1. 推进工业经济发展

新中国成立初期，安徽省经济极为落后，工业经济发展后劲不足。1952年，安徽省工农业总产值为55.57亿元，工业总产值仅有

8.3亿元，工业总产值占工农业总产值比重只有14.9%。七十多年来，安徽省加快乡镇企业发展，深化国有企业改革，实施"861"行动计划，实施工业强省战略，建设制造业强省，优化产业结构，推进经济高质量发展。截至2020年年底，全年全省生产总值38680.6亿元，居全国第十一位；比上年增长3.9%，居第四位。第二产业增加值15671.7亿元，增长5.2%，其中工业增加值11662.2亿元，增长5.1%。

从新中国成立初期到改革开放时期，安徽开启了工业化历程，并初步建立工业化雏形，推动经济快速增长。从1953年开始，安徽省开始实施第一个五年计划，全省集中有限资源发展工业，新建、扩建了一批骨干企业，并从上海内迁了108个企业，初步形成了轻工、纺织、机械、食品、化学工业的骨架，电力、煤炭工业及交通、邮电事业也得到了较快发展。截至1978年年底，安徽省社会总产值达到212.18亿元，工业总产值107.11亿元，其中机械工业规模以上企业有200多家，财政收入达到22.48亿元。

1978年至1995年，安徽省放手发动个体经济、集体经济、外资经济，县域乡镇工业、城镇集体所有制工业都有较大发展，以扩大自主权为主的国有企业改革得到有效推进。1984年4月19日，安徽省人民政府印发《关于城镇新办集体经济若干问题的暂行规定》，全省把加快发展城镇集体工业作为振兴安徽经济的一项重要任务，纳入国民经济和社会发展计划，鼓励和扶持城镇集体工业的发展。合肥市的荣事达成为安徽省城镇集体经济企业的代表之一。1988年，当涂县新博乡成为安徽省首个乡镇工业产值超亿元的乡。1991年，肥西县兴办了安徽省第一个县级工业园——桃花工业园，将乡镇工业集中到园区，承接城市工业转移。1992年4月28日，安徽省人民政府印发《关于加快发展乡镇企业若干问题的决定》，重点解决乡镇企业发展中的人才和资金问题。1992 年 10 月 26 日，安徽省人民政府印发《关于加快城镇集体工业发展的通知》。全省各地积极为城镇集体工业的发展创造良好的外部环境，引导新办的城镇集体工业企业直接实行股份合作制。全省围绕搞活国营工业企业、扩大企业自主权进行了一系列试验性改革。1993 年，安徽省轻工业发展的"1114"计划出台，全省实施名牌战略，造就名牌产品、明星企业家以及企业航母。从 1980 年上半年开始，安徽组织 174 家国营工业企业进行扩大经营自主权的试点。到 1982 年，有 42.4% 的县属以上全民所有制企业实行了经济责任制，解决了企业缺乏经营自主权的问题。截至 1995 年年底，安徽省乡镇企业营业收入达到 3000 亿元，比 1990 年增长 9 倍，工业经济中乡镇企业和其他非国有企业的产值比重超过 70%。安徽全省工业总产值在全国的位次由第十四位上升到第十一位；安徽家用洗衣机和电冰箱产品分别居全国第二位和第三位，钢铁、化工、水泥产量均居全国前列。

　　1996 年至 2005 年，是安徽省由农业大省向工业大省转变的阶段，乡镇企业全面转型升级，国有企业改制创新的特色显著。"九五"时期，安徽省确立了以机械、电子、日用电器、汽车、石油化工为主导产业，出台了产业扶持政策。1998 年，安徽省委、省政府印发《关于加快乡镇企业发展若干问题的决定》。全省乡镇企业发展进入了以结构调整和体制创新为主要特征的新阶段，各地围绕明晰乡镇企业产权、优化产权结构，不断深化改革。对条件较好的企业，按照建立现代企业制度的要求，组建规范化的有限责任公司，加快公司化步伐。截至 2005 年年底，全省 409 户国有大中型企业中，完成公司制改革的有 329 户；45 户国有及国有控股大型骨干企业中，实施公司制改革的占 77.8%。2004 年 5 月，安徽省人民政府印发《关于全面实施"861"行动计划的通知》，构筑经济持续快速健康发展的新平台，通过实施"861"行动计划加速安徽经济发展。2005年，全省黑色金属冶炼、电气机械、电力、交通运输设备等10个行业占全省工业经济总量的77.8%，其中，以汽车、工程机械、电气设备等为主的装备制造业发展迅猛，安徽汽车已成为国家自主品牌汽车的重要力量，家用电器通过招商引资和扩能改造，继续保持在全国的领先地位。截至2005年年底，安徽省国内生产总值达5350亿元，工业增加产值达到1837亿元，以工业为主体的第二产业产值占到国内生产总值比重的42%。

2006年至2015年，是安徽工业化中期加快发展阶段，工业强省地位初步确立。"十一五"时期，安徽省以非公有制经济加速发展为主导，非公有制经济加速发展。2007年9月29日，安徽省委、省政府印发《关于工业强省的决定》。全省着力培育重要骨干支柱产业，着力推进传统产业高新技术化，着力推进高新技术产业化，着力实施节能减排、资源节约和资源综合利用工程，着力推进重要骨干企业战略性重组。2013年2月21日，安徽省委、省政府印发《关于大力发展民营经济的意见》，提出二十条举措，促进民营经济发展。2015年11月18日，安徽省人民政府印发《中国制造2025安徽篇》。截至2015年年底，全省共建成101个省级新型工业化产业示范基地、11个国家级新型工业化产业示范基地。安徽省规模以上工业实现增加值9817.1亿元。

2016年至2021年，安徽工业化进入高质量发展阶段。2016年8月，安徽确定了第二批10家省战略性新兴产业集聚发展基地，全省战略性新兴产业集聚发展基地总数达到24个。2017年加快推进供给侧结构性改革，"三去一降一补"扎实推进，大力化解过剩产能。2018年7月27日，安徽省委、省政府印发《关于加快建设"数字江淮"的指导意见》。2020年3月7日，安徽省人民政府印发《关于支持人工智能产业创新发展若干政策的通知》，提出十项政策措施，推动人工智能产业发展。2020年12月28日，安徽省委办公厅、省政府办公厅印发《安徽省国企改革三年行动实施方案（2020—2022年）》。截至2020年年底，安徽省社会生产总值达3.87万亿元，第二产业增加值达15671.7亿元。全省民营经济总量突破2万亿元，全省各类市场主体587.8万户。区域创新能力稳居全国第一方阵，2020年安徽省新增高新技术企业1923家、国家专精特新"小巨人"企业61家、国家技术创新示范企业7家。

安徽省以工业化带动城镇化、信息化和农业现代化，实现了"总量居中、人均靠后"向"总量靠前、人均居中"的跨越发展，科教大省向科技创新策源地的跨越发展，传统农业大省向新兴产业集聚地的跨越发展，内陆腹地向改革开放新高地的跨越发展。

2. 坚持对外开放战略

1977年，国家批准安徽对香港、澳门地区试办自营出口业务。1978年，安徽对日本出口额达109万美元。1981年，安徽开办直接进口业务。1988年2月，安徽省委提出"远学粤闽，近学江浙"，加快安徽改革开放步伐和经济发展速度。1990年，安徽省委提出"抓住机遇、开发皖江、强化自身、呼应浦东、迎接辐射、带动全省"的对外开放战略。1992年，安徽省委、省政府决定实施"1235工程"。1995年，安徽省委常委会（扩大）会议作出"外向带动、整体推进、重点突破、形成支柱"的总体战略部署。2010年，国务院批复的《皖江城市带承接产业转移示范区规划》，成为全国首个以承接产业转移为主的区域发展规划。1990年安徽各市对外贸易起步，2003年安徽进出口突破50亿美元，2006年突破100亿美元，2008年突破200亿美元，2012年以后逐步进入转型升级阶段。2014年，美国惠而浦（中国）投资有限公司参与合肥荣事达三洋电器有限公司重组，成为安徽省首个战略投资项目；2015 年，全省首家创投企业、首家外资汽车金融企业、首家外资冷链物流园、首家外资电商公司等现代服务业先后落户安徽；2017 年，江淮汽车与德国大众合资设立江淮大众汽车纯电动车项目，是安徽省初始投资额最大的外资项目；首家外资对冲基金孵化基地、首家外资医疗机构、首家世界级网球培训机构相继在皖设立。

党的十八大以来，安徽省深入学习贯彻习近平总书记考察安徽时提出的"打造内陆开放新高地"重要指示精神，扎实推进开放发展行动计划，对外经济发展成绩斐然，双向互动、内外联动的全面开放新格局逐步形成。2018 年，全省进出口企业超过 8000 家，进出口过亿美元企业 71 家，过 10 亿美元企业达到 7 家。2018 年，全省机电产品、高新技术产品分别出口 208.2 亿美元和 99.9 亿美元，增速分别高达 22.9% 和 32.5%，占出口总值的比重分别达 58% 和 27.8%。从贸易市场看，安徽贸易伙伴已达到 219 个，前五大贸易伙伴分别是美国、日本、智利、韩国、澳大利亚。"十三五"时期，安徽省货物贸易进出口总额从 2016 年的 2933.8 亿元增加到 2019 年的 4737.3 亿元，年均增长 17.3%，累计进出口额达到 1.55 万亿元。截至 2020 年 8 月，全省备案进出口企业超过 2.9 万家，有进出口实绩的企业超过 8500 家。

2019 年 9 月 20 日，2019 世界制造业大会在安徽省合肥市开幕，国家主席习近平致贺信。习近平强调，中国高度重视制造业发展，坚持创新驱动发展战略，把推动制造业高质量发展作为构建现代化经济体系的重要一环。中方愿同各方一道，推动制造业新技术蓬勃发展，为促进全球制造业高质量发展、实现共享共赢作出积极贡献。2019 年，安徽省推动外贸稳中提质，推动产业集群"组团出海"，促进出口型产业项目增资扩产。推动合肥服务外包示范城市创新发展，争创国家数字服务出口基地。完善跨境电商公共服务平台功能，支持电商、物流龙头企业建设境外仓储物流配送中心，跨境电商交易额比 2018 年增长 50% 以上。

2020 年 8 月 30 日，国务院印发《中国（安徽）自由贸易试验区总体方案》。2020 年 9 月 12 日，合肥成功举办世界制造业大会江淮线上经济论坛和世界显示产业大会。9 月 24 日，中国（安徽）自由贸易试验区揭牌仪式以视频互联方式在合肥隆重举行，安徽自贸试验区进入全面启动建设阶段。2020 年，大众新能源汽车中国生产基地和研发中心总部落户合肥。2014 年 6 月 26 日，合肥第一列铁路国际货运专列（合肥—阿拉木图）开出。2021 年合肥中欧班列开行 668 列，货值、货重、满载率、回程占比等关键性高质量发展指标稳居全国前列。

2020 年 8 月 18 日至 21 日，习近平考察安徽，在合肥主持召开

2018 年 11 月 8 日，合肥至芬兰赫尔辛基中欧班列从合肥开出

扎实推进长三角一体化发展座谈会并发表重要讲话，确定了安徽深度融入长三角的新方位、新使命。安徽省着眼于一体化和高质量两个关键词，加快推进区域合作五个"区块链接"。全面推行"皖事通办"，率先推出 7×24 小时政务服务地图，企业开办实现"一网通办、全程网办、一日办结"。2020 年新登记各类市场主体 104.8 万户，同比增长 5.8%。新增境内首发上市企业 20 家，总数达 126 家，其中新增科创板上市企业 8 家，居全国第七位。省区域性股权市场挂牌企业达 7320 家，居全国第一位。实现"一网通办"服务事项 104 项，职工医保异地普通门诊费用直接结算全面实现，一体化共建带来更多便利化。

3. 打造乡村振兴的"安徽路径"

2018 年 2 月 13 日，安徽省委、省政府出台《关于推进乡村振兴战略的实施意见》，按照产业兴旺、生态宜居、乡风文明、治理有效、生活富裕的总要求，建立健全城乡融合发展体制机制和政策体系，统筹推进农村经济建设、政治建设、文化建设、社会建设、生态文明建设和党的建设，走中国特色社会主义乡村振兴道路。2018 年 5 月，印发《安徽省乡村振兴战略规划（2018—2022 年）》，明确乡村振兴的目标、任务和保障，对深入实施乡村振兴战略的第一个五年进行了系统谋划。优化升级农村电商，2019 年全省农村产品上线网络销售额 536 亿元，增长 31.7%。2019 年启动农村集体产权制度改革整省试点，当年完成集体产权制度改革的村达 93.7%、实现分红的村村均累计分红 40.9 万元。

2019 年至 2020 年，安徽省全面推进乡村振兴，扎实推进"四带一自"产业扶贫，以产业兴旺带动农民和贫困户增收。实施农产品加工业"五个一批"工程，新增产值超 50 亿元的农产品加工园区

3 个，总数达 38 个；新增产值超 10 亿元的龙头企业 10 家，总数达 90 家。实施"158"行动计划，建设 100 个以上长三角绿色农产品生产加工供应基地，打造长三角绿色有机"大粮仓""大菜园""大果园"。2020 年，全省粮食总产超过 800 亿斤，实现"十七连丰"；培训新型职业农民 4.7 万人；开展农村集体资产股份合作制改革、"三变"改革的村分别达 5856 个和 3752 个，累计分红 1.2 亿元；完成 114.9 万户农村厕所改造，农村生活垃圾无害化处理率达 66%，建成 817 个省级美丽乡村中心村。2019 年安徽省有 6 个县（市）入选全国乡村治理体系建设首批试点单位。

2021 年 4 月，安徽省委、省政府发布《关于全面推进乡村振兴加快农业农村现代化的实施意见》，对做好巩固拓展脱贫攻坚成果同乡村振兴的有效衔接作出制度安排，分类全面推进乡村振兴。将全省 104 个县（市、区）分成先行示范区、正常推进区和持续攻坚区。先行示范区对标长三角先进地区，以高起点、高标准推进乡村振兴，打造乡村全面振兴的安徽样板；正常推进区在巩固拓展脱贫攻坚成果的基础上，加快推进乡村振兴，力求达到或超过全国平均水平；持续攻坚区要用足用活政策，进一步加大支持力度，用乡村振兴巩固拓展脱贫攻坚成果，努力跟上全国平均水平。切实抓好粮食和重要农产品生产供给，发展乡村产业，延伸产业链、提升价值链、完善利益链，促进农民增收致富。高起点建设长三角绿色农产品生产加工供应基地，推进乡村绿色发展。实施乡村建设行动，深化重点领域改革，实施农村道路提质工程、农村供水保障工程、乡村清洁能源建设工程、"数字皖农"建设工程、村级综合服务设施提升工程，推进城乡公共文化服务体系一体化建设。深化农村改革，完善农村基本经营制度、深化农村土地制度改革、推进"两改革一发展"城乡融合发展机制，进一步激活农村资源要素，激发强劲内生动力。

促进农业高质高效、乡村宜居宜业、农民富裕富足。

4. 发展淮河生态经济

淮河流域发展水平影响安徽经济社会总体发展水平。1950年10月14日，政务院发布了《关于治理淮河的决定》，确立了"蓄泄兼筹，以达根治之目的"的治淮方针和豫、皖、苏三省共保的治淮原则；决定在蚌埠成立治淮委员会，统一领导治淮工作。1950年10月，皖北行署和皖北军区发布《治淮动员令》，很快形成治淮高潮。先后有300万民工、民兵，数万技术人员走上工地，仅修建治淮公路就有41条，长2910余公里。1951年5月，毛泽东主席发出"一定要把淮河修好"的伟大号召，掀起了新中国成立后首次大规模治淮高潮。自1950年冬季开始，安徽开始兴建一系列规模宏大的治淮水库，先后在大别山区兴建了佛子岭、梅山、响洪甸、磨子潭、龙河口等五座大型工程，在皖西丘陵区兴建以灌溉为主的淠史杭综合利用工程。先后建立王家坝闸、蚌埠闸、涡河蒙城闸、阜阳闸等枢纽工程，修建了新汴河、茨淮新河、怀洪新河等一系列人工河道。1991年夏，安徽发生特大洪涝灾害。国务院作出了《关于进一步治理淮河和太湖的决定》，要求坚持"蓄泄兼筹"的治淮方针，用十年时间完成以防洪除涝为主要内容的新的19项治淮骨干工程，其中涉及安徽的项目有14项。1999年12月26日，下引河扩大工程开工，临淮岗控制工程在停工四十多年后恢复兴建。2001年12月临淮岗主体工程开工，2003年11月23日胜利实现淮河截流，2006年6月主体工程完成，2007年6月通过竣工验收并投入运行。2006年12月5日，总长546公里的淮北大堤加固工程安徽段全线开工，并于2009年年底完工。2011年，国务院启动实施进一步治淮工程38项。淮河干流蚌埠—浮山段行洪区调整和建设工程于2013年11月8日

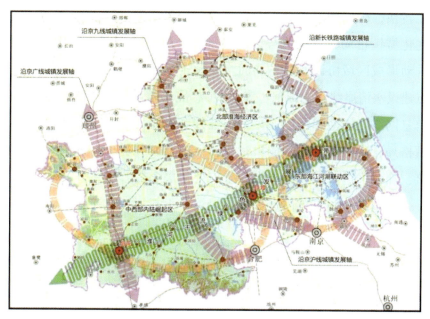

2018 年 11 月，淮河生态经济带"一带、三区、四轴、多点"的空间布局图

正式开工，至 2020 年年底基本完工。淮河干流王家坝至临淮岗段行洪区调整及河道整治等工程也于 2019 年 12 月正式开工，总投资18.37 亿元。

2018 年 10 月 18 日，《国务院关于淮河生态经济带发展规划的批复》发布。2020 年 10 月 8 日，安徽省人民政府印发《安徽省贯彻落实淮河生态经济带发展规划实施方案》，对推进淮河流域淮北、亳州、宿州、蚌埠、阜阳、淮南、滁州、六安等八市生态文明建设和高质量发展，加快构建美丽宜居、充满活力、和谐有序、绿色发展的淮河（安徽段）生态经济带作出了系统部署。加快淮河生态经济带发展，有利于推动全流域综合治理，打好污染防治攻坚战，探索大河流域生态文明建设新模式；有利于打造我国新的出海水道，全面融入"一带一路"建设，打造中东部地区开放发展新的战略支点，完善我国对外开放新格局；有利于推进产业转型升级和新旧动能转换，确保国家粮食安全，培育我国经济发展新支撑带；有利于优化城镇格局，发挥优势推动中部地区崛起和东部地区优化发展，推动形成区域协调发展新局面。安徽省全面贯彻落实发展规划，重点建设水清岸绿美丽淮河（安徽段），完善基础设施建设，构建现代信息网络，打造现代产业体系，推进乡村振兴，构建协调发展的城镇格局，巩固脱贫攻坚成果，持续推进全面脱贫与乡村振兴有效衔接，加快推进基础设施建设和基本公共服务提升，提升开放合作水平，推进长三角更高质量一体化发展，不断加强淮河生态经济带区域合作。

淮河生态经济带发展规划实施以来，安徽省推进建立上下协同、省际联动、市场主体、社会参与的合作对接机制，集中建设沿淮生态屏障，构建协调发展的城镇格局，全面放开八市城镇落户限制，支持蚌埠、阜阳建设淮河生态经济带区域中心城市，建设蚌淮、宿淮城市组群，有序推进具备条件的县改市改区。推进淮河干流正峡段行洪区调整和建设、王临段行洪区调整及河道整治工程，推进洼地治理、居民迁建以及淮河中游综合治理、颍河治理等淮河治理"六大工程"。制定出台淮河、江淮运河生态廊道建设工程规划，积极推进淮河生态廊道建设意见编制。探索毗邻地区林长合作机制，推动区域合作发展，支持滁州、蚌埠等市创建国家森林城市。2020年，沿淮八市生产总值同比增长 3.8%，战略性新兴产业产值增长 21.6%，社会消费品零售总额增长 2.5%。

5. 打赢新冠肺炎疫情阻击战

2020 年，新冠肺炎疫情暴发，这是百年来全球发生的最严重的传染病大流行，是新中国成立以来遭遇的传播速度最快、感染范围最广、防控难度最大的重大突发公共卫生事件。以习近平同志为核心的党中央统揽全局、果断决策，团结带领全党全国各族人民，进行了一场惊心动魄的抗疫大战，经受了一场艰苦卓绝的历史大考验，取得了重大战略成果，铸就了"生命至上、举国同心、舍生忘死、尊重科学、命运与共"的伟大抗疫精神，极大增强了全党全国各族人民的自信心、自豪感、凝聚力、向心力。

安徽是全国抗疫斗争的重要战场，按照中共中央、国务院"坚定信心、同舟共济、科学防治、精准施策"总要求，坚持闻令而动、科学防治，打响了一场波澜壮阔的疫情防控人民战争。2020年1月20日晚，全省疫情防控工作全面展开。1月24日，安徽省在全国较早启动重大公共卫生事件一级响应，完善五级书记抓疫情防控的组织领导体系，省级领导牵头包保16个市开展14轮集中督导，形成省包保市、市包保县区、县区包保街道（乡镇）、街道（乡镇）包保社区（村）的严密责任链。

抗击新冠肺炎疫情期间，安徽先后派出8批1362名援鄂医疗队员奔赴武汉，累计救治3156名患者。超额完成国家下达的防疫物资生产保供任务，先后调拨防护服、手术衣近50万件，各类口罩149万只，负压救护车40辆;6次向武汉、孝感等市支援292万毫升血液，是全国支援湖北血液最多的省份。全省通过"集中患者、集中专家、集中资源、集中救治"最大限度救助病患，把重症患者集中到合肥和芜湖、蚌埠、阜阳"1+3"省级基地，力保轻症不转重症、重症不转危重症、危重症不转病亡。

安徽坚持科技防疫，在全国较早成功分离出2株高滴度的病毒毒株，影像辅助诊断系统3秒钟即完成一例CT影像诊断，"无接触测温安检一体机"在全国得到推广应用，华佗"五禽戏"变身"护肺操"走进了方舱医院，积极运用中医药参与新冠肺炎的救治。截至2020年12月7日，安徽全省累计报告本地确诊病例991例，全

2020 年 12 月 7 日，安徽省抗击新冠肺炎疫情表彰大会在合肥隆重举行

面落实"四集中"要求，不惜一切代价救治患者，用一个半月时间实现住院患者"清零"，用三个月时间取得重大战略成果。

习近平总书记 2020 年 8 月考察安徽时，对安徽统筹疫情防控工作给予了充分肯定。2020 年 9 月 8 日，全国抗击新冠肺炎疫情表彰大会在北京人民大会堂隆重举行。安徽支援湖北医疗队第三批医疗队临时党支部等 10 家单位荣获"全国抗击新冠肺炎疫情先进集体"称号，汪天平等 35 人荣获"全国抗击新冠肺炎疫情先进个人"称号。2020 年 12 月 7 日，安徽省召开抗击新冠肺炎疫情表彰大会，授予高向东等 805 名同志"安徽省抗击新冠肺炎疫情先进个人"称号，授予合肥市肥东县公安局等 309 个集体"安徽省抗击新冠肺炎疫情先进集体"称号。

6. 脱贫攻坚"皖"美答卷

消除贫困、改善民生、实现共同富裕，是社会主义的本质要求，是中国共产党的重要使命。安徽是人口大省、农业大省，也是贫困人口较多的省份之一。1978年，安徽省贫困人口1200多万人，贫困发生率达29%。改革开放以来，安徽省立足省情实际，以大别山片区和皖北地区为主战场，大力实施精准扶贫，确保2020年与全国同步建成小康社会。1981年9月，安徽省扶贫工作领导小组（1984年12月改称安徽省扶贫扶优工作领导小组）成立。1986年起，全省有组织、有计划、大规模开展开发式扶贫，扶贫工作重点由过去的救济式扶贫发展为开发式扶贫。1986年5月，安徽省成立省革命老区贫困地区工作领导小组，1993年更名为安徽省脱贫致富工作领导小组。根据国家确定的绝对贫困人口标准，1986年安徽省贫困人口665万人，金寨县、岳西县等10个县被列入国家重点扶持贫困县，临泉县、枞阳县等7个县被列为省级重点扶持贫困县，舒城县、桐城县等8个县被列为省定插花贫困县。1994年，国务院印发《国家八七扶贫攻坚计划》，力争用七年左右时间，即到2000年年底基本解决8000万农村贫困人口的温饱问题。当年按农民年人均纯收入400元的贫困线标准，年人均纯收入为400元以下的安徽省贫困人口为315万人。金寨县、岳西县、临泉县等17个县被确定为国家级贫困县，凤台县、泾县等5个县被安徽省人民政府确定为省级重点扶持贫困县。1997年，安徽省委、省政府决定将安徽省脱贫致富工作领导小组更名为安徽省扶贫开发领导小组。1998年起，安徽省在贫困县实施"白色扶贫工程"，扶持农户发展开发性农业项目。2006年12月，安徽省人民政府印发《安徽省农村扶贫开发"十一五"规划纲要》。2009年，安徽省委、省政府出台《关于进一步加强扶贫开发工作的意见》，把稳定解决扶贫对象温饱并实现脱贫致富作为首要任务，大力实施"552"扶贫行动计划。2010年完成第一轮整村推进任务，2011年实施第二轮整村推进工程，不断提高扶贫对象自我发展能力。

2012 年 2 月 20 日，安徽省委、省政府印发《关于贯彻〈中国农村扶贫开发纲要（2011—2020 年）〉的实施意见》。2014 年，安徽开始对 31 个国家和省级贫困县、3000 个贫困村、188 万户、484 万贫困人口进行建档立卡，实施精准识别、精准帮扶。安徽省委、省政府印发《关于创新机制扎实推进农村扶贫开发工作的实施意见》，建立精准识别、精准帮扶、精准脱贫的精准扶贫工作机制。安徽省制定出台了《关于教育扶贫工程的实施意见》，扎实开展教育扶贫工作，加快了贫困地区教育事业发展。自幼儿园开始，对小学生、初中生、高中生至全日制中职、普通高校本专科全日制学生实施全面补助，各种政策均落实到位。2015 年 12 月，安徽省委、省政府出台了《关于坚决打赢脱贫攻坚战的决定》。2016 年 4 月，习近平总书记考察安徽省金寨县花石乡时强调，要强化目标责任，坚持精准扶贫，认真落实每一个项目、每一项措施，全力做好脱贫攻坚工作，以行动兑现对人民的承诺。截至 2019 年，全省共资助贫困家庭学生 120.67 万人次、14.18 亿元。针对贫困户思想认识问题，安徽省开办了"扶贫夜校"，一方面使之成为凝聚群众智慧推进脱贫攻坚与乡村振兴的"加油站"、群众喜闻乐见的"大讲堂"、融洽干群关系的"连心桥"，另一方面则实现了扶贫与扶志、扶智相结合，增强了贫困户内生动力，将"要我脱贫"变为"我要脱贫""我要小康"。

2017 年 10 月，党的十九大把脱贫攻坚战作为决胜全面建成小康社会必须打赢的三大攻坚战之一，作出全面部署。安徽省因地制宜综合施策，出台《关于打赢脱贫攻坚战三年行动的实施意见》。全省以"重精准、补短板、促攻坚"专项行动为统领，开展产业扶贫和点位扶贫，实施了健康扶贫"351""180"措施。随后，安徽省委、省政府又相继出台《关于解决"两不愁三保障"突出问题的实施意

2020 年 4 月，安徽省金寨县花石乡大湾村采茶体验师、脱贫户陈泽申向游客讲解茶叶知识

见》《关于抓好"三农"领域重点工作确保如期实现全面小康的实施意见》《关于决战决胜脱贫攻坚"抗疫情、补短板、促攻坚"的实施意见》《关于聚焦深度贫困集中力量攻坚的实施意见》《关于进一步加强大别山等革命老区脱贫攻坚的实施意见》《大别山片区区域发展与脱贫攻坚规划》《关于进一步加强沿淮行蓄洪区脱贫攻坚工作的若干意见》等一系列文件。在全国率先探索"四带一自"产业扶贫、"三有一网"点位扶贫、"三业一岗"就业扶贫、"一自三合"扶贫小额信贷等模式。

2019 年，安徽省在 70 个有扶贫开发任务的县开展生态精准扶贫工作，争取中央和省级林业建设到位资金 18.9 亿元，安排全省 70 个有扶贫开发任务的县林业建设资金 15.5 亿元，全省 32 个贫困县林业建设资金 8.66 亿元。通过细化落实《关于推深做实林长制改革优化林业发展环境的意见》，推动各级林长履职尽责，深入推进林业增绿增效行动，组织实施"四旁四边四创"绿化提升行动，实施林业重点生态工程，选聘生态护林员。2019 年，安徽省生态护林员在 2018 年基础上增加了 5041 人，达到 20625 人，新增人员全部安排在重点扶贫任务县（市、区），补助资金增加到 16500 万元，人均每年补助达到 8000 元。另外还印发了《关于全面建立林长制"一林一员"安全巡护制度的实施意见（试行）》，在选聘生态护林员的同时，按照"一林一员、一区一人"的要求，各地结合生态保护和公益性岗位扶贫需要，统一配备护林员，让更多贫困人口参与护林工作。

2020 年，安徽省开展"抗疫情、补短板、促攻坚"专项行动，加大对受灾贫困群众救助帮扶政策支持，全面加强农村困难群体精准监测帮扶，防止了因疫因灾致贫返贫。2017 年，岳西县、怀远县、蒙城县、亳州市谯城区等 4 个县（区）符合脱贫标准退出贫困县序列。2018 年，颍上县、寿县、潜山市、宿松县、砀山县、灵璧县、泗县、六安市裕安区、舒城县、利辛县等 10 个国家级贫困县（区）和涡阳县、宿州市埇桥区、阜阳市颍泉区、阜阳市颍州区、太和县、界首市、定远县、六安市金安区等 8 个省级贫困县（区）退出贫困县序列。2019 年，萧县、临泉县、阜南县、阜阳市颍东区、霍邱县、金寨县、石台县、太湖县、望江县等 9 个县（区）退出贫困县序列。截至 2020 年 12 月，安徽省 484 万贫困人口全部脱贫，31 个贫困县全部摘帽，3000 个贫困村全部出列，区域性整体贫困问题基本解决，脱贫攻坚战圆满收官。

7. 五大发展闯新路

党的十八大以来，安徽省坚持以习近平新时代中国特色社会主义思想为指导，坚决贯彻以习近平同志为核心的党中央决策部署，坚定落实习近平总书记考察安徽重要讲话指示精神，制定实施了

2021年5月28日，全省脱贫攻坚总结表彰暨巩固拓展脱贫攻坚成果同乡村振兴有效衔接工作推进大会在合肥召开

《安徽省五大发展行动计划》，全面建设现代化五大发展美好安徽，在实践过程中闯出了五条新路。

一是聚焦下好创新"先手棋"，擦亮创新名片。面向最前沿，推动关键领域的自主创新由"跟跑并跑"向"并跑领跑"迈进。面向高质量，战略性新兴产业产值占规模以上工业比重超过40%。面向主战场，推进科技成果由"实验室"向"大市场"迈进。截至2020年年底，建成5G基站29415个，建成各类国家级研发平台210家、"一室一中心"28家、省重点实验室175家、省级以上工程技术研究中心534家、院士工作站62家，安徽已成为国家战略科技力量布局的重要省份。区域创新能力连续十年位居全国第一方阵，建成安徽科技馆，成功举办2021世界显示产业大会、中国（合肥）知识产权交易会。

二是聚焦乡村振兴"大战略"，促进城乡融合发展。加快农业农村现代化，2003—2021年，全省年粮食总产实现"十八连丰"，家庭农场总数居全国第一位。2021 年，全省粮食播种面积 10964.4 万亩，粮食产量 4087.6 万吨，油料产量 167.1 万吨，棉花产量 2.9 万吨。年末全省生猪存栏 1582.5 万头，全年生猪出栏 2797.8 万头。猪牛羊禽肉产量 455.2 万吨，禽蛋产量 177.1 万吨，牛奶产量 47.6 万吨，水产品产量 236.5 万吨。年末全省农业机械总动力 6924 万千瓦，比 2020 年增长 1.8%。主要农作物耕种收综合机械化率 82.1%。累计建成高标准农田 5510 万亩。新增节水灌溉面积 35.3 万亩。突出城乡发展一体化，城镇化率逐年提高，2021 年城镇化率达到 57.2%。已建和在建美丽乡村 7000 多个，建制村通达通畅率 100%。

三是聚焦绿色江淮"好家园"，建设"两山"理论样板区。深抓"大保护"，安徽省委、省政府印发《关于全面打造水清岸绿产业优美丽长江（安徽）经济带的实施意见》，长江干流水质连续多年保持为优。深抓"大治理"，一体化推进农村垃圾、污水、厕所专项整治"三大革命"。2021 年，全省 $PM_{2.5}$ 年均浓度为 34.9 微克 / 米^3，比 2020 年下降 10.7%。全省 16 个省辖市空气质量平均优良天数比率为 84.6%，比 2020 年提高 1.8 个百分点；有 10 个市空气质量达到二级标准，比上年增加 5 个。淮河干流安徽段水质以 Ⅱ 类、Ⅲ 类为主，总体水质为优。长江干流安徽段水质为 Ⅱ 类，总体水质为优；主要支流总体水质为优。巢湖湖区整体水质轻度污染，主要环湖支流整体水质良好。新安江干、支流水质为优。2021 年 4 月，全省地级城市集中式饮用水水源地水质达标率为 98.7%。

四是聚焦蹄疾步稳"促改革"，激发市场主体内在动力。扎实推进"放管服"、农业农村、医药卫生、全面创新改革试验等重点领域和关键环节改革走在全国前列，形成了"3+2"清单制度体系、编制周转池、林长制、县域医共体、新安江流域生态补偿机制试点等一批在全国叫得响的改革品牌。推动长三角高质量一体化发展，打造长三角强劲活跃增长极，建设具有重要影响力的科技创新策源地、新兴产业聚集地、绿色发展样板区。构建内陆开放新高地，成功举办三届世界制造业大会，得到了习近平总书记的致信祝贺。中国（安徽）自由贸易试验区启动建设，对"一带一路"沿线投资倍增。2021 年，合肥都市圈生产总值 27305.5 亿元，皖北地区生产总值 13239.1 亿元，合芜蚌国家自主创新示范区生产总值 17704.4 亿元，皖江城市带承接产业转移示范区生产总值 29000.4 亿元，皖西大别山革命老区生产总值 5012.4 亿元，皖南国际文化旅游示范区生产总值 14359.9 亿元。

五是聚焦增进群众"获得感"，全面建成小康社会。全力以赴抓脱贫，脱贫攻坚目标任务如期完成。截至 2020 年年底，全省 484 万建档立卡贫困人口全部脱贫，3000 个贫困村全部出列，31 个贫困县全部摘帽，千百年来的绝对贫困问题得到历史性解决。新冠肺炎疫情防控取得重大战略成果，基本医疗和公共卫生服务体系进一步完善，每千人口医疗卫生机构床位数达到国家规定水平，人民群众健康水平不断提升。2021 年，全省常住居民人均可支配收入 30904 元，人均消费支出 21911 元，恩格尔系数为 32.6%。

新中国成立以来，安徽在中国共产党的正确领导下，实现了从"百废待兴"到"百业兴旺"、从"传统农业大省"到"新兴工业大省"、从"创新追赶"到"创新引领"的三大历史性变革。在党的百年华诞之际，安徽省同全国一起，全面完成了决战决胜脱贫攻坚目标任务，胜利实现了全面建成小康社会战略目标，开启了全面建设社会主义现代化国家新征程。

二、安徽小康社会建设艰辛探索
（1949—1978 年）

　　新中国成立初期，安徽经济基础十分薄弱。1949 年，全省工农业总产值仅 20.91 亿元，其中工业总产值只有 3.4 亿元。不仅工业落后，商业也十分萧条，市场混乱，民生凋敝，人均财政收入仅 1.94 元，人均社会消费品零售总额 19.05 元，城乡居民生活极为困难。为尽快改变经济社会落后面貌，从 1950 年冬到 1952 年 7 月，全省分批进行土地革命，集中力量开展经济恢复和发展工作。到 1952 年年底，全省农业总产值达 22.17 亿元，工业总产值达 6.5 亿元。

　　1953 年 12 月，中共中央正式公布了过渡时期总路线，即从中华人民共和国成立，到社会主义改造基本完成，这是一个过渡时期。经过三大改造，社会主义基本制度得以确立。1953 年至 1957 年，安徽省顺利完成第一个五年计划，不仅完成工业、农业和商业各项计划指标，科技、教育、文化、卫生事业也得到前所未有的快速发展。与此同时，人民群众生活水平得到较大提高，生活状况明显改善。1959 年至 1961 年，中国经济遭遇严重困难，历史上称为"三年困难时期"。1960 年 9 月底，中共中央提出"调整、巩固、充实、提高"的方针，安徽随即开始实施。经过几年艰苦奋斗，安徽基本完成国民经济的调整工作，社会经济面貌发生较大改观。1966 年至

1976年是"文化大革命"时期，安徽经济社会遭到严重破坏。"文化大革命"结束后，中共安徽省委根据党中央部署，全面拨乱反正，逐步走上"以生产为中心"的健康发展轨道，经济社会获得较快发展。到1978年年底，全省工农业总产值达165.39亿元，其中工业产值达106.81亿元，首次突破百亿元大关。

（一）人民政权的建立

1949年4月初，中共中央华东局经中共中央同意后决定，暂不成立安徽省委，以长江为界，分别成立皖北区党委和皖南区党委。4月6日，中共皖北区委员会成立，同时成立皖北人民行政公署。4月20日，渡江战役打响。至4月30日，皖南解放。1949年5月7日，皖南人民行政公署成立；5月13日，中共皖南区委员会成立。1952

1952年8月25日，安徽省人民政府委员会第一次全体会议留影

年，经中共中央和中央人民政府批准，皖北、皖南两个区委员会和行政公署合并。1952年1月2日，中共安徽省委员会成立，曾希圣任书记，省会设于合肥。8月7日，安徽省人民政府成立。8月25日，安徽省人民政府委员会第一次全体会议召开，会议通过了《关于召开安徽省第一届各界人民代表会议的决议》和《关于成立安徽省劳动就业委员会的决议》。在人民政权建立过程中，安徽面临严峻的政治、经济形势以及社会问题，中国共产党领导人民克服困难，分别予以有效化解。

1. 开展镇压反革命运动

中华人民共和国成立前后，安徽境内残余的国民党反动势力、土匪、反革命分子等反动势力不断制造混乱，甚至发动武装暴乱。1949年春季至秋季，皖北、皖南共发生暴乱，袭击区、乡人民政府事件200余起。在皖北地区，仅7月至8月就发生暴乱10余起，袭击区、乡人民政府10所，打死打伤干部、解放军战士77人。3月至9月，皖北区临泉县被反动势力杀害的群众多达623人，同年5月至10月，皖南区被杀害的干部、群众148人。大别山区一股土匪，从当地抢走公粮数万公斤、耕牛96头。1950年年初，皖北、皖南地区先后多次发生抢粮事件，1月13日至29日，皖北区先后发生抢粮事件39次，被劫粮食6122万多公斤。1950年4月间，皖南宣城、广德两县连续发生14次抢粮事件，损失粮食21万多公斤。对于这些暴行，人民武装果断出手打击。1949年至1950年，全省共剿灭土匪300余股，约5万人。全省共批斗恶霸63610人，逮捕27551人，交群众管制7334人。全省共逮捕反革命分子11万余人，依法处以死刑者3.2万余人，判处死刑缓期二年执行的2000余人。经过严厉打击，反革命分子受到应有的惩罚。

2. 抵御各种自然灾害

1949年夏秋，长江、淮河多处决堤，造成大水灾，受灾人口800万人，受灾耕地面积2800万亩，从皖北到皖南，灾民流离失所。1950年夏季，皖北又遇特大水灾，受灾人口达1000万人，受灾耕地面积3100万亩。除水灾外，安徽不少地方还遭遇旱灾、虫灾、大风、冰雹等灾害。对此，人民政府多方支持、引导灾民恢复生产，搞生产自救，在灾情严重地区，有计划地发放救济粮款和食盐、燃煤、良种等生活生产物资。1949年大水灾后，皖北人民政府先后发放救济粮、工赈粮、各种贷款共折合大米1.15亿公斤。1950年大水灾后，发放各种救济粮折合大米1.45亿公斤，各种贷款、贷种折合大米7000万公斤，救济煤1.2亿公斤，救济盐500万公斤。此外，各级政府、机关、部队、团体、工厂、学校，先后发起节衣缩食、帮助灾民渡过灾荒的活动。有的地方还开展义务劳动，集资支援灾区。经过各级党委、政府的有效组织，广大灾民克服灾荒困难，为农业生产打下了基础。

3. 不断净化社会风气

新中国成立初期，安徽省各种社会问题层出不穷，如娼妓、烟毒、赌博等。当时，全省登记在册的妓女有1000余人，实际人数远不止于此。妓女人格受到侮辱，身心健康遭到摧残，精神也备受折磨。大批毒贩、烟民混迹城乡各处。赌博之风盛行，聚众赌博随处可见。这些现象严重扰乱了社会秩序，败坏了良俗民风。对此，安徽省人民政府开展了有效的管制工作。第一，封闭妓院、改造妓女，对无家可归者予以妥善安置。以蚌埠市为例，1949年11月26日，政府发出布告，决定立即封闭妓院，集中所有妓院老板、领班、鸨儿加以审查处理，对所有妓女加以训练，改造思想，医治性病。有家可归者送其回家，有结婚对象者助其结婚，无家可归者组织学艺、从事生产。当日，该市公安干部200余人将全市所有妓院查禁封锁。第二，禁毒运动。至1950年，烟毒仍未肃清，各地公安机关强令禁绝。到1952年，安徽仍有制毒、贩毒、运毒集团148个，从事贩毒活动人员达3373人，烟馆745家。8月，安徽省委批转省公安厅"禁毒运动"计划，各地积极开展工作，将主要毒贩全部逮捕，责令交出所存毒品、毒具及有关制毒、贩毒证件等。接着，全省广泛开展禁烟政策教育活动，召开群众会议，号召检举毒贩。至年底，全省逮捕涉烟毒毒贩1505人，管制1148人，缴获烟土1500公斤，收缴烟具6000多件。第三，严禁赌博，对涉赌人员予以拘留、劳教、罚款等处罚。1949年9月，安庆市公安局发出通告，严禁开设赌场，禁止聚众赌博，对已开设赌场，一律取缔，限令34个赌场老板即行停业，对84个赌棍分别予以拘留、劳教、罚款、没收赌具等处罚。蚌埠市公安局抓获赌头、赌棍426个，限令赌场立即关闭。至1953年，赌博在全省各地仍有发生，安徽省公安厅发出《关于禁赌的指示》，各地立即开展行动。当年，全省抓赌5000余次，治安处罚赌徒450余人，依法逮捕赌头、赌棍100余人，全省赌博之风大为收敛。

（二）土地改革

新中国成立前，安徽农村土地制度为封建地主土地所有制。全省境内以平均值计算，地主、富农户数占总户数的6.5%，占有耕地为全部耕地的38.8%。农村封建土地所有制主要以租佃关系出现。

据典型调查，皖南地区农民耕地有80%都是租佃的，佃户除受高额的地租剥削外，还受高利贷等的剥削。地主大量占有土地，从政治和经济上剥削、压迫农民，致使农民长期过着贫困生活。

1. 开展土地改革宣传

封建土地所有制，严重地阻碍安徽农业生产的发展。新中国成立后，广大农民迫切要求改变封建土地所有制，实现耕者有其田的理想。因此，实行土地改革，彻底摧毁封建土地所有制，是完成农村民主改革、解放农村生产力的首要任务，也是恢复发展国民经济的必要步骤。

土地改革，是一次深刻的社会变革，是一场激烈的阶级斗争，需要广大农民觉悟觉醒。一些地主公开或暗地里进行破坏活动，制造谣言、恐吓群众、出卖和转移土地、隐瞒财产、分散粮食，有的利用宗族势力挑起事端，在农民中制造矛盾，转移斗争目标。针对这些情况，在中国共产党领导下，广大农民认真学习土地改革政策，积极参与土改宣传，纷纷起来控诉地主的罪恶，仅皖南地区参加控诉的农民就达30万人。经过广泛宣传和艰苦斗争，农民扬眉吐气，土地改革运动轰轰烈烈地开展起来。

2. 分步实施土地改革

从1950年冬到1952年7月，按照《中华人民共和国土地改革法》，安徽省分期分批进行土地改革。皖南地区于1950年7月开始试点，年底在全区范围内普遍展开，1951年7月基本结束。皖北地区由于水灾缘故，分两批展开土地改革，第一批在灾情较轻的28个县进行，从1950年8月开始到1951年4月结束，第二批在灾情较重的24个县进行，从1951年7月开始，至1952年7月结束。

3. 土地改革取得成效

经过土地改革，安徽农村发生了翻天覆地的变化。全省无地少地农民 1600 万人，分得土地 3000 万亩、房屋 200 万间、耕畜 20 万头、稻谷 1.75 亿公斤。从此，安徽农村消灭了封建土地所有制，实现了农民土地所有制。分得土地的农民喜气洋洋，歌颂"千年铁树开了花，农民土地还了家"，从内心拥护中国共产党和人民政府。土地改革解放了农村生产力。农民获得土地和其他生产资料之后，生产积极性普遍提高。翻身农民积极购买牲畜、农具，积攒肥料，扩大生产。翻身农民随着经济状况的改变，普遍掀起学文化的热潮，从 1950 年冬闲开始，全省各地办起了冬学，农民特别是青年农民以极大的热忱学习文化。同时，农村封建习俗逐渐革除，农民开始破除封建迷信，破除旧的婚姻制度，男女平等的风气开始出现。社会风气和社会治安明显好转，团结互助、扶弱济贫等新道德风尚开始形成，广大农村呈现出欣欣向荣的气象。

（三）国民经济的恢复发展

1. 促进经济恢复和发展

一是没收官僚资本。新中国成立初期安徽有官僚资本企业 79 家，主要集中于金融、交通、邮电、工矿、商业等领域，掌握着全省的经济命脉。1949 年 4 月，中共中央发布的《中国人民解放军布告》指出："凡属私人经营的工厂、商店、银行、仓库、船舶、码头、农场、牧场等，一律保护，不受侵犯。"根据中共中央方针，安

徽按系统"原封不动"地接管了官僚资本企业，建立了社会主义性
质的国营经济。如淮南煤矿原为官僚资本家宋子文所经营，最多时
有矿工和职员 10000 余人，1949 年年初淮南矿区解放，淮南煤矿即
被接管经营，半年后日产煤 4000 吨，达历史最高水平，成为安徽
省重要的国营经济企业。截至 1954 年年底，安徽省 10 人以上的资
本主义工业企业有 28 户实行公私合营，连同 1953 年年底以前已实
行公私合营的工业企业共有 42 户，占全省应公私合营的私营工业
企业户数的 9%，资产净值 1363 万元，占全省公私合营的私营工业
资产净值的 83.33%。二是平抑物价、统一财经。新中国成立前后，
一些不法金融资本、商业资本等投机资本哄抬物价，扰乱市场，牟
取暴利。自 1949 年 5 月至 1950 年 2 月，全省发生 4 次物价上涨风
波，不少商品价格抬高十多倍，严重影响了人民正常生活和社会秩
序。人民政府果断采取措施，整顿币制，稳定金融，疏通城乡商品
流通渠道，壮大国有经济力量，利用经济手段打击投机势力。统一
财政税收，使农、工、商税收逐年增加，从而增加人民政府的财政
力量。统一贸易和物资调配，由国营贸易机构统一物资调配和供应，
避免市场盲目性。到 1950 年年底，全省财政收支达到平衡，超额完
成中央人民政府下达的征粮任务和税收任务，市场开始活跃，物价
飞涨的状况基本扭转。三是调整工商业，促进城乡物资交流。当时，
不少私营工商业因经营亏损、资金周转不灵，被迫倒闭歇业，这些
企业绝大多数为规模较小的手工作坊，经营技术落后，生产成本高，
缺乏市场竞争力，甚至生产出来的产品严重滞销。为此，人民政府
对这些私营企业按照加工、订货、收购产品等办法，使之从国家手
中获得工业原料和产品销售市场，从而保证稳定的再生产。在调整
劳资关系方面，主要是在私营企业里废除"封建把头"制度和陈规
陋习，适当地提高工人工资和福利待遇。为扩大土产品交流，活跃

城乡经济，主要是组织农产品收购，正确掌握工业品与农产品的合理比价，同时大量组织日用品下乡，满足广大农民生活的需要。加强市场管理，城市集镇进行企业登记，进一步掌握资金动态，有计划地建立与恢复商业网点。经过努力，城乡物资交流进一步扩大，城乡市场出现空前活跃的景象。四是兴建新的国营企业。这一时期，人民政府或创办了一批新的国营企业，或扩建由没收的官僚资本形成的国营企业。兴建的国营企业主要集中于电力、煤炭、机械、纺织等行业，如淮南电厂、铜官山铜矿、皖北机械总厂、芜湖纺织厂等都是这一时期建成的。

1952 年，全省农业总产值达 22.17 亿元，比 1949 年增长 25.6%，粮食总产量为 891.5 万吨，其他农产品如棉花、茶叶、烤烟等均得到大幅增长。工业总产值达 6.5 亿元，比 1949 年增长 86.9%，生产技术大幅进步，已能够制造挖泥船、矿山空压机、车床、抽水机、榨油机等机器产品。交通运输业得到较快发展，共计修整公路 2800 余公里，内河航运先后得到疏浚。商业开始繁荣，物价稳定，城乡交流活跃。

2. 加强水利建设

淮河中游干流主要流经安徽皖北地区，全长 465 公里，流域面积 6.7 万平方公里；长江流经安徽境内全长 401 公里，流域面积 6.6 万平方公里。历史上两大流域水旱灾害频繁发生，严重威胁着安徽工农业生产和劳动人民生命财产安全。

淮河本是一条通畅大河，后由于黄河决口，黄河水南泛侵夺淮河，致使淮河流域的地形和河道发生巨大变化，淮河水系遭受破坏，河道淤塞，淮河失去了自身入海的出路，致使水灾频繁出现。1194 年至 1855 年，淮河每百年要发生 70 多次洪灾，从 1855 年到 1948 年，淮河干流共发生 14 次较大洪水，平均七年一次。淮河中游地区，旱灾也经常发生。史料记载，1470 年至 1949 年，淮河流域共发生大旱灾 45 次，其中皖北地区发生大旱灾 21 次。淮河两岸丘陵地区，旱灾更为频繁，1671 年至 1949 年，江淮丘陵地区共发生旱灾 134 次，其中较大旱灾平均五年发生一次。

新中国成立后，安徽人民修建一大批水利工程。1950 年夏，淮河流域再度暴发洪水，灾害极为严重，淮河流域受淹土地 4350 万亩，受灾人口 1339 万人，冲毁房屋 108 万余间。其中，皖北灾情最重，淹没土地 3160 万亩，受灾人口达 998 万人，死亡人口 489 人。洪灾发生后，华东军政委员会将皖北灾情报告给中共中央，受到中共中央的高度重视。毛泽东听到淮河洪水泛滥、致使 489 人死亡的电报后，深情落泪。他说："不解救人民，还叫什么共产党。"从 7 月 20 日到 8 月 3 日，毛泽东连续四次对淮河的治理工作作出批示。1950 年 10 月，中央人民政府政务院发布《关于治理淮河的决定》，并决定以淮河水利工程总局为基础，在安徽省蚌埠市成立治淮委员会，统一领导治淮工作。《关于治理淮河的决定》下达后，皖北行署和皖北军区立即向皖北军民发出《治淮动员令》，号召皖北人民、治淮干部及参加治淮的部队指战员紧急动员起来，积极投入根治淮河的伟大斗争。经广泛宣传动员，很快形成了治淮高潮，想外出的灾民不走了，已逃荒的灾民陆续回家，在统一组织下，准备治淮工具，争先报名上堤。城市和非灾区也掀起了支援治淮的热潮。皖北地区先后建立了宿县、阜阳、六安、滁县、淮南、蚌埠等 6 个治淮指挥部，14 个县总队，107 个大队，1338 个中队，建立财粮物资运输保管组织，训练 7392 名财粮、运输、文教、医疗等方面工作人员和 3000 名地方人员，集中 500 名水利技术员，组织 12 个测量队和 5 个防疫队。皖北地区从 10 月开始，抓紧交通工具的准备，先后筹调轮船 14 只、机帆船 50 只，组织民船计容量达 1 万吨。宿县、阜阳两专区组织汽车 100 余辆、马车 440 余辆。整个皖北地区参加治淮运输的大小船只 8314 只、大小车辆 7349 辆，参加陆地运输的民工 10 多万人、船工 6 万人、码头搬运工人 3.1 万人。这样，经过几年的艰苦奋斗，皖北人民治理淮河取得巨大成就。从 1951 年开始，安徽境内先后在淠河上游修建了佛子岭、响洪甸、磨子潭等三座大型水库，在史河上游修建了梅山水库。1958 年开始修建淠史杭大型灌区工程。通过水利建设，提高了农业生产中抗灾救灾能力，增加了粮食产量，对经济社会发展起到促进作用，群众生活水平大为改善。

历史上安徽的长江流域也不断发生洪涝、干旱等严重自然灾害。特大水灾如 1849 年和 1931 年两次，特大旱灾如 1856 年和 1934 年两次。1931 年大水灾，内河、江堤溃决，受灾土地 900 余万亩，被淹房屋 70 万间，灾民达 500 万人，死亡 2.3 万人。1934 年大旱，百

淠史杭灌区工程建设场景

日无雨，塘坝尽竭，田禾枯槁，赤地千里。据不完全统计，受旱面积达 3700 万亩，损失粮食 56 亿斤，全省灾民 870 余万人。1949 年夏天，长江流域发生特大水灾，长江干流主要江堤无为大堤、同马大堤溃决，江水冲入圩区，酿成重大灾情。1954 年夏天，九江长江水位实达 22.08 米，宿松县汇口实测水位 21.59 米，超过了 1949—1950 年宿松县汇口退建的东堤高度。1954 年的大水，使宿松洲区和湖区颗粒无收，房屋荡然无存。1954 年 6 月，安徽省委、省政府把防汛保堤作为压倒一切的战斗任务，发出"水涨堤高""保堤保收"的号召，动员全社会支援防汛，参加防汛的人员和民工达 108 万人，解放军 1.24 万人，干部 3.14 万人。1954 年 9 月，成立了长江堵口复堤指挥部，实施长江堵口复堤工程，先后修建同马大堤、广济圩堤、枞阳江堤、无为大堤等重要防洪工程。

（四）社会主义三大改造

1953 年 9 月，中共中央正式公布了过渡时期总路线，即从中华人民共和国成立，到社会主义改造基本完成，这是一个过渡时期。党在这个时期的总路线：是要在一个相当长的时期内，基本上实现国家工业化和对农业、手工业、资本主义工商业的社会主义改造。于是，社会主义三大改造成为这一时期的重大历史任务。

1. 农业社会主义改造

土地改革后，安徽农民有了自己的土地，生产积极性大大提高，劳动收入不断增加，农业生产较土地改革前有较大发展，但农民土地所有制在当时条件下毕竟是分散的、落后的小农经济，不少农民在生产、生活上还面临诸多困难，遇到天灾人祸，一些农民不得不借债、出租土地，甚至出卖土地。

为解决农民生产和生活问题，安徽省委、省政府根据中央关于农业合作化文件和会议精神，顺应大多数农民的愿望，根据自愿互利的原则，经过示范，积极引导农民走互助合作道路。1950年春天，安徽成立了最早一批互助组，到1951年年底，全省共有互助组1.29万个，参加农户9.25万户。到1952年10月底，全省有组织、有领导试办初级社56个，农民自发办初级社50个，常年互助组7.5万多个，临时性、季节性互助组37万多个。1954年春，安徽出现试办和发展初级社的热潮，至4月底，经批准创办的初级社有3531个，自发办社2847个，连同以前所办的初级社，共计达7054个。至1955年夏，全省初级社数量达到4.7万个，高级社4个，入社农户占总农户的15%。到1955年年底，全省入社农户占总农户的比例达87%，基本实现了初级形式的合作化。到1956年年底，全省高级社

20世纪50年代，安徽省农村"三改"推广中淮北地区农民下田插秧

1.28 万个，入社农户 553.9 万户，占总农户的 80.7%，另有 15.2%
的农户留在初级社，至此全省 95.9% 的农户入社，安徽实现了高级
形式的农业合作化，农业社会主义改造基本完成。

安徽农业社会主义改造具有深远的历史意义。农业合作化运动
满足了农民的愿望和要求，提高了他们的生产积极性，推动了农业
生产的发展。改造后的农村集体经济避免了个体经济难以克服的困
难，增强了抵御自然灾害的能力。可以说，农业社会主义改造是继
土地改革后农村又一次重大变革，使安徽穷苦农民走上了社会主义
道路，为安徽农村经济大发展提供了根本保证。

2. 手工业社会主义改造

新中国成立初期，安徽工业整体落后，手工业在工业经济中占比
较大。1952 年，手工业总产值相当于重工业总产值的 3 倍。但由于技
术落后、资金不足，不少手工业者面临经营困难，甚至濒临倒闭。

为促进手工业发展，安徽省各级人民政府着手组织手工业者成
立带有互助性质的手工业供销小组，对手工业展开社会主义改造。
一般通过加工订货、收购包销等方式，从手工业供销小组、手工业
供销合作社到手工业生产合作社，由小到大、由低级到高级，逐步
进行社会主义改造。到 1952 年 8 月，全省已有手工业生产合作社
58 个，手工业生产小组 899 个。1954 年，在农业合作化运动的推
动下，手工业改造步伐大大加快，全省组织了 362 个手工业合作社、
132 个生产供销社、生产小组 950 个，共 4 万人左右，占全省手工
业总人数的 25.6%。至 1955 年年底，安徽组织起来的手工业生产合
作社和生产小组 2765 个，参加者 6.5 万人。1956 年年初，安徽手
工业合作化速度加快，2 月，安徽宣布全省手工业合作化基本实现，
手工业社会主义改造完成。

安徽对个体手工业进行社会主义改造，基本上是顺利的、成功的。手工业合作组织是手工业者按照"自愿结合、入股分红、自主经营、民主管理、自负盈亏、按劳分配"的原则组织起来的，作为集体经济，它从一开始就显示出经营机制的灵活性，加上政府的扶持，生产发展较快。1957年，全省已有10%的手工业合作组织实现了机械化和半机械化，全省手工业产值2.44亿元，比1956年增长31%。手工业管理局系统下的手工业合作组织，基本构成了后来的安徽二轻工业，其中有许多合作组织发展成为轻工业系统的骨干企业，有的则在行业归口中划入纺织、化工、机械、电子等其他工业部门，成为这些部门的骨干。

3. 资本主义工商业的社会主义改造

从1953年起，安徽省开始有计划地实行对资本主义工商业的社会主义改造。

新中国成立初期，安徽私营工业多为小型企业，设备和技术落后，缺乏资金。对这些企业进行社会主义改造，主要实行公私合营的形式。当时，全省计有私营工业7万户，其中10个工人以上的私营企业377户。1954年1月，安庆胡玉美酱园在全省第一家实行公私合营。到1956年第一季度，安徽省私营企业实现全行业公私合营。公私合营后，企业生产潜力得到发挥，产品数量增加，质量提高，成本降低，利润增大。蚌埠公私合营信丰面粉厂，合营后劳动生产率比上年同期提高176%，产量提高183%；芜湖公私合营明远水电厂，合营前困难很多，年年亏本，合营后售电量不断提高；芜湖光华玻璃厂公私合营当年开始生产保温瓶胆，次年获全国同行业产品优秀奖，后来成为安徽最大的日用玻璃厂；芜湖华侨皮鞋店公私合营后成为安徽最大的皮鞋专业生产厂和重点出口创汇企业。

与此同时，安徽对私营商业也进行了社会主义改造。当时，零售商多，小商店多，小商小贩多，批发商少，大商店少，职工人数少。对此，安徽对私营批发商、私营零售商和小商小贩分别采取不同举措进行社会主义改造。安徽制定了全省改造私营批发商的方案，主要工作是在重点城市排除 1 万元以上的批发商，限制 5000 元以上的批发商。如果有条件转业，则有计划指导其转业，转业后如有必要，国家可适当投资，组织公私合营。能转为零售的，就让其转为零售，有计划地组织代购代销。对私营零售商，采取安排和改造相结合的方针。对小商小贩，采取团结、教育和引导的方针，组织他们走合作化道路。到 1956 年第一季度，安徽省各地私营商业都转为国家资本主义的高级形式——全行业公私合营，基本完成对私营商业的社会主义改造，从而使商业经济结构发生根本变化。

（五）第一个五年计划胜利完成

1953 年至 1957 年，安徽省胜利完成第一个五年计划，不仅完成工业、农业和商业各项计划指标，教育也有很大发展，扫盲工作在广大农村深入开展。新闻、出版、电影放映、广播、体育、卫生事业均有很大发展。与此同时，人民群众生活水平得到较大提高，生活状况明显改善。

经济方面，"一五"期间，安徽工农业总产值由 29.72 亿元增加到 43.19 亿元，增长 45.3%。其中，农业总产值增长 28.9%，工业总产值增长 110%。国民收入 39.1 亿元，年平均增长 6.6%。1957 年，全省社会商品零售总额达 16.9 亿元，比 1952 年增长 90.8%，平均每年递增 13.8% 左右，物价稳定，市场繁荣。1957 年，全省财政收入

1953 年 5 月 1 日，铜官山冶炼厂冶炼出第一炉铜水

为 43887 万元，财政支出 34286 万元，收入年递增 9.9%，支出年递增 17.8%。

科技方面，全省先后建起农业、林业、水利、农机、煤炭、冶金、卫生等部门和行业科研机构，还成立了安徽省科学研究所，下设物理、应用化学、农业生物、土壤、植物病理等 10 个研究室。围绕流行病的防治，科研人员先后完成 60 多个科研项目，对消灭天花、霍乱、黑热病、血吸虫病等起到重要作用。在农村开展普及农业生产技术活动，从省到各地、市、县都成立了科普协会。

教育方面，安徽新建和扩建了一批高等学校，如安徽农学院、合肥矿业学院、合肥师范专科学校等。全省全日制普通高校 15 所，普通中学 665 所，中专 213 所，小学 105846 所，此外还有半工（农）半读学校、农业中学 2000 多所，业余高校也有明显发展，各类学校在校生总数达 538.45 万人，比新中国成立之初增长了 6.7 倍。教育事业的稳步发展为全省经济、文化建设输送了大批人才。

卫生方面，平均每千人拥有的医院床位由 0.15 张增加到 0.29 张，每千人拥有的卫生技术人员由 0.44 人增加到 1.34 人。各县、市普遍建立妇幼保健站，成立专门机构防治各种流行病，广大农村地区缺医少药状况得以改善。

文化方面，新中国成立初期，安徽文化十分落后，文盲率超过 80%，各级政府广泛开展扫盲运动。1951 年，安徽省文化局组织开展"改人、改制、改戏"的"三改"文化改造活动。1954 年 8 月—

11月，安徽省组团参加华东区话剧、戏剧观摩会演大会。黄梅戏《天仙配》获剧本一等奖、优秀演出奖、导演奖和音乐奖，黄梅戏演员严凤英、王少舫、潘璟琍，庐剧演员王本银、丁玉兰，泗州戏演员李宝琴、霍桂霞获演员一等奖。1956年2月，由上海天马电影制片厂拍摄的黄梅戏电影《天仙配》上映，在国内外引起轰动。到1958年年底，仅中国大陆的观众就达1.4亿人次。

"一五"期间，安徽人民生活水平逐步得到提高。1957年，农民人均纯收入74.56元，比1954年增长23.1%，农民人均生活消费支出72.85元，比1954年增长14.6%。当时，安徽农民人均收入和消费分别高于全国平均水平2.2%和2.18%。城镇职工人数发展较快，平均每年递增16%，职工工资水平逐年提高，1957年人均年工资达到528元。

（六）国民经济探索前进和曲折发展

1959年至1961年，中国经济遭遇严重困难。1960年9月底，中共中央提出"调整、巩固、充实、提高"的方针，安徽省全面贯彻落实该方针，主要举措包括：恢复和发展农业；压缩重工业战线，调整工业布局；精减职工，减少城镇人口；加强财政金融统一管理，严格控制财政支出；调整文教事业。经过三年艰苦奋斗，工农业生产走上正轨，人民群众生活水平得到恢复和提高。

以粮食为例，从1962年开始，粮食产量逐年回升，当年全省粮食总产量134.1亿斤，比上年增加9亿斤，1963年上升为139.5亿斤，1965年全省粮食总产量达到193.3亿斤，比1962年净增59亿斤，从根本上消除了因粮食减产引发的经济困难。到1965年年底，全省工业总产值 31.8 亿元，比 1957 年增长 16.4 亿元，比 1962 年增长 11.8 亿元；农业总产值 37.7 亿元，比 1962 年增长 9 亿元；国民收入 47.3 亿元，比 1957 年增长 8 亿元，比 1962 年增长 12.6 亿元。从 1963 年至 1965 年的三年间，全省农业产值年均增长 15.1%，轻工业产值年均增长 17.3%，重工业产值年均增长 12.5%，国民收入年均增长 13.6%。

　　1966 年至 1976 年是"文化大革命"时期，安徽经济社会遭到严重破坏，但在全省人民的共同努力下，经济建设仍然取得一定的进展和成果。农业上，1976 年总产值为 66.18 亿元，比 1966 年增长 49.4%，年平均递增 4.1%；粮食产量 1684 万吨，比 1966 年增长 75.9%，年平均递增 5.8%。在艰难的条件下，全省人民没有停止水利建设，1966 年开挖新汴河，1971 年后挖茨淮新河，1969 年动工兴建驷马山引江灌溉工程和陈村、花凉亭灌区工程，续建淠史杭工

1976 年，建设中的安庆石油化工总厂

程，都取得了很好的效益。工业上，1970 年总产值为 44.4 亿元，比 1965 年增长 48.8%，年平均增长 8.3%；1975 年总产值为 83.94 亿元，比 1970 年增长 83.1%，年平均增长 12.9%；十年合计增长 1.49 倍，年平均增长 9.5%。汽车制造、拖拉机制造、石油炼制、日用机电产品生产等企业，都在这个时期建立起来，其中突出的有安庆石油化工总厂，"小三线"国防机械工业制造系统，以及开发淮北煤田，修筑青（龙山）阜（阳）铁

路、皖赣铁路、芜（湖）铜（陵）铁路等。财政上，1970年比1966
年增长29.1%，1975年比1970年增长12.9%。

"小三线"建设。1964年9月，毛泽东根据国际形势比较紧张
的情况，提出在"大三线"建设的同时，再建设一个"小三线"的
思路。1964年，安徽省委根据中央关于"小三线"建设的指示，成
立了省委国防工业领导小组。1965年，"小三线"建设全面铺开。
上海市在皖南的绩溪、旌德、歙县、祁门、屯溪等市县，先后建立
52个企业、28个事业单位共80家单位（见表2-1），主要产品有
四〇火箭筒、通信设备、雷达、指挥镜、动态仪、电子元器件等。
第四机械工业部先后在皖西的岳西、六安，皖北的阜阳等地迁建了
一批企业，主要产品有雷达、军用微电机、感应机、微波仪器、高
频元件、变压器等。截至1972年年底，安徽省内的19家军品专业
生产厂和配套厂相继建成。到20世纪70年代中期，"小三线"系统
共建成大小十几条军工生产流水线，在射流应用、精铸、热轧、冷
挤压、电镀、硬质合金、数控切割等方面达到了相当高的水平。安

位于贵池县棠溪乡的"小三线"项目前进机械厂

徽"小三线"民用产品中的微型汽车、针织、机械等，成为国内市场上的畅销产品，有些产品还远销海外。

表2-1 安徽省"小三线"企事业单位名录

序号	单位名称	单位所在地
1	机电公司（机关）	安徽省宁国县县城
2	胜利机械厂	安徽省贵池县棠溪乡
3	前进机械厂	安徽省贵池县棠溪乡
4	五洲电机厂	安徽省贵池县刘街乡
5	永红机械厂	安徽省贵池县刘街乡
6	火炬电器厂	安徽省贵池县棠溪乡
7	联合机械厂	安徽省宁国县霞西乡
8	协同机械厂	安徽省宁国县南极乡
9	卫海机械厂	安徽省绩溪县华阳镇
10	跃进机械厂	安徽省歙县岩寺镇
11	红旗机械厂	安徽省屯溪市屯光乡
12	八一三汽车运输队	安徽省宁国县西津乡
13	机电中学	安徽省宁国县西津乡
14	轻工公司（机关）	安徽省绩溪县华阳镇
15	万里锻压厂	安徽省绩溪县北村乡
16	光明机械厂	安徽省绩溪县瀛洲乡
17	燎原模具厂	安徽省绩溪县瀛洲乡
18	光辉器材厂	安徽省绩溪县瀛洲乡
19	红星木材厂	安徽省绩溪县北村乡
20	曙光电料厂	安徽省宁国县胡乐乡
21	红星材料厂	安徽省屯溪市屯光乡
22	利民机械厂	安徽省绩溪县临溪乡
23	轻工中学	安徽省绩溪县华阳镇

续表

序号	单位名称	单位所在地
24	仪电公司（机关）	安徽省旌德县旌阳镇
25	电子器材二厂（井冈山）	安徽省旌德县孙村乡
26	电子器材三厂（东风）	安徽省旌德县白地乡
27	电子器材四厂（旌旗）	安徽省旌德县白地乡
28	显峰光学仪器厂	安徽省旌德县孙村乡
29	韶山电器厂	安徽省旌德县俞村乡
30	立新配件厂	安徽省旌德县孙村乡
31	延安机械厂	安徽省旌德县孙村乡
32	工农器械厂	安徽省旌德县孙村乡
33	卫东器材厂	安徽省旌德县孙村乡
34	满江红材料厂	安徽省旌德县朱庆乡
35	星火零件厂	安徽省旌德县朱庆乡
36	小型轴承厂（向阳）	安徽省旌德县旌阳镇
37	东方红材料厂	安徽省绩溪县大源乡
38	遵义器材厂	安徽省绩溪县大源乡
39	向东器材厂	安徽省屯溪市屯光乡
40	新安电工厂	安徽省黟县渔亭乡
41	朝阳微电机厂	安徽省祁门县城关镇
42	为民器材厂	安徽省祁门县城关镇
43	七一医疗设备厂	安徽省祁门县城关镇
44	仪店中学	安徽省旌德县孙村乡
45	化工公司（机关）	安徽省东至县合镇乡
46	新华化工厂	安徽省东至县合镇乡
47	卫星化工厂	安徽省东至县建新乡
48	金星化工厂	安徽省东至县合镇乡
49	自强化工厂	安徽省东至县合镇乡

续表

序号	单位名称	单位所在地
50	长江化工机修厂	安徽省东至县建新乡
51	龙江水厂	安徽省东至县香口乡
52	化工中学	安徽省东至县合镇乡
53	八五钢厂	安徽省贵池县刘街乡
54	新光金属厂	安徽省休宁县溪口乡
55	半导体材料厂（群星）	安徽省休宁县渭桥乡
56	培新汽车厂	安徽省歙县岩寺镇
57	胜利水泥厂	安徽省宁国县山门乡
58	红波设备厂	安徽省泾县潘村乡
59	312电厂	安徽省泾县白华乡
60	366电厂	安徽省宁国县青龙乡
61	325电厂	安徽省贵池县墩上乡
62	703供电所	安徽省绩溪县华阳镇
63	后方电力处（机关）	安徽省绩溪县华阳镇
64	海峰印刷厂	安徽省绩溪县杨溪乡
65	后方卫生处（机关）	安徽省绩溪县华阳镇
66	后方卫生防疫站	安徽省绩溪县华阳镇
67	瑞金医院	安徽省绩溪县临溪乡
68	古田医院	安徽省宁国县胡乐乡
69	长江医院	安徽省贵池县刘街乡
70	天山医院	安徽省东至县合镇乡
71	565供应站	安徽省宁国县洪门乡
72	707仓库	安徽省宁国县西津乡
73	培进中学	安徽省歙县岩寺镇
74	683汽车运输场（场部）	安徽省泾县潘村乡
75	260通讯站（总站）	安徽省宁国县胡乐乡

续表

序号	单位名称	单位所在地
76	后方基地计量检定所	安徽省绩溪县华阳镇
77	后方基地干校	安徽省歙县桂村乡
78	后方基地农场	安徽省歙县桂村乡
79	上海市后方基地管理局（机关）	安徽省屯溪市屯光乡
80	祠山岗中转站	安徽省广德县城关镇

"文化大革命"结束以后，以万里为第一书记的安徽省委全面拨乱反正，认真总结经验教训，明确提出"以生产为中心"的口号，要求一切工作围绕生产、为生产服务。农业上，1977年11月，中共安徽省委召开农村工作会议，会议形成《关于当前农村经济政策几个问题的规定（试行草案）》（简称"省委六条"），内容涉及给生产队以自主权，落实按劳分配政策，减轻社队和农民的负担等。"省委六条"的制定，对农村"左"的错误起到了拨乱反正的作用，得到广大农民的拥护，对调动生产队和农民生产积极性起到促进作用。工业上，开始对全省工业企业分期分批进行整顿，逐步恢复各项规章制度，克服无政府状态。通过初步整顿，全省大多数企业建立健全了生产指挥系统和规章制度，严格操作规程，加强了设备维修，企业管理有了明显的改进。同时，通过挖潜、革新、改造，发挥企业的现有能力。还注意抓质量、降低成本和增加盈利，全面完成经济技术指标。1977年，全省工业企业生产超额完成了全年计划。1978年，全省工业总产值达165.39亿元，比上年增长7.8%。

三、安徽小康社会建设奠基起步
（1978—1992年）

　　1978年12月召开的中共十一届三中全会，确定了全党工作的重点转移到经济建设上来、实行改革开放的历史性决策，改革开放成为经济和社会发展的主旋律。安徽人民敢为天下先，在全国率先掀起农村改革大潮，推行家庭联产承包责任制，开展农村扶贫开发、发展乡镇企业、建设小城镇。全面推进城市经济体制改革，"傻子瓜子"率先突破传统计划经济的藩篱，成为个体私营经济的先行者。黄山旅游业成为当地居民脱贫致富的重要途径。在注重物质文明建设的同时，大力开展精神文明建设，科技、教育、文化、卫生等各项事业全面发展。1978—1991年，安徽省国内生产总值由113.96亿元增至663.6亿元，农民人均纯收入由113.4元增加到446.05元。城乡人民生活水平有了显著提高，全省绝大多数地区解决了温饱问题，开始向小康社会迈进。

（一）改革率先从农村突破

　　没有改革开放，小康建设就无从谈起。中国的改革首先在农村取得突破。安徽凤阳县小岗村推行"大包干"的壮举拉开了中国农村改革的大幕。

1."省委六条"与"借地度荒"

1978年以前的二十年中，中国农村基本上实行人民公社体制。在这种体制下，农民缺少自主权，干活"大呼隆"，分配"大锅饭"，严重挫伤了生产积极性，农业生产长期陷入低水平徘徊的困境。"文革"期间的极左政策，使安徽农村经济再次受到严重摧残，农民生活异常贫穷。1977年，全省共有287238个生产队，只有10%生产队的农民能维持温饱；大部分农民吃不饱、穿不暖，其中65%的农民人均收入低于60元，处在温饱与饥饿之间；农民人均收入40元以下的约占25%，这部分人仍在饥饿线上挣扎。

1977年6月，中共中央改组中共安徽省委，派万里任省委第一书记。经过调查研究，中共安徽省委起草了《关于当前农村经济政策几个问题的规定（试行草案）》（简称"省委六条"）。主要内容是尊重生产队的自主权；落实按劳分配制度；减轻生产队和社员的负担；允许和鼓励社员经营自留地和家庭副业等。"省委六条"经过上上下下座谈讨论，进行了十多次的反复修改，几易其稿，于11月20日，以"试行草案"的形式下发全省各地农村贯彻执行。"省委六条"一发布，立即受到广大农民和基层干部的热烈拥护，农民的生产积极性被调动起来，同时孕育和催生了

1978年2月3日，《人民日报》发表《一份省委文件的诞生》，称赞支持安徽"省委六条"

多种生产责任制的萌芽与成长，引起全国的关注。1978 年 2 月 3 日，《人民日报》以《一份省委文件的诞生》为题予以报道，3 月，《红旗》杂志发表了万里的《认真落实党的农村经济政策》文章，新华社及时转发。"省委六条"引起舆论界的广泛关注，其影响逐渐波及全国。

1978 年，安徽省遭到百年不遇的大旱灾，全省大部分地区十个多月没有下过透雨，导致河水断流、塘库干涸，6000 多万亩农田受灾，400 多万人饮水困难。入秋后，旱情更加严重，秋种无法正常进行，直接影响下一年的午季收成，农民生活和农村经济处境艰难。

面对旱情，安徽省委一方面组织人力、物力、财力，全力抗旱；另一方面积极研究制定减灾度荒、摆脱困境的办法。1978 年 9 月 8 日，安徽省委召开紧急会议，专门研究抗旱救灾问题。经万里同志提议，安徽省委作出了"借地度荒"的决定：凡是集体无法耕种的土地，可单独划出借给农民耕种，超过计划扩种部分，收获时不计征购，由生产队自行分配；鼓励农民利用空闲地、荒地种粮，谁种谁收谁有，不必上缴国家。"借地度荒"不仅激发了广大农民的抗灾热情，全力参加秋种，而且引发包产到组、包产到户、包干到户等各种形式的生产责任制在安徽产生。

2. 实行农村家庭联产承包责任制

来安、肥西、凤阳等县是较早实行联产承包制并且产生广泛影响的地区。

1978 年 8 月，来安县委书记深入农村调研，花了五十多天的时间，跑遍了全县 27 个公社、镇，与基层干部和农民促膝交谈，了解"省委六条"贯彻落实情况，共商吃饱肚子脱贫致富的计策。在调研中了解到全县社员都希望能包产到户。为改变农民穷困状况，促进农村经济发展，来安县委原则同意各生产队推行包产到户责任制，来安县十二里半公社前郢队几天之内就把地分了，计划上缴国家的粮食任务也随着土地一并分到每个社员头上。社员借种子，起早摸黑抓紧秋种。前郢队实行包产到户的消息不胫而走。一些胆子大的生产队仿照前郢队，也悄悄实行包产到户。到1979年

1978年，安徽出现严重旱灾。9月中旬，肥西县山南区委为把省委"借地度荒"的精神落到实处，进一步调动群众抗旱秋种的积极性，在黄花大队推出"四定一奖"责任制（实为包产到户）。图为当年的会场和参加会议的部分人员

初春，来安县共有34个生产队私下里实行了包产到户。

1978年9月15日，肥西县山南区委柿树公社黄花大队召开大队党支部扩大会议，传达"借地度荒"文件，研究抗旱救灾的办法。会议最后议出"四定一奖"办法，即定任务（每人承包1亩麦、半亩油菜）、定上缴（麦子每亩上缴200斤，油菜籽每亩上缴100斤）、定工分（每亩地记200个工分）、定成本（每亩地生产成本5元）；超产全奖，减产全赔。办法定下后，黄花大队的社员连夜行动，仅用两天时间，全队的1690亩耕地中除100亩不宜秋种的土地外，其余耕地按人均1.5亩全部"借"给了社员个人耕种，秋种任务超额完成。

黄花大队的做法很快轰动了全区，社队干部纷纷要求区委实施黄花大队办法。山南区委经过认真讨论，决定在全山南区推广黄花大队的经验。这一下，山南区各公社、大队的耕地在二十天内全部"借"给了社员。在"借地"中，小井庄生产队的社员更是胆大，他们把全队的153亩田地全部包到社员户头上，"借"字转眼间变成了"包"字。到11月上旬，山南全区播种小麦8万余亩，油菜5万亩，

肥西县中国农村包产到户纪念馆

大麦 2 万亩，总计约 15 万亩，比计划多播种 9 万亩，比正常年份多播种 7 万亩，当年秋种任务奇迹般地超额完成。

在各种形式的联产承包责任制纷纷产生之际，凤阳县小岗生产队农民创立了包干到户。凤阳县梨园公社小岗生产队，自 1955 年至 1978 年连续二十三年未向国家缴纳一粒粮食，是个远近闻名的"讨饭队"。有的社员提出："要想有碗饭吃，只有分开，一家一户地干。" 1978 年冬的一个夜晚，小岗队在家的 18 户户主开会，达成协议，把土地和上缴任务分到户包干，对外不得向任何人讲；每年午秋两季上缴国家和集体的任务必须按时完成；队干部如果因包干蹲班房，他们的耕地由大家包种，他们的小孩由大家负责抚养到 18 岁。

1979 年，小岗队粮食总产达 6.6 万公斤，油料总产 1.75 万公斤，二十多年来第一次向国家交售粮食，超额完成任务 7 倍多，油料超额完成任务 80 多倍。从此，饿肚子、逃荒要饭，在小岗村彻底成为历史。

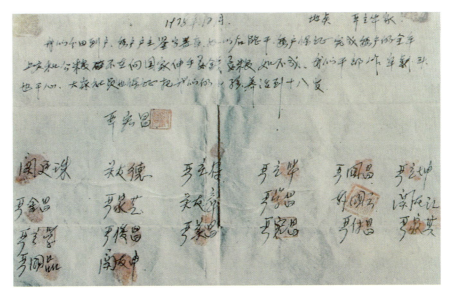

1978年冬，小岗村18户农民为"大包干"按下的红手印

包干到户彻底打破了平均主义，充分调动农民积极性，增产效果最显著，成为最受农民欢迎的责任制形式。过去穷得年年有大批农民外出讨饭的凤阳县，当地群众热情赞颂道："大包干，大包干，直来直去不拐弯，保证国家的，留足集体的，剩下多少都是自己的"，"只要干上三五年，社员有吃又有穿，集体个人都能富，国家还要盖仓库"。"大包干"在当地不胫而走。1979年年底，全省37.98万个生产队中，实行联系产量责任制的占61.1%，其中包产到组22.9%，包干到组16.9%，包产到户或包干到户10%，其他形式11.3%；实行不联系产量责任制的占38.4%，没有建立生产责任制的仅占0.5%。

通过改革，农村经济逐渐恢复了生机。但当时"左"的思想仍然束缚一些人的头脑，因而围绕包产到户的性质问题，在全国开展了一场激烈争论。批判包产到户的一方一度占据上风。1979年3月15日，《人民日报》发表所谓"张浩来信"，指责包产到组破坏了

"三级所有，队为基础"，要求予以纠正，在安徽引起极大震动。经全省上下共同努力，"张浩来信"风波很快平息，安徽农村改革继续前行。

1980年3月，万里调到中央工作，又有人开始对包产到户提出不同看法。5月31日，邓小平在同中央负责农村工作的同志谈话中明确指出："农村政策放宽以后，一些适宜搞包产到户的地方搞了包产到户，效果很好，变化很快。安徽肥西县绝大多数生产队搞包产到户，增产幅度很大。'凤阳花鼓'中唱的那个凤阳县，绝大多数生产队搞了大包干，也是一年翻身，改变面貌。有的同志担心，这样搞会不会影响集体经济。我看这种担心是不必要的。"

邓小平旗帜鲜明地肯定了肥西县的包产到户和凤阳县的"大包干"，是对安徽农村改革的有力支持，更是对"左"的错误观念的强有力抵制，具有扭转乾坤的巨大作用。邓小平同志的讲话很快向全国层层传达，包产到户、包干到户不再仅局限于安徽农村，迅速向全国农村进一步推进。

3. 农村改革促进农业发展农民增收

实行家庭联产承包责任制以后，安徽农村经济发生巨大变化，农业彻底摆脱长期徘徊的困境，迅速恢复并出现全面、持续、大幅度增长势头。1984年，全省农业总产值154.57亿元，粮食总产量440.5亿斤。与1978年相比，全省有6个地（市）、23个县（市）农业总产值翻了一番，2个地（市）、11个县（市）粮食总产量翻了一番。

农民生活逐年改善，一部分农民初步富裕起来。1984年，全省农民人均纯收入323元，是1978年113.3元的2.85倍。农民不仅吃、穿、住发生了较大变化，文化生活也有所丰富和提高，全省已有 997 个乡镇兴办了农村文化中心，农村影剧场由 1978 年的 22 个发展到 1776 个，还有 3050 个电影放映队。广大农民对农业的兴旺发达和走向富裕充满了信心。过去长期徘徊不前的农业，通过改革反而走到了前头。

（二）农村扶贫工作起步

摆脱贫困、实现小康是中华民族千百年来孜孜以求的美好梦想。消除贫困是小康建设的内在要求和应有之义。1978 年 10 月 21 日，中共中央批转《全国民政会议纪要》，提出"规划扶贫是帮助困难户改变贫困面貌的正确途径，应该努力做好这一工作，通过试点，取得经验，逐步推广"，第一次将扶贫工作从农村救济中分离出来，真正意义上的农村扶贫工作拉开了序幕。

1. 扶贫工作的"来安模式"

在国家开展扶贫开发工作之前，安徽省一些地区就进行了探索。位于滁州的来安县率先开展扶贫工作，其扶贫工作经验曾引起国家民政部的重视，后在全国广泛推行。

家庭联产承包责任制的普遍推行，激发了农民的干劲，使绝大多数农户尝到了丰收的喜悦，生活状况得到改善。"大包干"成为大多数农民脱贫的捷径。然而，"几家愁"的现象依然存在，一部分农户因缺乏劳力、资金或技术，生产生活条件仍未得到改善，依旧处于贫困状态。为此，来安县委于 1980 年春作出决定，由县民政局以邵集乡萝山村为试点，开展扶贫工作。一年后，经过扶持的 16 户，有 15 户增产，1 户平产；人均口粮 718 公斤，比 1979 年增长 295 斤；

人均收入 172 元，比 1979 年增长 90 元。1981 年 1 月，来安县成立扶贫委员会，设立专门的办事机构，抽调干部到基层调查走访贫困户。凡人均口粮不足 150 公斤、经济收入 60 元以下的均列为扶贫对象，由各级干部分头包干，限期脱贫。经过调研，全县有 5319 个贫困户，占全县农民总数的 6%。扶贫工作开展一年后，1982 年全县有 1070 户贫困户经过扶持达到了县委、县政府规定的"人均口粮 800 斤，人均收入 100 元，房屋不破不漏，还清债务"的脱贫标准。到 1985 年年底，全县被列为扶贫对象的 5319 户，除 118 户社会保障户（孤、寡、残、老）外，其余全部达到了脱贫标准，脱贫率为 97.8%。

来安县开展的农村扶贫工作成效显著，很快引起强烈的社会反响，其做法逐步推向全省乃至全国。1981 年 9 月，安徽省扶贫工作领导小组成立。1982 年 4 月，全省扶贫工作会议在来安县召开。会议分析了扶贫工作形势，总结了工作经验，提出设想，从 1982 年起，每年脱贫人口三分之一，到 1985 年使现有扶贫户基本摆脱贫困。1982 年 9 月 20 日，民政部、国家农委转发《安徽省委关于农村扶贫工作的报告》，总结了安徽省特别是来安县开展的扶贫工作的经验做法。

这一时期，安徽省扶贫措施主要是通过农村综合改革，促进农业生产力的发展，农村贫困问题得到缓解，贫困人口大幅度减少。全省贫困人口由 1980 年的 1200 万人，下降到 1985 年的 665 万人。1980 年，全省农民人均纯收入在 200 元以下的农户高达 60.8%，到 1985 年下降到 8.9%。全省贫困人口由全省范围的大面积分布，缩小为相对集中在深山区、库区、革命老区、沿淮行蓄洪区、沿江圩区、江淮分水岭地区等。

2.开发式扶贫模式

从 1986 年开始，国家进入有组织、有计划、大规模开发式扶贫阶段。按照国家规定扶贫标准（1985 年以县为单位农民人均纯收入 200 元以下，革命老区人均纯收入 250~300 元），安徽被国家确定为重点贫困县的有 9 个，即金寨、霍山、霍邱、寿县、岳西、潜山、太湖、颍上、六安。被省确定为重点贫困县的有 8 个，即枞阳、临泉、阜南、郎溪、泾县、绩溪、歙县、凤台。安徽省针对这 17 个贫困县，出台了一系列的扶贫政策措施。

一是加强基础设施建设，改善农业生产条件。由于农村基础设施薄弱，农业生产条件落后，严重阻碍了农村经济的发展。因此，改善农业基础设施和农业生产条件，对于发展农村经济、促进农民增收、改变农村贫困面貌具有重要作用。安徽省委、省政府对此非常重视，多次强调要加强基础设施建设，每年都给予大量投资，上项目、兴水利、修道路，改善农业生产条件。

二是因地制宜确定生产方针，建立各具特色的农村产业结构。这一时期，安徽省贫困地区总的开发方向是：皖西、皖南贫困山区重点发展林果业、畜牧业、各种土特产品加工业和旅游业；沿江贫困地区发挥"黄金水道"优势，注重发展水上运输业，发展优质畅销的粮食、经济作物、水禽和水产品等；沿淮行蓄洪区重点发展耐水作物，发展养殖业等。

三是推行科技扶贫、智力扶贫、教育扶贫、文化扶贫。1986 年7 月，全省革命老区贫困地区重点县扶贫工作会议召开。会议确定，在扶贫的同时还要扶智，即加强科技扶贫、文化扶贫。1989 年 1 月，安徽省智力扶贫领导小组召开沿淮行蓄洪区智力扶贫工作会议，提出：充分发挥大专院校的智力、技术优势，实行智力开发与经济开发并举、治愚与治穷同步进行的方针，每年帮助贫困县培训一批初中级人才，推广一批当地适用的新技术，开发一批新项目。1988年，安徽省社会科学院研究员到岳西县莲云乡蹲点，提出扶贫必须按照发展农村科技文化、从提高人的素质起步的"扶贫扶人，扶智扶文"的新思路。

四是实行对口包干扶贫。从1985年开始，安徽省实行省直部门和省辖市对口包干联系贫困县的办法。对口扶贫部门每年都帮助贫困县做一些实事。

扶贫开发使得大多数群众的温饱问题基本解决。1990年，17个贫困县农民人均纯收入为340元，比1985年增长34%；人均纯收入在200元以下的贫困户，由445万人减少到37万人；五年（1986—1990年）累计解决408万人的温饱问题，解决温饱率达91%。1990年，全省人均纯收入在200元以下的农户比重下降为2.5%。但温饱

1990年，安徽省社会科学院专家与科技文化致富的13户农民合影

标准低，不稳定，生产生活条件未能根本改善。特别是1991年安徽遇到特大洪涝灾害，大批已脱贫的贫困户重新返贫，绝对贫困人口由1990年的406万人猛增到1241万人。

（三）乡镇企业和小城镇建设

1. 乡镇企业异军突起

农村改革极大解放和发展了生产力，农村剩余劳动力增多，靠种植业已经不能满足农民致富的愿望。一部分农民从土地的束缚下解脱出来，他们开始务工、经商、办企业。乡镇企业在全省各地迅速发展，成为农村经济的一大支柱。

改革开放前，农村基本上走单一发展农业的路子，安徽省乡镇企业（1984年以前称社队企业）十分落后。1978年，全省乡镇企业总数不到5万家，总产值只有9.6亿元。为改变这种状况，1982年安徽省委、省政府制定了《关于发展社队企业若干问题的决定》，提出"放手发展，阔步前进"的方针，作出一系列鼓励发展社队企业的政策规定。到1983年年底，全省乡镇企业就业人数98.3万人，总产值19.71亿元。从1979年到1983年，安徽乡镇企业总产值年递增14.4%。

1984年，中共中央下发《关于1984年农村工作的通知》，高度评价发展乡镇企业的重要意义。1984年9月，安徽省委、省政府首次联合召开全省乡镇企业工作会议，提出从省情出发，从两"小"（小商品、小规模）起步，"六个轮子"（区、镇、乡、村、联户、户办）一起转的乡镇企业发展思路，推动乡镇企业迅速发展。1985年

2 月，安徽省委、省政府作出决定，要求各地在资源、资金、物资、设备、人才、技术、信息等方面支持、促进乡镇企业发展。1987 年 9 月，全省乡镇企业会议召开，提出发展乡镇企业是振兴安徽经济的一项战略任务。1987 年，安徽乡镇企业总产值已达 161.47 亿元，与农业总产值基本持平。1988 年，乡镇企业总产值达 215.61 亿元，超过农业总产值 32%。1985 年至 1988 年的四年，乡镇企业异军突起，产值平均每年以 35.5 亿元的高速度增长，共吸纳 470 多万农民从事非农产业，成为农村经济的一大支柱。1988 年秋以后，开始了国民经济的治理整顿，对乡镇企业信贷资金进行大幅度压缩。全省乡镇企业贯彻治理整顿的方针，各地关停并转了一批项目，引进了一批新技术，开发了一批新产品，企业布局和产品结构逐步趋向合理。乡镇企业在治理整顿中平稳增长，1989 年总产值达 240 亿元，1990 年为 281 亿元，1991 年达到 368.9 亿元。

发展乡镇企业的排头兵——宁国市

乡镇企业的发展，大量吸纳了农村剩余劳动力，改变了长期僵化的农村就业结构，极大地解放了农村生产力。1990年，乡镇企业就业人数占整个农村劳动力的五分之一以上。在一些乡镇企业比较发达的地方，就业劳动力已占40%左右。乡镇企业还推动了农业生产和农村各项事业的发展，增加了农民收入。仅"七五"期间，乡镇企业用于农村各项事业建设投资15.4亿元，以工补农7.2亿元。每个农村人口从乡镇企业得到的年收入为132元。

2. 小城镇建设蓬勃兴起

新中国成立后，安徽省小城镇虽有所发展，但多数小城镇经济发展缓慢，结构不合理，工业落后，服务行业很少。中共十一届三中全会以后，农村商品经济的发展和乡镇企业的快速崛起，为小城镇恢复生机创造了新契机。

从1985年到1990年，全省乡镇企业总产值占农村社会总产值比重由24%上升到43%，在全省社会总产值中比重由14.8%上升到26.4%，在全省工业总产值中比重由18.6%上升到32.8%，实现了乡镇企业在工业总产值中"三分天下有其一"的战略目标。

安徽省较早提出把小城镇的改革与发展，作为一项关系全省经济社会发展全局的大战略来抓。1982年3月，安徽省委召开小城镇建设座谈会，提出加强小城镇建设是一项具有战略意义的大事，要积极发展小城镇经济，使其成为改变农村面貌的前进基地。1984年，安徽省委、省政府组织2000多名干部和理论工作者，对全省小城镇开展大规模的调查研究。在此基础上，1984年6月4日至11日，安徽省委、省政府专门召开全省小城镇建设理论研讨会和小城镇建设工作会议，省直各部门主要负责人和地、市、县主要负责人参加会议，并邀请100多位理论工作者到会。会上发布了《关于小城镇建设若干问题的暂行规定》，在全国开了小城镇建设的先河。1985年，全省基本完成小城镇规划工作，使小城镇建设得到较大发展，当年就有100多万农民进入小城镇务工经商。此次会议提高了全省上下对小城镇建设重要性和迫切性的认识，标志着安徽小城镇建设进入新阶段，安徽小城镇建设得到较快发展。

1985年，安徽省建制镇发展到375个，比上年增加53个，比1980年增加271个。到1988年年底，全省各类小城镇和农村集市达3449个，建制镇453个，建制镇人口达到850万人（包括镇上农业人口）。1991年12月，《安徽省村镇规划建设管理条例》的颁布，将小城镇建设和管理纳入法制化轨道。经过近十年的努力，安徽小城镇建设取得初步成效。1994年，全省建制镇发展到771个（不含县城关镇和市辖镇），其中人口1万~2万的建制镇140个，2万人口以上的建制镇70个；镇面积在1~2平方公里的建制镇244个，2平方公里以上的建制镇达到213个。小城镇不仅数量大幅增加、规模扩大，而且基础设施日趋完备、功能基本齐全。到1994年年底，全省小城镇道路总长超过1万公里，供水、供电、通信等基础设施水平不断提高，学校、医院、邮局、金融机构、文化活动中心等服务型设施基本齐全。

小城镇建设推动了经济的快速发展。1984年，全省小城镇中国内市场总值达亿元的镇只有13个，到1994年，增加到621个，初步形成了以小城镇为依托，以乡镇企业为龙头，小城镇建设与乡镇企业发展同时并举的格局。

（四）城市经济体制改革

1. 经济体制改革从农村到城市

安徽城市经济体制改革借鉴农村改革的成功经验，让"包"字进城，从扩大企业经营自主权入手，在工商企业推行以承包为主要内容的各种形式的经济责任制。1979年4月，蚌埠市在工交、财贸企业试行扩大企业自主权。同年10月，扩大企业自主权试点在全省推开。1980年，全省开始推行企业经济责任制，初步改变了企业吃国家"大锅饭"、职工在企业内部吃"大锅饭"的状况。1981年8月，安徽省委发出《关于工商企业实行经济责任制问题的通知》，要求建立企业内部经济责任制，把职工的物质利益和经济责任紧密结合起来，落实按劳分配、多劳多得原则。此后，一批企业实行计件工资、浮动工资、拆账分成制，少数企业开始实行包干制。但是，由于改革初期约束机制不够规范，出现企业为扩大自销比例而压低计划指标、工资侵蚀利润和短期化行为等问题。1982年推广经济责任制旨在解决企业放权让利中暴露出的问题。到年底，全省1382家县属以上全民所有制工商企业中，有586家实行了责任制，占总数的42.4%。

1983年1月，安徽省实施第一步"利改税"，对有盈利的国营大中型企业根据其实现利润的情况，按55%的税率征收所得税，税后利润一部分上缴国库，一部分由企业自留；对有盈利的国营小型企业，按8级超额累进税率征收所得税。当年，全省共有3018家企业进行了"利改税"改革，占企业总数的85%。为了进一步增强企业活力，1984年10月，全省开始第二步"利改税"，将企业利润分配制度改为征收所得税和调节税，税后利润由企业自主分配。当年，全省 1365 家预算内国营工业企业中有 1045 家实行了新的税收办法。两次"利改税"，基本上实现了企业上缴由利润形式向税收形式的过渡，初步理顺了国家与企业的分配关系，调动了企业的积极性。

1984 年 10 月，中共十二届三中全会通过《关于经济体制改革的决定》，标志着经济改革的重点由农村转移到城市。1984 年 12 月，安徽省第四次党代会提出安徽经济发展的目标是：到 20 世纪末，力争实现工农业总产值翻两番半，人民生活达到小康水平。大会还提出要积极稳妥地搞好经济体制改革，强调要把增强企业活力作为城市经济体制改革的中心环节，明确提出要实行政企职责分开，简政放权，实行厂长（经理）负责制，完善企业经济责任制，实行多种经济形式和多种经营方式。

进入 20 世纪 80 年代中期，安徽部分企业开始试行由党委负责制改为厂长（经理）负责制，建立以厂长（经理）为核心的企业经

1981 年，合肥无线电一厂首次民主选举厂长

营管理体制。在试行厂长（经理）负责制的同时，一些地方按照经营权与所有权适当分离的原则，进行了企业承包经营的探索。1984年上半年，安徽省委、省政府要求所有企业内部实行层层承包；对一些小型全民所有制企业实行集体经营、自负盈亏的管理办法，或租赁、承包给个人经营。1987年，第一轮企业承包在全省全面推行，承包的方式为包死基数、确保上缴、超收多留、歉收自补。1990年，全省开始了企业第二轮承包经营工作。到1991年年底，全省82%的大中型企业实行承包经营责任制。

2."傻子瓜子"与个私经济发展

改革开放之初，一场围绕"傻子"的争议曾传遍全国，并对中国的改革进程产生了一定影响。"傻子"名叫年广九，安徽芜湖人，他曾以乞讨为生，后改做小生意。他卖的瓜子味美价廉，经常多抓一把瓜子赠送顾客，大家便喊他"傻子"。

由于生意红火，人手不够，年广九开始雇工生产。到1979年，已有雇工12名，超过个体私营经济雇工人数最多8人的国家限制，年广九因此成为当时饱受争议的人物。是否允许"傻子瓜子"发展？年广九雇工问题如何处理？安徽省委也拿不准。1980年，安徽省委指示省农委派人到芜湖调查"傻

年广九当街售卖"傻子瓜子"

子瓜子"，并写了调查报告，认为应该允许傻子瓜子继续发展，并把调研报告送给邓小平批阅。邓小平看到材料后，表示"放一放"和"看一看"。这是邓小平第一次谈"傻子瓜子"。此后，"傻子瓜子"发展迅速，成为享誉全国的知名品牌。生意好了，年广九又增加了雇工。1983 年，雇工人数达到 103 人，成为当时中国雇工人数最多的个体户，社会上对年广九的非议也越来越多。

1984 年 10 月 22 日，在中央顾问委员会第三次全体会议上，邓小平明确指出："前些时候，那个雇工问题相当震动呀，大家担心得不得了。我的意见是放两年再看。那个能影响到我们的大局吗？如果你一动，群众就说政策变了，人心就不安了。你解决了一个'傻子瓜子'，会牵动人心不安，没有益处。让'傻子瓜子'经营一段，怕什么？伤害了社会主义吗？"邓小平的表态及一系列相关政策的出台，打消了人们对发展个体经济及多种经济成分的顾虑，促进了多种经济成分的迅速发展。邓小平讲话以后，关于雇工问题的讨论渐渐消失无声了。年广九继续雇工人炒卖"傻子瓜子"，生意依旧红火。"傻子瓜子"带动了整个芜湖市瓜子炒货业的发展，大街小巷出现了不少炒瓜子的作坊和瓜子售卖点，芜湖因此又多了一个"瓜子城"的雅号。

1992 年春，邓小平南方谈话时说："农村改革初期，安徽出了个'傻子瓜子'问题。当时许多人不舒服，说他赚了一百万，主张动他。我说不能动，一动人们就会说政策变了，得不偿失。像这一类的问题还有不少，如果处理不当，就很容易动摇我们的方针，影响改革的全局。"这是邓小平第三次谈到"傻子瓜子"。

3. 开辟旅游致富路

改革开放前，黄山旅游业尚未兴起，旅游设施、接待能力远远不足，游客稀少。黄山被贫穷落后紧紧包围着。1979年的黄山风景区，除了行政接待之外，还处在封闭状态，只有自发前来观光的游人，每天上山的才几十个人，门票价格是五毛钱；邓小平曾入住过的北海宾馆，当时一年的利润是5000元。不仅黄山旅游没有什么收入，管理服务水平也很低。1979年7月11日至15日，邓小平到黄山视察游览，他对安徽省委和徽州地委的负责同志说："黄山是发展旅游的好地方，是你们发财的地方，省里要有个规划"，"你们要有点雄心壮志，把黄山的牌子打出去！"这就是著名的"黄山谈话"，不仅为发展黄山旅游业勾画出蓝图，更为中国旅游业由接待型向市场化转变指明了方向。

黄山市找到了脱贫致富的金钥匙，即刻采取措施大力发展旅游业。为了更好地保护、开发利用黄山风景资源，安徽省人民政府于1987年11月报经国务院批准，撤销徽州行署，设立黄山市。1989年4月，安徽省人大常委会通过并公布《黄山风景名胜区管理条例》。在安徽省委、省政府努力下，国家旅游局决定把黄山作为重点，推向国际旅游市场。1990年10月，安徽组织大规模旅游推销活动。来自新加坡、泰国、菲律宾等国家和中国台湾地区的三十多家旅行社的董事长或总经理，到黄山、合肥等地进行"青山秀水古风情"考察活动。1990年12月，在联合国教科文组织世界遗产委员会第十四届会议上，黄山被作为世界文化与自然双遗产列入《世界遗产名录》，成为蜚声中外的旅游胜地。旅游业成为黄山人民脱贫致富的重要途径。1979年，黄山接待游客首次突破10万人，旅游收入突破100万元，以后逐年增加：1985年旅游收入突破1000万元，1987年突破2000万元，1991年达5976万元。

安徽全省也迅速行动起来，拉开了全省发展现代旅游业的序幕。1979年12月，安徽省旅游局成立。1986年3月，安徽省人民政府召开全省旅游工作会议，讨论拟定全省旅游业"七五"发展规划，主题是加快发展旅游业，促进安徽经济腾飞。同年5月的旅游工作会议明确提出，要使旅游业成为增强全省经济实力的新兴力量。1990年，全省接待海外来皖旅游者11.4万人，创汇620万美元；接待国内游客950万人，收入5亿元。旅游及配套设施继续得到改善。

（五）社会事业快速发展

1. 步入科学的春天

1977年7月，中共安徽省委召开"向科学进军"大会，动员广大科技人员为科技现代化而努力奋斗，安徽科技事业迎来发展的春天。8月，全省科技战线上大规模拨乱反正，落实党的知识分子政策，恢复科技管理和研究机构，科技资源进一步向合肥集聚，科技工作的重点是为经济建设服务。

1978年以后，在合肥恢复和重建了中科院安徽分院以及光机所等，新建了等离子物理研究所、智能机械研究所、固体物理研究所、国家同步辐射实验室、水泥研究所，以及电子工业部所属6个研究所等。全省其他地市也新建一些科研机构。到1985年年底，全省共有县以上科研机构和科技开发机构153个，在其中工作的科技人员13490人。1981年至1985年"六五"计划期间，全省就取得科技成果6603项，其中有不少在国内领先。如河蟹繁殖新工艺、灰喜鹊防治松毛虫研究、扬子鳄生态学研究、中小型超导磁体工艺规范研究、合肥同步辐射装置预研制及物理设计、L=2螺旋绕组抑制托卡马克中的撕裂模研究、人工智能研究等。

安徽通过组织实施一系列科技工程，不断提高科技进步对经济发展的贡献率，全省科技工作进入为经济建设服务的轨道，一些"科技兴农"项目成效显著。一是"星火计划"实施效果显著。"星火计划"从1985年下半年开始试点，到1991年年底，全省共安排项目987个，总投资2亿多元；新增产值10亿多元，新增利税1.88亿元，创汇3000万美元；开发各类产品1318个，培训各类技术人才6万多人次。一些星火项目如人工河蟹养殖、皖西白鹅养殖等逐步成为当地支柱产业。二是科技扶贫成效显著。从1986年开始，国家科委和安徽省派出扶贫工作团进驻金寨等县，帮助当地群众脱贫致富。到1991年年底，科技扶贫已基本解决了贫困地区（主要是大别山区）的温饱问题。三是"121工程"见成效。1988年年底，省科委开始在1个县、20个乡镇、100个乡镇企业，开展以科技进步为先导的综合性农村试验示范工程。到1990年，各示范单位的工农业总产值、利税均有较大递增；涌现出4个亿元乡镇。四是"5432"（50万亩高产粮田、40万亩高产油菜、30万亩高产棉花、2万亩高产茶园）和"2823"（20万亩低产田改造、8万亩低产水开发、20万亩荒山绿化与低产林改造和3个县的"四边"绿化）工程初见成效。"5432"高产实验工程和"2823"开发实验工程是全省科技兴农规划的重点工程。两项工程任务下达在66个县市和23个村，1990年实施一年，高产高效示范项目直接经济收益达2160万元。

哲学社会科学恢复发展。1983年4月，安徽省社会科学院成立。其后，安徽省分别成立了安徽省逻辑学研究会、发展战略研究会、陈独秀研究会、法学研究会、历史研究会、经济研究会、社会学研究会、自然辩证法研究会、伦理学学会、美学学会、毛泽东哲学思想研究会、邓小平思想研究会等。学术界空前活跃，被搅乱的思想需要统一，遭禁锢的领域要开拓，新的学派、新的思潮要加以研究。

在哲学的基本原理方面，关于真理标准的讨论、关于历史唯物主义原理的讨论、关于人的哲学问题的讨论、关于毛泽东哲学思想的讨论、关于社会主义精神文明的讨论、关于社会主义初级阶段理论问题的讨论等步步深入，对人们思想的解放和改革的深化起到了巨大的推动作用。在哲学史方面，开展了关于西方哲学史的讨论、关于正确评价历史上的唯心主义哲学的讨论和关于戴震、方以智、胡适等安徽哲学家的学术思想的讨论等，极大地活跃了学术气氛。在美学、逻辑学和伦理学方面也突破禁区，开展了多方面的学术活动，如举办改革和道德专题讨论、全国形式逻辑讨论等，编辑出版了发展战略、农村经济、区域经济、工业经济、哲学史、美学、伦理学、自然辩证法、逻辑学方面的专著。

2. 教育事业走向正轨

改革开放头十余年，安徽教育事业迅速走向正轨，在改革中快速发展。各级各类学校全面贯彻党的教育方针，提高教育质量，促进教育与经济、科技结合，优化教育结构，大力加强基础教育，积极发展高等教育、职业教育和成人教育。

各地创造条件，有计划、多层次地发展城乡幼教事业。从 1984 年开始，安徽省各地农村积极创造条件，发展学前一年教育，逐步招收 3~5 岁的幼儿入园。1990 年，全省有幼儿园 1763 所，在园幼儿 49.6 万人，与 1980 年相比，增加幼儿园 1088 所，在园幼儿增加 35.6 万人。

在初等教育方面，着重抓普及小学义务教育、改善办学条件等工作。1980 年 12 月，中共中央、国务院发布《关于普及小学教育若干问题的决定》，提出在 20 世纪 80 年代全国基本实现普及小学教育的历史任务。1981 年 2 月，安徽省召开教育工作会议，着重讨论普及小学教育问题。1983 年 6 月，安徽省委、省政府颁布《关于加强和改革普通教育的决定》，再次强调大力普及初等教育，要求到 1985 年多数县基本普及小学教育，1990 年前全面普及小学教育。1985 年 5 月，中共中央颁布《关于教育体制改革的决定》，提出"实行九年义务教育"。同年 10 月，安徽省委、省政府印发《安徽省普及九年制义务教育规划》。普及初等教育结束了徘徊局面，小学生入学率、巩固率、毕业率稳步上升。到 1990 年，全省有小学 35054 所，在校生达 633.2 万人；学龄儿童入学率为 97.9%，在校学生巩固率、毕业率、升学率分别为 96.2%、95.8% 和 66.7%，均比十年前有较大提高。全省除沿淮行蓄洪区 50 个乡镇外，基本普及了初等教育，城市和镇已基本普及了初中教育。

积极发展职业教育。1979 年以来，安徽省开始进行中等教育结构改革，积极发展职业技术教育，全省职业教育由试点逐步进入稳步发展的阶段。全省各地把改革教育制度和改革劳动就业制度结合起来，出现办学育人与劳动用人一体化格局。到 1990 年，全省中等技术学校有 90 所，在校学生 5.6 万余人；中等师范学校 45 所，在校学生 2.5 万余人；技工学校 160 余所，在校学生 4.4 万余人；农村职业高中 330 余所，在校学生 8.5 万余人；农村职业初中 220 余所，在校学生 7.7 万余人。

职工文化教育与农民扫盲教育在普及中发展。1979 年，安徽省恢复开展农民扫盲工作，各地相继建立了农民教育机构，增拨了专项经费。1980 年春，全省农村约有 80 万人参加了扫盲学校，并举办了农村技术教育。在行政村举办文化技术班，组织部分脱盲学员和小学辍学青少年继续学习，既巩固扫盲成果，又增加科普知识和实用技术的学习。到 1990 年，全省有各类成人中小学 4278 所，在校生 90.91 万人，专职教师 1930 人，兼职教师 2.57 万人。其中扫盲班 1890 个，学生 41.04 万人，到 1990 年的十年间，全省共扫除文盲 248 万人，青壮年文盲率由 41.04% 降到 20%。有 54 个县和县级单位已基本扫除文盲，占全省县级单位的 60%。

这一时期，安徽在捐资助学方面还发生了一件影响全国的大事，即全国第一所希望小学的建立。1990 年 5 月 19 日，由共青团中央、中国青少年发展基金会援建的全国第一所希望小学——金寨县希望

上图为金寨县希望小学的前身——彭氏祠堂
中图为 1994 年拍摄的希望小学全貌
下图为 2019 年 9 月 3 日拍摄的金寨县希望小学

小学正式落成，徐向前元帅亲笔题写校名。5月22日，《人民日报》在《"希望工程"第一站"希望小学"在金寨建成》的报道中这样写道："'金寨县希望小学'是团中央、中国青少年发展基金会倡导的'希望工程'的第一个实施点。'希望工程'将长期帮助贫困地区失学少年重返校园。"自此以后，希望小学如雨后春笋般出现在中国大地上，为教育落后地区和当地贫困学子打开了通向希望的大门。

截至2019年9月，全国希望工程累计接受捐款152.29亿元，资助家庭困难学生599.42万名，援建希望小学20195所。

高等教育稳步发展。1976年，安徽高校仅有11所。"文化大革命"结束后，安徽省迅速恢复和新建了一批高校。到1978年年底，全省共有高校21所。到1990年，全省共有高校37所，共开设专业171种；在校学生6.2万多人。研究生教育从无到有。从1980年到1990年，累计向社会输送本、专科毕业生15万余人，毕业研究生3705人，一定程度上缓解了本省经济建设和社会发展对人才的需求，初步改变了由于十年动乱造成的人才匮乏、青黄不接的局面。在规模大发展的同时，学校布局、层次结构、种类比例等方面都取得了很大进步，逐步形成系科比较齐全、层次结构比较合理、布局比较科学的高等教育体系。

全省高度重视教师的培养，注重提高教师的能力和水平。1977年，为加强师范教育，经安徽省人民政府批准，安徽大学、安徽师范大学分别在滁县、六安、池州等13个地市开办教学点，扩大师资培养。1978年，恢复了安徽省教育学院，新建了蚌埠、芜湖、阜阳、淮南教育学院。1987年，扩建两所师范学院并恢复多所师专学校的建制。改善师范办学条件，坚持稳定本科、重点发展专科的方针。1980年以后，全省每年约培养师范毕业生1.5万人。从1985年开始，国家设立教师节。1986年，又开展了中小学教师教材教法和专业合格证书考试，有 10 多万名中小学教师参加了"两证考试"。1990 年，全省中师毕业生计 10.33 万人。1985 年，又创办了淮北、宿县、宣州教育学院。1987 年，给全省 17 万民师评聘了教师职务，兑现了职务工资。

3. 文化恢复发展

1979 年 2 月，中共安徽省委作出《关于坚决推倒"文艺黑线专政论"，为安徽省文联彻底平反的决定》，为在"文革"中受到诬陷和迫害的作家平反，为被打成毒草的《毒手》《风雷》《归来》《还魂草》等作品平反。1979 年 7 月，《清明》正式创刊。1985 年创刊的《诗歌报》，是中国有重要影响的诗歌报刊之一。从 20 世纪 80 年代以来，安徽有多位作家的小说（包括以儿童生活为题材的小说）、诗歌以及由小说原作改编的电影文学剧本，在全国获得多种奖项。如奚立华的《神圣的篝火》，方君默、张子仪的《神奇的黄山》，严阵的《荒漠奇踪》，刘先平的《云海探奇》均在全国优秀少年儿童读物评奖中入围。鲁彦周的《天云山传奇》、张弦的《被爱情遗忘的角落》小说以及由小说改编的电影剧本、公刘的诗、张锲的报告文学被公认为这一时期文学中的优秀之作，具有拨乱反正和思想启蒙的重要意义。1979 年在全国第一届杂技比赛中，安徽省杂技团的《大跳板》《高台定车》双获铜牌，魔术《变彩灯》获鼓励奖。

各种文艺创作争芳斗艳。1985 年，安徽在全国率先成立文学院，集中一批有创作潜力和培养前途的青年创作者。皖籍作家作品争芳斗艳，在中国文学界独领风骚，各种形式的文艺创作，如小说、诗歌、散文、报告文学等如雨后春笋，不断涌现。鲁彦周、陈登科、严阵等老作家焕发青春，佳作不断，被称为中国现代文学界的"皖军"。电影文学创作异军突起，每年都有多部作品被拍成电影。1981

年，全国优秀诗歌评奖获奖者35人，安徽有6人。

美术、书法有了新发展。安徽油画作品频频入选"中国当代油画展""亚洲艺术展""全国体育美术作品展"等专业大展并获奖。安徽版画创作出现第二个高潮。1987年在挪威举办了"安徽版画"展，80幅版画作品全面展示了安徽版画水平。铁画有了新创造，立体铁画《墨竹图》，使铁画成为装饰现代建筑和园林景色的巨型艺术品。在新老书法家的共同努力下，创作了一批优秀书法作品，同时开展群众性的书法活动，形成"书法热"。

表演艺术重新焕发生机。一些剧团得到恢复和扩建，老的剧目恢复演出，黄梅戏、庐剧、泗州戏、花鼓灯、皖南花鼓戏等新品佳作迭出。黄梅戏进入第二个发展高峰期，涌现出一批才华横溢、誉满全国的优秀中青年演员。1986年，马兰获第四届中国戏剧梅花奖，是安徽演员中获此殊荣的第一人。音乐创作呈现出欣欣向荣的景象。作曲家胡积英创作的歌曲《月亮走我也走》风靡全国。杂技突飞猛进，不仅在国内取得好成绩，同时多次参加国际杂技比赛并获奖。

群众文化事业逐步恢复和发展。创建了全国第一家农村文化中心——天长郑集文化中心，中心通过开展各种丰富多彩的文化活动，成为寓教于乐的载体，受到群众普遍欢迎，得到各级领导重视，天长的经验迅速由省内向全国推广。推行"城市群众文化工作社会办"，城市群众文化组织由单一向多体制发展，全省出现了工厂、街道、机关、学校办文化的新局面。文化专业户异军突起，经营卡拉OK厅、游戏厅、歌舞厅、文化站、电影队等诸多项目。群众文化事业的改革和发展，打破了单纯依靠国家举办的模式，形成了国家、集体、个人兴办社会文化事业的新格局。

截至1990年年底，全省有剧场、影剧院107个，公共图书馆84个，群众艺术馆14个，文化馆101个，国办文化站737个，文化专业户 3000 个。

4. 卫生事业稳步发展

卫生事业从服务大局、满足需要出发，迅速走上预防、保健、治疗全面发展的道路。从 1978 年起，全省迅速加强防疫保健机构建设，各地（市、县）先后恢复和建立卫生防疫站、妇幼保健站（院、所）。乡镇建立防保组，村设防疫员，逐步形成城乡预防保健网络。1984 年开始对儿童实行计划免疫，种"四苗"（卡介苗、脊灰糖丸疫苗、百白破疫苗、麻疹疫苗），防"六病"（结核病、脊髓灰质炎、百日咳、白喉、破伤风和麻疹）。1990 年，安徽如期实现了以县为单位儿童计划免疫接种率达到 85% 的目标。20 世纪 80 年代后期，开始全面加强妇幼保健工作；加强传染病和地方病的防治工作，恶性疟疾、地方性甲状腺肿病基本得到控制，在全国创造出"以林带芦，灭螺防病"的控制血吸虫病经验。到 1990 年年底，全省拥有各级各类卫生机构 7336 个，医院床位 107818 张，专业卫生人员总数 16.6 万人，分别比 1980 年增加 697 个、20901 张和 6.1 万人。按平均每千人口的拥有数计算，病床为 1.69 张，卫生技术人员为 2.4 人，医生为 1.03 人，均比 1980 年有较大幅度增长，但仍低于全国平均水平。城乡广泛开展爱国卫生运动，消灭老鼠，改善卫生面貌。在农村推广饮用自来水、安全卫生水。到 1990 年，93.1% 的农村人口用上自来水或安全卫生水。

5. 开展精神文明建设活动

党的十二大把精神文明建设提到了重要位置，提出用五年时间实现党风和社会风气的根本好转。为贯彻这一决定，安徽省委围绕改革开放和经济建设，领导全省人民开展了一系列精神文明建设活动。

从 1982 年开始，安徽省广泛开展"五讲四美三热爱"活动。安徽省委、省政府认真部署，积极引导，及时总结经验，发动全民参与。1983 年 4 月，成立安徽省"五讲四美三热爱"活动委员会和办事机构，全省各地、市、县也成立相应的机构。随后，开展了一系列活动，包括"全民文明礼貌月""利民优质服务日"以及创建文明单位、文明街道、文明村、文明楼院、"五好"家庭等形式，深入全省城乡。其中以"全民文明礼貌月"活动声势最大。

从 1985 年起，安徽学习兄弟省市的先进经验，大力开展"创建文明城镇"活动，以"治城育人"为指导思想，对各市创建活动进行检查评比，有力地促进了省辖各市的文明城市创建活动。在创建活动中，突出思想道德建设，进行"爱我城市、为市争光"和"市民守则"、职业道德等方面的教育，提高广大群众的思想素质和道德水平。各地开展创"优美环境、优良秩序、优质服务"活动，城市"脏、乱、差"面貌有不同程度的改变。在全国城市卫生检查评比中，合肥、马鞍山、蚌埠三城市跻身全国 36 个卫生城市之列。

对群众进行"四有"教育活动。1985 年 4 月至 1986 年，安徽各地在群众中集中开展"有理想、有道德、有文化、有纪律"的教育。1985 年 7 月，安徽省委宣传部发出《关于加强"四有"教育的通报》，提出把学习先进典型和组织安徽籍解放军英模报告团巡回讲演作为"四有"教育的两项重大活动。接着，又在全省范围内开展学习合肥籍战士、"全国边陲优秀儿女"金质奖获得者丁晓兵的活动。全省各地出现了学英雄、树理想、争贡献的热潮。

安徽省委还领导了反对资产阶级自由化、反腐倡廉、清理淫秽物品等活动。这些活动的开展，对安徽省社会主义精神文明建设起到很大的促进作用。

（六）由温饱向小康迈进

1978年，安徽省地区生产总值为114亿元，到1990年增加到672.2亿元。人均生产总值由1978年的244元增加到1990年的1207.5元。随着全省经济建设和社会事业的发展，人民物质生活日益充实，城乡居民生活显著改善，从整体上走出了温饱阶段，开始向小康迈进。

1. 居民收入水平大幅度提高

全省城镇居民人均可支配收入由1981年的425元提高到1990年的1223.73元；农民人均纯收入由1978年的113.34元提高到1990年的539.16元，全省农民人均纯收入在200元以下的农户由1980年的60.8%下降到1990年的1.9%。城乡居民储蓄存款年末余额由1978年的3.91元提高到1990年的161.13元。对绝大多数家庭来讲，"寅吃卯粮"的日子一去不复返，"年年有余"如愿以偿。

2. 消费结构日趋合理

居民家庭恩格尔系数（即食品消费占总的生活消费支出的比重）有所下降，从1981年到1990年，城镇由60.5%下降到57.8%，农村由75%下降到58.3%。吃穿方面，发生了吃饱穿暖到吃好穿好的变化。在食品消费方面，主食比重下降，副食和其他食品比重上升，特别是淮北地区结束了"红芋叶子红芋饭"的日子，代之以"大馍搭大米"的生活。在穿着方面，一改过去"新三年、旧三年，缝缝补补又三年"的状态，讲究款式、花色，购买成衣的日益增多，农民已经很少穿补丁衣服。

3. 高档耐用品在城市普及

1978 年以前，居民家庭的家电用品很少，较为常见的是手表、自行车、收音机和缝纫机。20 世纪 80 年代后期，家用电器新产品不断出现，很快成为城镇居民的消费对象，出现了彩色电视机、电冰箱、洗衣机、组合音响新的四大件。1981 年，城镇每百户拥有洗衣机 1.67 台、电冰箱 0.33 台、录音机 8 台、照相机 1.33 架。到 1990 年，城镇居民家庭每百户拥有组合家具近 10 套、自行车 150 辆、洗衣机 72.5 台、电冰箱 45.3 台、彩色电视机 47.6 台，摩托车、空调、高级音响、中高档乐器、录像机等也进入普通居民家庭。农村住户平均每百户拥有自行车 98 辆、手表 149 只、黑白电视机 35 台、电风扇 48 台、大型家具 220 件，彩色电视机、洗衣机、电冰箱、摩托车等也开始进入农家。

4. 居住条件进一步改善

城市居民普遍住进单元楼房，各项设施配套，通水、通电，有独立厨房和厕所；农村住户也普遍建起砖瓦房，广大北方地区土墙草顶的状况得到改善，住房、庭院面积扩大。1990 年，城镇居民人均居住面积达 10.56 平方米，比 1981 年增加 3.97 平方米；农村人均居住面积达 15.83 平方米，比 1981 年增加 5.58 平方米。

5. 居民文化生活丰富多彩

改革不仅改变了人们的物质生活，也改变了人们的精神文化生活。1978—1992 年，安徽省各级党委、政府十分重视改善人们的精神文化生活，文化出版事业蓬勃发展，电影电视普及城乡，书报期刊种类丰富，文化服务设施迅速增加，为城乡居民娱乐、求知，丰富精神文化生活提供了良好条件。在城市，看电视、上影院、出入图书馆，成为人们业余生活的重要组成部分。在农村，文化中心的兴起、民营剧团的快速发展，也丰富了农民的文化生活。

四、安徽小康社会建设加快推进
（1992—2002 年）

　　以邓小平南方谈话和党的十四大召开为标志，中国改革开放和社会主义现代化建设事业进入新的发展阶段。安徽人民在党的领导下，解放思想、锐意进取，坚持社会主义初级阶段的基本路线，坚定不移推进改革开放，实现了从高度集中的计划经济体制到充满活力的社会主义市场经济体制、从封闭半封闭到全方位开放的历史性转变，实现了人民生活从温饱不足到总体小康的历史性跨越。安徽省战胜来自各方面的风险挑战，开创、坚持、捍卫、发展中国特色社会主义，国内生产总值由 1992 年的 725 亿元增加到 2002 年的 3569 亿元，粮食总产从 2341.9 万吨增加到 2765 万吨，非公有制经济占经济总量的份额达到 32%。仅 1997 年至 2002 年的五年间，全省城镇化率上升 8.7 个百分点，新增高速公路 601 公里，总里程达到 866 公里，累计实际利用外资 30 亿美元，累计进出口总额 161 亿美元，全省绝对贫困人口由 188.5 万人减少到 70 万人左右。2002 年，全省城镇居民人均可支配收入和农民人均纯收入分别达到 6032.4 元和 2118 元，居民消费从 1992 年的 762 元增加到 2002 年的 2988 元。1992—2002 年，全省生产总值年均增长 12%，其中农业增加值年均增长 7.3%，工业增加值年均增长 12.9%。

表 4-1　1992—2002 年部分年份安徽省城乡居民消费水平统计表

年份	消费绝对值（元）			城乡居民消费对比（农民 =1）
	全省居民	农村居民	城镇居民	
1992	762	597	1646	2.76
1995	1669	1300	3441	2.65
1998	2370	1845	4675	2.53
2000	2588	1922	5323	2.77
2001	2739	1985	5806	2.92
2002	2988	2353	4468	1.90

（一）建立社会主义市场经济

1. 建立社会主义市场经济制度

1992 年 3 月 15 日—16 日，安徽省委召开五届六次全会。会议认真学习中共中央关于加快改革开放的重要指示和邓小平关于建设有中国特色社会主义的一系列重要论述，讨论通过了《关于深化改革扩大开放加快经济发展若干问题的决定》。1992 年 7 月 15 日—18 日，全省工业工作会议召开。会议号召紧紧抓住社会主义市场经济这个关键性、要害性、全局性的问题来解放思想，更新观念，自觉地、尽早地摆脱传统的计划经济思想的束缚，打好由计划经济向社会主义市场经济转化这场深刻改革的主动仗。1992 年 11 月 24 日—28 日，安徽省委五届八次全委（扩大）会议召开。会议深入学习领会党的十四大精神，围绕建立社会主义市场经济体制，结合安徽实际，大胆创新，勇于开拓；以建设有中国特色社会主义理论为指导，加强党的建设，改善党的领导，为安徽经济腾飞而努力奋斗。1993年3月4日，安徽省人民政府召开全省经济体制改革工作电话会议。全省认真贯彻党的十四大和省委五届八次全会精神，围绕建立社会主义市场经济新体制，以企业改革为中心，以市场建设为龙头，以转变政府职能为契机，加快生产要素市场的建设与培育，加大金融、产权制度改革的力度，突出重点，配套推进，全力推进国有企业改革。

1993年5月2日，安徽省委、省政府作出《关于加快市场建设的决定》。1993年11月11日，安徽省委、省政府颁布《关于发展农村市场经济的若干规定》。1994年1月，铜陵市被国家体改委批准为全国经济体制综合改革十一个试点市之一。1995年2月11日—13日，全省经济体制改革工作会议召开。此后，全省围绕经济建设和结构调整，按照建立社会主义市场经济体制基本框架的要求，认真贯彻落实省第六次党代会精神，以建立现代企业制度为目标的国有企业改革为重点，配套推进社会保障体制改革和培育市场体系，进一步深化完善农村改革和宏观管理体制改革，在国有资产结构调整与管理方式、要素市场建设、社会保障制度改革、小城镇改革发展等四个方面取得突破性进展。1997年4月16日，安徽省人民政府发出《关于大力开拓市场促进经济增长若干意见的通知》。6月6日—8

1995年12月26日，皖江第一桥——铜陵长江公路大桥正式建成通车

日，全省经济体制改革工作会议召开。会议具体阐发安徽省建设社会主义市场经济体制框架的目标与设想。全省加快推进所有制体系、新型国有生产监督管理和营运体系、市场体系、价格体系、分配体系、社会保障体系、社会服务体系、法律法规体系等为主要内容的社会主义市场经济体制改革，不断完善竞争机制、用人机制、激励机制、技术进步机制、监督约束机制和国有资产运行机制。

2. 推进企业市场化改革

1992年2月17日，安徽省人民政府发出《关于加快转换企业经营机制改革试点工作的通知》，要求认真贯彻企业法，按照"政企职责分开、所有权与经营权适当分离"的原则，理顺国家和企业的关系，全面落实企业自主权。6月20日，安徽省委确定马鞍山钢铁公司进行股份制规范化试点。1992年7月7日，安徽省人民政府批转《省计委关于对马钢公司等6个企业（集团）进行省级计划单列试点的请示》，确定进行试点的6家企业是马钢公司、合钢公司、铜化工业集团、省汽车工贸集团、叉车集团、扬子电器集团等，培育一支安徽省企业的"国家队"，逐步打破"部门所有""地区所有"的行政隶属关系，减少企业管理层次。1992年上半年，合肥市加强企业市场化改革，决定对占全市大中型企业三分之一的30家企业简政放权，让它们自主经营。对这些企业，政府只管"三个一"，即一个经营者、一个利税上缴任务、一个固定资产维护和增值指标，其余全部由企业自己处理，并将人事劳动权，工资奖金分配权，产品商品定价、营销权等赋予企业。1992年7月，安徽省人民政府通知地方各级政府和直属单位加快股份制企业试点工作，工作重点是结合转换企业经营机制，把原有大中型企业改组为股份制企业试点；由多方投资新建或扩建的企业转换为多方入股的股份制企业试点；

通过控股、参股发展企业联营、组建企业集团、实施企业兼并的股份制企业试点。9月，国务院批准马钢为股份制规范化试点企业。1995年11月28日—30日，全省国有小型企业改革会议在涡阳县召开。会议提出以建立现代企业制度为目标，以产权重组、盘活存量资产为突破口，进一步深化企业产权制度改革，加快企业组织结构调整，全面放开搞活国有小型企业，力争三年基本完成国有小型企业改革任务，以搞活国有经济。1997年9月，安徽省省级重点企业集团试点工作正式启动。首批进行试点的有美菱集团、荣事达集团、叉车集团、江淮汽车集团等15家企业。安徽省人民政府要求企业集团完成三项任务，即建立母子公司体制、增强母公司功能和增补资本金、进行资产存量重组；增强四个能力，即战略决策能力、科技开发能力、资本扩张能力和管理控制能力。全省组建一批大型企业和企业集团，促进规模化、集约化经营，提高资本运营效率和效益，增强在国内外市场竞争能力。到"九五"末，省级重点企业集团基本适应国际化竞争的要求，具备明显的规模优势和资本运营能力，重点集团的年销售收入和实现利税达到全省工业的三分之一。

3. 促进个体私营经济发展

全省毫不动摇地鼓励、支持和引导个体私营经济等非公有制经济加快发展，在政策上放活、领域上放宽、工作上放手，赋予其参与市场竞争的平等权利。1992年9月，安徽省工商局从放宽经营对象、放宽经营范围和经营方式、放宽注册资金限制、放宽登记审批程序等四个方面放宽个体私营经济政策，以调动人们发展个体私营经济的积极性。截至1992年年底，全省个体户为69.17万户，从业人员118.33万人，自有资金19亿元，分别比1991年同期增长30.3%、39%和48.4%。已登记发照的私营企业为2222户，自有资金 3 亿元，分别比 1991 年增长 80.2% 和 126.7%。1993 年 3 月，铜陵市进行工商企业"大包干"试点，将全民、集体工商企业的资产，以公开招标的方法、有偿租赁的形式，交给个人经营。1993 年 3 月 22 日，安徽省人民政府发出《关于加快我省个体私营经济发展的通知》。《通知》要求，发展个体私营经济的方针必须坚持长期不变，进一步放宽政策，为个体、私营经济的发展创造良好的外部环境。1997 年 12 月 21 日，安徽省委、省政府召开发展个体私营经济大会。会议进一步明确全省个体私营经济发展的方针、目标和任务，研究制定相关政策，营造公平发展环境，进一步解放思想，抢抓机遇，推动全省个体私营经济快速健康发展。会议表彰了 100 个先进个体工商户、100 个先进私营企业。这是新中国成立以来安徽省首次召开的高规格、大规模的全省性个体私营经济会议。1998 年 3 月 13 日，安徽省委、省政府作出《关于进一步加快发展个体私营经济的决定》，确定安徽省个体私营经济的发展目标是：到 20 世纪末，全省个体私营经济发展速度超过全国平均水平，各项主要指标达到全国中上等水平，从业人员力争突破 400 万人，所创造的增加值力争占全省国内生产总值的 25% 左右。为此，全省重点培育一批在全省乃至全国有影响的大型企业或企业集团，带动个体私营经济发展上规模、增长上质量、管理上水平。2000 年 7 月 29 日，安徽省九届人大常委会第十七次会议通过《安徽省个体工商户和私营企业权益保护条例》，首次以立法的形式对个体私营经济颁布省级法规条例。截至 1998 年 12 月，安徽省个体工商户达 14601 万户，私营企业 3.7 万户；个体私营经济从业人员达 392.4 万人，注册资金为 263.73 亿元。截至 2002 年年底，非公有制经济占全省经济总量的比重达到 32%，而城乡私营企业从业人员和个体劳动者 422.8 万人，增加 4.7 万人。

4. 加强价格体制改革

1992 年 3 月，安徽省物价局颁布《深化农产品价格改革促进农村商品经济发展的十条规定》。主要内容是：除粮食的国家定购、统销部分和棉花、农作物种子等商品实行国家定价或国家指导价外，其余农产品包括肉、蛋、菜等购销价格全部放开，实行市场调节价；对乡镇企业的产品和原材料价格，可分别视情况采取申报临时价、自主定价、供需双方协商议价等办法；逐步建立农产品价格调节基金制度，增强政府用经济手段调控农产品价格的能力。1993 年 4 月 1 日，安徽省放开粮油购销价格。主要内容是：粮食定购改为指导性计划收购，保留定购数量，收购价格放开；取消城乡粮食平价供应。除军需粮油外，其他城乡居民粮食一律改为按市场价格供应。粮价放开后，粮票停止流通，城镇定量人口原粮油供应证保留。

5. 加快发展第三产业

1992 年 7 月 16 日，安徽省委、省政府颁布《关于加快发展第三产业的试行意见》。该意见指出，发展第三产业，对于促进经济结构的调整，缓解就业压力，改善投资环境和社会再生产条件，活跃城乡经济，提高国民经济的整体效益和人民生活质量，具有重大意义。号召全省上下解放思想，转变观念，加快第三产业发展步伐，到"八五"末第三产业占国民生产总值的比重达到 30%，到 2000 年达到 40%，就业人数占社会劳动者总人数的比重达到 30%，为实现第二步、第三步战略目标奠定良好的基础。为此，全省各级政府鼓励全民、集体、个体一齐上，大力兴办第三产业；积极推进集团化经营，以贸易、科技为龙头，引导建立若干个跨地区、跨行业、跨所有制的贸工农、商贸联营的企业集团；建立充满活力的第三产业

自我发展机制；鼓励机关和企事业单位创办经济实体。1993 年 5 月
4 日—5 日，安徽省第三产业工作会议召开。会议指出全省上下必须
按照深化改革、放宽政策、突出重点、放手发展的指导思想，紧紧
围绕建设市场体系、社会化服务体系和社会保障体系，提高第三产
业的比重，到 2000 年达到 40%。1997 年 11 月 5 日，安徽省人民政
府发出《关于进一步加快发展第三产业的通知》。该通知提出：进一
步动员和依靠全社会力量兴办第三产业；加速建立充满活力的第三
产业自我发展机制；实行优惠政策，大力培育和扶持第三产业领域
新的增长点；广辟发展第三产业的筹资渠道；简化工商审批手续，放
宽登记条件；加强第三产业的立法和执法建设；建立第三产业发展的
目标管理责任制；加强领导，进一步抓好第三产业的发展工作。经
过全省人民的艰苦努力，第三产业发展较快，截至 2002 年年底，全
省第三产业增加值达 1243.7 亿元，比 2001 年增长 9.8%；第三产业
就业人员达 933 万人，比 2001 年增加 60.1 万人。

6. 开展劳动制度改革

1992 年 2 月初，铜陵市在市磷肥厂、化纤厂等 8 家企业进行劳
动人事制度综合配套改革试点工作。1992 年 6 月，安徽省劳动局推
出劳动工资管理新办法，确定今后企业用工和工资分配一律由企业
自主决定。1994 年 10 月 8 日，安徽省人民政府转发省劳动厅《关
于我省企业全面实行劳动合同制的意见》。1995 年 7 月 25 日，安徽
省人民政府办公厅转发省劳动厅《关于在全省实施再就业工程的报
告》。该报告要求充分发挥政府、企业、劳动者和社会各方面的积极
性，综合运用政策扶持和各种就业服务手段，实行企业安置、个人
自谋职业和社会帮助安置相结合，促进企业职工再就业和企业富余
职工分流及城镇待业人员安置。1998 年 6 月 27 日—29 日，全省国

有企业下岗职工基本生活保障和再就业工作会议召开。会议确定工作目标是：主要解决国有企业下岗职工基本生活保障和再就业问题，把保障他们的基本生活作为首要任务，并力争使每年实现再就业人数都大于新增下岗职工人数。1998年，使已下岗和全年新增下岗职工的50%以上实现再就业。争取用五年左右时间，初步建立起适应社会主义市场经济体制要求的社会保障体系和就业机制。7月14日，安徽省委、省政府下发了《关于切实保障国有企业下岗职工基本生活和大力做好再就业工作的通知》。全省各地把控制失业率和增加就业岗位作为宏观调控的重要指标，纳入国民经济和社会发展计划，将促进就业再就业工作的资金纳入财政预算，省委、省政府每年对就业再就业工作情况进行督察和全面考核。1999年，安徽省足额和部分领到基本生活费的下岗职工分别占进下岗再就业中心人数的80.81%和19.15%。2001年，全省通过各种渠道分流安置国有企业下岗职工7.18万人。截至2002年7月底，安徽共有48.94万名下岗职工实现再就业。

（二）大力发展乡镇企业

1. 实施"1235"工程

1992年1月，安徽省人民政府在肥东县召开全省乡镇企业工作会议。会议对发展全省乡镇企业提出八个转变的要求：在发展战略上，由"七五"期间注重外延、铺新摊子为主，转向内外并举双向发展上来，在坚持以经济效益为中心的前提下，继续加快发展步伐。在发展层次上，由资源粗加工型转向资源技术先导型，通过改造和重新组合，使资源利用日趋合理，真正成为产品和经济优势。在工业布局上，由分散布点、遍地开花转向小城镇集中，向规模企业、集团化、集约化方向迈进。在所有制结构上，由"四轮驱动"、平均用力，转向集体为主、工业为主、骨干为主。在服务工作上，由不配套、不协调，转向强化服务意识、建立健全配套协调的服务体系。在生产要素组合上，由偏重硬件（物资、资金）为主，转向重视科技、人才、信息"软硬"并重，提高企业整体素质。在分配上，由分多留少，转向少分多留，加大积累，增强企业后劲。在优化环境上，由过去一般执行政策，转向一切从实际出发，创造性地开展工作，用足用活各项政策。4月28日，安徽省人民政府作出《关于加快发展乡镇企业若干问题的决定》，重点解决制约全省乡镇企业发展的两大因素，即人才与资金问题，以确保实现全省乡镇企业在20世纪90年代跨越两个台阶的战略目标。9月8日—10日，安徽省人民政府在当涂县召开乡镇企业现场办公会，着重研究组织"甲级队"实施"1235"工程，即重点扶持10个县（市、区）、20个乡镇、30个村、50个企业，力争经过三至五年的努力，使这些地方和企业跨上一个新台阶。1997年3月26日，全省乡镇企业"1235"工程亳州现场办公会暨发展乡镇企业座谈会召开。安徽全省按照两个根本性转变的要求，以市场为导向，充分发挥自身优势，通过改革、改组与改造，大力调整企业的组织结构、行业结构和产品结构，推动资产重组和资本的积聚和集中，全面提高优势行业、优势企业、优势产品的市场占有率、竞争力和结构效益。2000年1月11日—12日，全省乡镇企业会议暨"1235"工程现场会在无为县召开。会议指出，要坚定不移地把发展乡镇企业作为一个大战略，解放思想，转变观念，调整结构，大力促进农村经济的新发展和农民收入的增长。

2. 优化乡镇企业发展环境

1993 年 6 月 22 日，安徽省委办公厅、省政府办公厅转发省乡镇企业局《关于全面加速发展村办企业的报告》。1995 年 2 月 15 日，安徽省委、省政府召开乡镇企业现场办公会议。会议针对乡镇企业发展中存在的困难和问题，提出减免税政策、人才培养、资金筹措等若干具体措施，支持乡镇企业的发展。1996 年 2 月 28 日，全省乡镇企业工作电视电话会议召开。会议表彰奖励 1995 年度发展乡镇企业先进单位，提出全省乡镇企业要进一步抓好六个字："放"（解放思想），"多"（多形式、多渠道、多层次、多种经济成分一齐上），"活"（机制要活、用人要活、项目选择要活、产品方向要活、产品销售要活），"大"（抓骨干，向大规模、集团化发展），"高"（向高档次、高科技、高附加值发展），"外"（在外向型上做文章），争取争先进位，再展宏图。1997 年 8 月 24 日，安徽省委、省政府召开全省乡镇企业改革电视电话会议。会议强调：要坚持"三个有利于"的标准，放开搞活，真正把乡镇企业建成自主经营、自负盈亏、自我发展、自我约束的法人实体和市场竞争主体；在切实抓好股份合作制和股份制推行工作的同时，还可以采取拍卖、租赁、兼并、破产、联合等改革形式；要适时抓好以转机建制为核心的企业配套改革。1998 年 3 月 24 日，安徽省人民政府发出《关于进一步深化乡镇企业产权制度改革的通知》，确定改革的总目标是：通过深化产权制度改革，盘活存量资产，扩大增量资产，促进各种生产要素在不同地区、不同行业、不同企业、不同所有制之间合理流动和优化组合；不断完善和发展股份制、股份合作制、承包制、租赁制、兼并、联营及集团化等多种组织形式，逐步建立科学的法人治理机构，创新企业经营机制，充分调动所有者、经营者、劳动者的积极性和创造性，实现集体资产保值增值，使企业真正成为自主经营、自负盈亏、自我发展、自我约束的企业法人实体和市场竞争主体，逐步建立起适应社会主义市场经济和社会化大生产要求的产权清晰、权责明确、政企分开、管理科学的现代企业制度。1998 年 6 月 2 日—3日，全省乡镇企业工作会议召开。会议总结交流近几年来安徽省乡镇企业改革与发展的经验，进一步明确加快乡镇企业改革与发展的基本思路和政策措施。1998 年 7 月 24 日，安徽省委、省政府作出《关于加快乡镇企业发展若干问题的决定》，主要内容是：认清形势，转变观念，按照市场经济规律加快乡镇企业发展；不断深化乡镇企业改革，再创机制优势；加强外引内联，大力开拓两个市场；加快结构调整，切实推进乡镇企业增长方式转变；加速实施科教兴企战略，提高乡镇企业整体水平；政策扶持，继续创造有利于乡镇企业发展的环境；加强领导，促进乡镇企业持续快速健康发展。

2000 年 12 月 31 日，安徽省委、省政府颁布《关于加快发展乡镇企业的意见》，提出要统一认识，始终把发展乡镇企业作为安徽省一项重大战略和长期的基本方针；以发展农村个体私营企业为重点，加快乡镇企业体制和机制的创新；以市场为导向，大力推进乡镇企业结构调整；强化政策和服务措施，优化乡镇企业发展环境；切实加强对乡镇企业的领导。2001 年 1 月 11 日，安徽省人民政府办公厅转发省乡镇企业局等 7 部门《关于清理整顿和严格控制乡镇企业负担的意见》，要求全面清理整顿向乡镇企业的收费项目，坚决取消不合理负担；全面落实有关规定，坚决刹住对乡镇企业的变相乱收费、乱罚款、乱摊派、乱评比、乱检查；切实规范向乡镇企业的收费管理。2002 年 11 月 12 日，安徽省人民政府办公厅转发省乡镇企业局等 6 部门《关于加快乡镇工业园区建设的实施意见》，要求各地按照提升工业化、推进城镇化、适应信息化的总体要求，以优化工业布局、加快产业升级、培育新的经济增长点为重点，加快建设各类乡镇工业园区（包括县域内的各类经济开发区，民营、个私经济园区，科技园区等）；力争用三至五年时间，全省建成 50 个平均年营业收入超过 10 亿元、利税超过亿元的省级乡镇工业园区和一批市、县级乡镇工业园区，乡镇企业聚集度提高 5 个百分点，形成布局结构合理、设施功能配套、集聚效能强劲、优势特色明显、整体发展协调的乡镇工业园区建设新格局。

截至 2001 年，安徽省年营业收入 500 万元以上的乡镇企业有 2479 家。乡镇企业门类齐全，涉及三个产业，形成食品加工、建筑材料、纺织服装、化学工业、机械加工等五大支柱行业。全省建成乡镇企业工业小区 412 家，其中全国乡镇企业示范区 3 个、省级示范区 10 个。全省共有 3303 家乡镇出口企业，年出口交货值超过 100 万元的企业有 758 家，有 112 家取得了自营出口权，乡镇企业在境外办企业的有 57 家。2001 年，全省乡镇企业实现增加值 737.6 亿元，比 2000 年增长 7.2%。

截至 2002 年 12 月，安徽省规模以上工业实现工业增加值超过 600 亿元，完成增加值 656.1 亿元，比 2001 年增加 105.97 亿元；规模以上私营企业达到 770 个；以个体经济和私营经济为主的经济类型乡镇企业工业增加值增长 21.8%。

（三）实施科教兴皖战略

1. 大力推进科技进步

1992 年 6 月 6 日—8 日，全省科技工作会议召开。会议明确提出依靠科技是振兴经济的唯一选择，党政一把手要抓好第一生产力。
6 月 28 日，安徽省委、省政府印发《关于依靠科技进步推动经济发展若干问题的决定》，要求各级党委和政府必须紧紧围绕依靠科技进步发展经济这个主题，取得新的突破。1994 年 6 月 28 日—30 日，安徽省科学技术大会召开。这是 1978 年全省科学大会之后的又一次重要会议。会议指出：要牢固树立"科学技术是第一生产力"的观念，把依靠科技发展经济作为长期的指导思想，始终摆到重要位置。1994 年 8 月，安徽省人民政府发出《关于进一步加强农科教结合工作的通知》，提出大面积提高农村劳动者素质；大力推进科技进步；建设县、乡、村三级农业社会化服务体系；培育一批高水平的农科教结合示范点。9 月 3 日，安徽省委、省政府作出《关于促进科技经济一体化的决定》。该决定进一步深化科技体制和经济体制改革。全省上下坚持以经济效益为中心，紧紧抓住科技成果转化为现实生产力这个关键，在高新技术产业化、用高新技术改造传统工业、用现代科学技术改造传统农业、提高和发展乡镇企业等方面寻求突破，为全省经济和社会事业"三年大发展，五年上台阶"，为 20 世纪末实现第二步战略目标打下坚实基础。

1996 年 1 月 12 日，安徽省委、省政府发出《关于贯彻〈中共中央、国务院关于加速科学技术进步的决定〉的实施意见》，提出把实施科教兴皖战略置于安徽省跨世纪三大战略之首，全面落实科学技术是第一生产力的思想，实施科教兴皖战略。全省坚持以科技为先导，以教育为基础，以人才为根本，以投入为保证，不断增强科技实力及其向现实生产力转化的能力，真正把经济建设转移到依靠科技进步和提高劳动者素质的轨道上来，加速实现安徽省繁荣强盛。1997 年 6 月 18 日，安徽省委办公厅、省政府办公厅印发《安徽省八项科技工程总体实施方案》。八大工程项目是：杂交水稻良种及配套技术示范工程、黄牛品种改良和快速育肥示范工程、特种水产集约化养殖示范工程、生物医药产业化工程、超细材料产业化工程、计算机信息技术应用示范工程、汽车关键零部件先进制造技术应用工程、小水泥综合技术示范推广工程。全省坚持以重大工程为龙头，大力发展高新技术产业，用高新技术和先进适用技术改造传统工业和发展乡镇企业，用现代科学技术改造传统农业，全面提高重点产业的科技水平，推进经济增长方式的转变。

1998年6月24日—26日，全省企业技术进步工作会议召开。会议总结全省企业技术进步工作，重点部署"九五"后三年企业技术进步工作。会议确定在全省组织实施"六百工程"，即创建100个企业技术开发中心，再创100个名牌产品，新上100个重点企业技术改造项目，培育100个优势企业，综合整治200户国有大中型工业亏损企业。2001年11月29日，安徽省人民政府印发《安徽省农业科技发展纲要（2001—2010年）》，提出安徽省农业科技发展目标：到2010年，基本建立起与社会主义市场经济相适应的农业科技创新体系，缩小安徽省农业科技与国内外先进水平的差距，农业科技综合实力跃上一个新台阶。

"星火计划"是经中国政府批准实施的第一个依靠科学技术促进农村经济发展的计划，是国民经济和科技发展计划的重要组成部分。1985年5月，国家科委向国务院提出了"关于抓一批短、平、快科技项目，促进地方经济振兴"的发展计划，即"星火计划"，意为科技的星星之火，必将燃遍中国农村大地。1986年年初，国务院批准实施这项计划。根据这项计划，国家科委帮助各地抓一批对中小企业特别是乡镇企业有示范和推广意义的、科技与经济紧密结合的"不显眼"的适用科技项目，以提高中小企业、乡镇企业和农村建设的科学技术水平，为地方经济的进一步发展注入新的活力。1986年

10 月 11 日，安徽印染厂与中国科学技术大学研制成功 AH 低温黏合剂，并通过部级鉴定。国家科委确定此项成果为安徽省科技"星火计划"项目。10 月 11 日—12 日，安徽省人民政府在金寨县召开大别山五个老区县座谈会，帮助落实"星火计划"。1986 年 12 月 14 日，安徽省开始全面实施"星火计划"，当年安排"星火计划"项目 143 个，总投资 6745 万元。到 1992 年，安徽省"星火计划"已初步形成开发、人才培训和技术装备配套三大体系。2002 年，安徽省宿州农业科技园被科技部列为国家农业科技园区，博望、怀宁等 5 个星火技术密集区被科技部列为国家星火技术密集区。

国家"火炬计划"是 1988 年经国务院批准，由科技部（原国家科委）组织实施的一项旨在利用市场机制促进我国高新技术产业化及其环境建设的指导性计划，是国家科技计划体系中政策引导类计划的重要组成部分。安徽省积极组织实施"火炬计划"，2006 年立项 30 项，2008—2009 年立项 41 项（见表 4-2）。

表 4-2 2008—2009 年安徽省承担国家"火炬计划"立项项目一览表

序号	项目编号	项目名称	承担单位
1184	2008GH011073	航空航天用交联氟聚物绝缘轻型电线电缆	安徽宏源特种电缆集团有限公司
1185	2008GH011074	SMD4025 微小型石英晶体谐振器	铜陵市峰华电子有限公司
1186	2008GH011075	高速公路机电系统运行维护平台	安徽皖通科技股份有限公司
1187	2008GH021076	大豆蛋白生物改性技术及双蛋白制品的生产	安徽省黑牛食品工业有限公司
1188	2008GH021077	CME（孟基胞嘧啶酯）	安徽贝克药业有限公司
1189	2008GH021078	年产 1 万吨草甘膦原药项目	安徽华星化工股份有限公司

续表

序号	项目编号	项目名称	承担单位
1190	2008GH021079	带渣发酵生产燃料酒精工艺研究项目	安徽丰原生物化学股份有限公司
1191	2008GH021080	年产10万吨生态氮肥产业化项目	安徽省文胜肥业有限责任公司
1192	2008GH021081	白芷等16种中药饮片炮制工艺研究及产业化	安徽沪谯中药饮片厂
1193	2008GH021082	食品级植酸产业化	安徽省天创生物科技有限公司
1194	2008GH031083	汽爆制备大麻纤维及其综合利用技术	安徽星星轻纺（集团）有限公司
1195	2008GH031084	高工作温度高性能烧结钕铁硼磁体	安徽大地熊新材料股份有限公司
1196	2008GH031085	年产1万吨完全可生物降解塑料（PBS）产业化项目	安庆和兴化工有限责任公司
1197	2008GH031086	GA型无苯无酮复合塑料油墨	黄山市新力油墨化工厂
1198	2008GH031087	聚全氟乙丙烯绝缘硅橡胶护套消防专用电缆	安徽特力电缆有限公司
1199	2008GH031088	高黏合力汽车灯具热熔密封胶	黄山市休宁信德成化工有限公司
1200	2008GH031089	抗反射膜玻璃	安徽省蚌埠华益导电膜玻璃有限公司
1201	2008GH031090	超硬普通高铬铸造磨球产业化	安徽省凤形耐磨材料股份有限公司
1202	2008GH041091	漏斗型散装物料运输半挂车	芜湖中集瑞江汽车有限公司
1203	2008GH041092	高精度汽车覆盖件模具产业化	瑞鹄汽车模具有限公司
1204	2008GH041093	漆包线高速绕线机及试验仪	铜陵精达特种电磁线股份有限公司
1205	2008GH041094	化工混流泵	安徽省天马泵阀集团有限公司
1206	2008GH041095	宽幅塑料片（板）材精密成型装备产业化	铜陵市耐科科技有限公司
1207	2008GH041096	汽车发动机火花塞用橡胶护套	安徽中鼎密封件股份有限公司

续表

序号	项目编号	项目名称	承担单位
1208	2008GH041097	HF-3 高性能摩擦材料	黄山奔马集团有限公司
1209	2008GH041098	智能化高压真空断路器	芜湖明远电力设备制造有限公司
1210	2008GH041099	矿用新型智能化真空馈电开关	淮南市华光矿山电子技术研究所
1211	2008GH041100	年产 120 万吨氧化球团深加工项目	安徽大昌矿业集团有限公司
1212	2008GH041101	拆除机器人	马鞍山市惊天液压机械制造有限公司
1213	2008GH041102	新型环保电子制冷核心器件	安徽省天富电子（集团）有限公司
1214	2008GH041103	EBH-120 型悬臂式掘进机	凯盛重工有限公司
1215	2008GH051104	核电站核岛 K2 类热电偶补偿电缆	安徽新亚特电缆集团有限公司
1216	2008GH051105	百千瓦级并网光伏逆变器	合肥阳光电源有限公司
1217	2008GH051106	水（地）源热泵中央空调	中国扬子集团滁州扬子空调器有限公司
1218	2008GH051107	大型锂离子动力电池制造基地	合肥国轩高科动力能源有限公司
1219	2008GH051108	APS 系列高效节能双吸离心泵	安徽莱恩电泵有限公司
1220	2008GH061109	生物降解包装袋（薄膜）	安徽德琳环保发展（集团）有限公司
1221	2008GH561110	安徽技术成果转移服务平台	安徽科技开发公司
1222	2009GH550112	安徽省清洁发展项目开发服务平台	安徽省生产力促进中心
1223	2009GH550113	软件外包专业化服务平台建设	安徽省计算机软件生产力促进中心
1224	2009GH560114	安徽省科技成果转化交易服务平台	安徽省科技创业服务中心

截至 2002 年 12 月，全省共有各类专业技术人员 104.6 万人，

比上年末增长 3.8%。有县以上独立研究开发机构 162 个，高等院校办科技活动机构 65 个，大中型工业企业办技术开发机构 240 多个；从事科技活动人员 9.4 万人，其中科学家和工程师 5.8 万人，分别比上年增长 5.6% 和 5.5%。全省民营科技企业 4542 家，从业人员 12.46 万人，技工贸总收入 207 亿元。当年全省科技机构、高等院校、大中型工业企业等单位用于科技活动的经费支出为 52 亿元，比上年增长 12%，其中用于研究与发展的经费 23.9 亿元，增长 14%。全年共取得省部级以上重大科技成果 406 项；共受理专利申请 2311 件，授权专利 1419 件，分别比上年增长 13% 和 11%；共签订各类技术合同 3599 项，金额 7.54 亿元，其中流向本省的技术 1492 项，金额 3.7 亿元。年末全省共有县以上产品质量监督检验机构 71 个，其中授权的省级产品质量监督检验机构 41 个。全年省测绘资料档案馆为社会各界提供各种比例尺地形图 11475 张，大地成果 8100 个（点），利用档案资料 186 卷（盒），航空摄影底片 1649 张，航空

中国科学技术大学国家同步辐射实验室

113

航天影像数据光盘 287 盘；省测绘总院所属单位完成测绘产值 1356万元。

2. 加快教育改革发展

1993 年 3 月 9 日—10 日，全省教育工作会议召开。会议提出加快普通教育改革和发展的三项措施：大力加强基础教育；积极发展职业技术教育；加强师资队伍建设，大力扫盲。1993 年 10 月 26 日—29 日，安徽省委、省政府召开全省高等教育工作会议。会议传达贯彻全国高校党建工作会议精神和《中国教育改革和发展纲要》，研究部署新形势下进一步加强和改进高校党建和思想政治工作，加快安徽省高校改革与发展。在高教方面，省属院校以 1992 年在校生规模为基数，年平均增长 5%，到 2000 年，在校生总规模达到 6.3 万人；集中力量，重点建设安徽大学，争取进入国家"211 工程"，在有条件时，再争取进入两至三所；不断增加教育投入，每年政府教育拨款的增长高于财政经常性增长。在普教方面，主要抓九年制义务教育的实施，1997 年普及率要达到 70%，2000 年达到 90%，实现基本普及的目标。随后，安徽省委、省政府印发《关于高等教育改革和发展若干问题的决定》。11 月 13 日—15 日，全省教育工作会议召开。会议的主要任务是学习贯彻全国教育工作会议精神，进一步提高对教育优先发展战略地位的认识，结合安徽实际制定全面实施《中国教育改革和发展纲要》的具体意见和政策措施，努力开创 90年代安徽省教育工作新局面。12 月 7 日，安徽省人民政府作出《关于增加教育投入的决定》。1995 年 5 月 11 日，安徽省委、省政府作出《关于加快中等及中等以下教育改革和发展的决定》，确定全省中等以下教育改革和发展的总体目标是：到 20 世纪末，全民受教育水平有明显提高，城乡劳动者的职前、职后教育有较大发展，各类初、中级人才的拥有量基本满足全省各行各业的需要，初步形成适应安徽省现代化建设需要的、面向21世纪的中等及中等以下教育格局。1998年9月21日，安徽省委、省政府作出《关于加快职业教育改革和发展的决定》，提出到2010年，使全省职业教育的规模进一步扩大，水平进一步提高，结构更加合理，体系更加健全。为此，全省大力加强基础教育，有计划地实行小学后、初中后、高中后的三级分流，发展多层次、多形式的职业技术教育，使全省职业教育的规模、结构逐步得到提升优化。1999年6月4日，安徽省人民政府印发《安徽省举办高等职业技术教育的实施意见》。1999年11月28日，安徽省人民政府批转《安徽省教育振兴行动计划》，确定2000年、2005年和2010年全省义务教育、青壮年扫盲、高中和高等教育的发展目标。2001年10月4日，安徽省人民政府发布《关于实施〈国务院关于基础教育改革与发展的决定〉的意见》，提出安徽省"十五"期间基础教育改革和发展的具体目标：积极推进九年义务教育，打好基础教育攻坚战；大力发展高中阶段教育，确立普通高中与中等职业学校的合理比例，探索普通教育和职业教育相互融通的办学新模式；大力发展学前教育，提高学前三年幼儿入园率；积极发展残疾儿童学前教育，加快发展残疾人职业技术教育，优化特殊教育结构；全面实施素质教育，创新基础教育管理体制。

截至2002年年底，全省共有普通高校62所，当年招生12.2万人，较上年增加2.5万人，在校生33万人。研究生培养单位17个，当年招收研究生4207人，其中高校招收3890人；在学研究生9840人，其中高校9098人。各类普通中等职业学校769所，在校生63.2万人。普通中学3819所，在校生401.1万人，其中高中在校生77.2万人，初中在校生323.9万人。小学22718所，在校学生687.5万人。初中阶段适龄人口入学率为92.52%，小学学龄儿童入学率为

98.8%；普通初中和小学学生辍学率分别为 2.3% 和 0.54%。成人教育和技术培训进一步发展。全年成人高等教育机构招收本专科学生 5.8 万人，在校生 17.2 万人；成人中等专业学校在校生 3.1 万人；成人技术培训学校培训学员 400.5 万人次。全年共扫除文盲 7.7 万人。

（四）开展农村税费改革试点

1. 全力推进改革试点

2000 年，根据党中央、国务院的部署，安徽省在全省范围内开展农村税费改革试点。2000 年 4 月 26 日，安徽省委、省政府发出《关于在全省开展农村税费改革试点工作的通知》。该通知确定农村税费改革以"三个取消，一个逐步取消，两个调整和一项改革"为主要内容：取消现行按农民 1999 年人均纯收入一定比例征收的乡统筹费；取消农村教育集资等专门面向农民征收的行政事业性收费和政府性基金、集资；取消屠宰税；全省用三年时间逐年减少直至全部取消统一规定的劳动积累工和义务工（简称"二工"）；调整农业税政策，重新确定农业税计税土地面积，调整农业税计税常年产量，合理确定农业税税率，全省农业税税率最高不超过 7%；调整农业特产税政策，适当调整部分农业特产税税率，取消部分一个应税品目两道环节征税，实行一个应税品目只在一道环节征税，农业税和农业特产税不重复征收；改革村提留征收和使用办法，采用新的农业税附加或农业特产税附加方式统一收取。农业税附加比例最高不超过改革后农业税的 20%；农业特产税附加比例根据村干部报酬、五保户供养、办公经费三项费用的实际支出需要从严确定。改革后的农业两税及附加采取征收代金制，在一定时期内保持相对稳定。农业两税及附加统一由财政机关负责征收，使用财政部门统一印制的专用票据，可以由粮食、林业、供销等部门在收购农副产品时代扣代缴。2000年5月16日，安徽省委办公厅、省政府办公厅印发安徽省农村税费改革有关配套文件，共印发《关于进一步完善乡镇财政体制的若干意见》《安徽省农业税征收实施办法（试行）》《安徽省农业特产税征收实施办法（试行）》《关于将原由乡统筹费开支的五项事业支出纳入乡镇财政预算管理的若干意见》《安徽省农村劳动积累工、义务工和村内兴办集体生产公益事业筹资酬劳管理暂行办法》《关于进一步规范和加强村级财务管理的意见》《关于加强村级组织建设保障农村税费改革顺利实施的意见（试行）》《关于加强农业税收征收管理机构和队伍建设的意见》《关于对违反农村税费改革政策行为的处分规定（试行）》等9个文件。7月12日，安徽省人民政府办公厅发出《关于在农村税费改革试点过程中切实做好减轻农民负担工作的通知》。11月23日，安徽省委办公厅、省政府办公厅印发《关于进一步调整农村中小学布局的意见》《关于加快发展村级集体经济的意见》《安徽省农村未承包土地并从事工商等其他产业经营活动的农民缴纳村集体公益事业费管理暂行办法》《关于解决土地抛荒问题的意见》《关于建立农民负担监督体系的意见》等5个有关农村税费改革的配套文件。

根据中共中央、国务院统一部署，全省广泛宣传发动，抓好相关人员培训，向全省1300万农户印发了《致全省广大农民群众的一封信》，在35万个村及村民组张贴了《关于开展农村税费改革的通告》，各地通过广播、电视、报纸、简报等多种形式宣传，先后培训10万人次；深入调查研究，制定切实可行的工作方案，先后经过15次重大修改，形成《安徽省农村税费改革试点方案》；按时分解落实指标，及时将税费任务分解情况公开，提出"八到户""十不准"工作要求，先后抽调 356 名干部，组成 85 个督查组对税费改革进行督查；制定相关配套措施，先后出台 20 多个配套文件，对完善县乡财政体制、减少村级负担等作出严格规定。同时，实施了乡镇机构改革和农村中小学教育布局调整，减轻乡镇财政压力。

2. 改革试点取得成效

截至 2000 年 12 月，安徽省农村税费改革试点工作取得初步成效。一是较大幅度地减轻了农民负担，基本遏制了农村"三乱"。改革后，全省农业两税及附加 37.61 亿元，减少 16.9 亿元（含屠宰税），减幅达 31%，农民人均现金负担 75.5 元，减少 33.9 元，农民"两工"人均负担 20 个，减少 9 个，取消各种收费、集资、政府性基金和达标项目 50 种，基本堵住了农民称之为"无底洞"的"三乱"现象。二是初步规范了农村分配关系，促进了乡镇财税征管体制改革。三是扩大了村民自治的范围，促进了农村基层民主政治建设。四是推动了农村各项配套改革，促进了农村基层政权的职能转变。五是改善了党群干群关系，维护了农村社会政治稳定。

全省坚持顶层设计和基层工作相结合，注重改革政策的科学化、可行性，根据改革不同阶段面临的新任务、新问题，创新工作方法，创新改革政策，力求改革取得明显成效。2001 年 5 月 16 日，安徽省委办公厅、省政府办公厅印发《关于进一步加强和规范农业税收征收管理工作的意见》等农村税费改革有关配套文件。文件及其主要内容分别是：《关于进一步加强和规范农业税收征收管理工作的意见》《关于建立农业税计税土地面积管理制度的意见》《关于调整农业税计税常年产量的意见》《安徽省农村特殊保障对象保障经费管理暂行规定》《安徽省村级兴办公益事业筹资办法》。9 月 10 日，安徽

2001年2月17日，全国农村税费改革试点工作会议在合肥召开

省委办公厅、省政府办公厅印发《农村税费改革配套文件》。有关文件及其内容分别是：《关于防止乡村两级发生新的不良债务的意见》《关于抓紧开展农村中小学危房改造的意见》《关于实施〈安徽省农村特殊保障对象保障经费管理暂行规定〉的有关意见》《关于停止向农民收取涉农债务后有关债务的处理意见》《关于进一步加强农业两税附加和财政对村级补助资金管理的意见》。9月29日，安徽省委办公厅、省政府办公厅印发农村税费改革配套文件，分别是《关于违反农村税费改革政策行为的处分规定》《关于农村义务教育阶段乱收费行为的处分规定》《关于向建房农民乱收费行为的处分规定》《关于农村婚姻登记乱收费行为的处分规定》《关于农村计划生育乱收费行为的处分规定》《关于农村水利工程供排水乱收费行为的处分规定》《关于向农机驾驶员乱收费行为的处分规定》等7个文件。在农村税费改革过程中，全省积极推进市、县机构改革，促进政府职能转变，降低行政成本，减少财政负担，提高工作效率。全省要求农村初中、小学教师工资统一由县发放，加强农村义务教育收费管理，严格控制收费项目、收费标准，规范收费行为。

安徽省农村税费改革试点取得良好成效。全省农村人均政策性负担为 68.4 元，比改革前减少 41 元，减幅达 37.5%。经过三年多努力，全省基本实现农村税费改革试点的预期目标。2005 年，安徽省比全国提前一年免除农业税。2006 年，全国全面废止农业税征收，结束了两千六百多年对农业征收"皇粮国税"的历史。

（五）推行住房制度改革

1. 出台住房制度改革政策

为缓解城镇居民住房困难，不断改善住房条件，逐步实现住房商品化，推动房地产业发展。1992 年 1 月 22 日—24 日，全省房改工作会议召开。会议宣布从 1992 年起，全省城镇全面推行住房制度改革。房改原则是：国家、集体、个人三者共同合理负担解决住房问题，增加建房资金来源，建立新的建房机制；租售建并举，调整公房租金，"多提少补"，以及统一政策下因地制宜分散决策。1992 年 7 月 6 日，安徽省人民政府出台《关于印发安徽省城镇推行住房制度改革意见的通知》，提出"八五"期间力争城镇人均居住面积达到 7.5 平方米，住房成套率 40%~50%；解决人均居住面积 3~4 平方米及以下的特困户的住房问题；建立起城市、单位、个人三级住房基金。"九五"期间城镇人均居住面积达到 8 平方米，住房成套率超过 60%，危房、棚户基本得到改造，房屋完好率达到 80%。1993 年 5 月 1 日，合肥市正式实施住房制度改革。1995 年 2 月 6 日，安徽省人民政府发出《关于认真实施〈国务院关于深化城镇住房制度改革的决定〉的通知》，确定房改的基本内容是"三改、四建"。"三改"，即把住房建设投资由国家、单位统包的体制改变为国家、单位、个人三者合理负担的体制；把各单位建设、分配、维修、管理住房的体制改变为社会化、专业化运行的体制；把住房实物福利分配的方式改变为以按劳分配为主的货币工资分配方式。"四建"，即建立以中低收入家庭为对象、具有社会保障性质的经济适用住房供应体系和以高收入家庭为对象的商品房供应体系；建立住房公积金制度；发展住房金融和住房保险，建立政策性和商业性并存的住房信贷体系；建立规范化的房地产交易市场和发展社会化的房屋维修、管理市场，逐步实现住房资金投入产出的良性循环，促进房地产业和相关产业的发展。同日，安徽省人民政府印发了《安徽省住房资金管理暂行办法》和《安徽省城镇公有住房出售管理办法》。

2. 重点解决困难群体住房问题

1995年3月2日，安徽省人民政府办公厅转发省建设厅《关于加快城镇住房建设的报告》，确定全省城镇住房建设的阶段目标是：1996年年底以前，重点解决人均居住面积4平方米以下（含4平方米）困难户的住房问题；1998年年底以前，重点解决人均居住面积6平方米以下（含6平方米）困难户的住房问题；到1999年，基本实现城镇居民每户拥有一处（套）经济适用的住房，人均面积不低于9平方米，其中城市和县城人均居住面积不低于8平方米，住房成套率在75%以上。1996年4月16日，安徽省人民政府召开全省住房制度改革暨住宅建设工作会议。会议提出，到2000年，全省人均居住面积达到9平方米，住房成套率在70%以上；实行物业管理的小区在70%以上；解决人均居住面积6平方米以下的困难户问题；初步建立与社会主义市场经济体制相适应的新的城镇住房制度，建立以中低收入家庭为对象、具有社会保障性质的经济适用住房供应体系和以高收入家庭为对象的商品房供应体系；稳步出售公有住房，逐步取消标准价，向成本价或市场价过渡；发展住房金融和保险，建立政策性和商业性并存的住房信贷体系，逐步实现住房资金投入产出的良性循环。1998 年 5 月，安徽省建设厅出台《安徽省购买商品住宅免费配套安置户口试行办法》。1998 年 8 月 20 日，安徽省人民政府印发《深化城镇住房制度改革，加快住房建设实施方案》。11 月 23 日，安徽省人民政府发出《关于进一步规范经济适用住房价格管理促进住房建设和流通的通知》，要求各级政府部门贯彻国务院有关文件精神，充分发挥价格杠杆在引导消费、启动住房市场方面的调控作用，促进住宅业成为新的经济增长点，并就有关问题发出通知。2000 年 8 月 24 日，安徽省人民政府召开全省实施住房分配货币化工作电视电话会议。全省各地把实施住房分配货币化工作作为启动住房消费、扩大内需、拉动经济增长的一项重要战略举措来抓，积极推进全省住房分配货币化工作。安徽省从 1998 年 12 月 31 日结束实物分房，在全省全面开展住房分配货币化工作。各市、县于 2000 年年底前全部出台了住房分配货币化实施方案。

截至 2002 年年底，全省居民住房条件继续改善，城乡建成住宅 7267.6 万平方米，其中城镇 1906.6 万平方米，农村 5361 万平方米。

（六）基本实现小康目标

1. 积极开展农村扶贫工作

按照国家 2000 年全国人民生活达到小康水平的目标，安徽省联系实际，分层次确定安徽省的省、县、乡（镇）、村、户级农村小康生活标准。1993年5月2日，安徽省委、省政府制定《关于确定农村小康生活标准的意见》。1993年10月25日，安徽省人民政府发出《关于实施"3358"脱贫计划的通知》。根据农村奔小康的家庭经济收入标准，安徽省"3358"脱贫计划目标是：现有300万贫困人口，三年解决温饱，五年基本脱贫，八年过上宽裕生活。即这部分人口到1995年人均收入接近或超过500元，到1997年人均收入突破600元，到2000年人均收入达到800元。1992年7月，安徽省委决定推广岳西县莲云乡扶贫经验。1994年5月25日—27日，安徽省委、省政府召开全省扶贫开发和山区工作会议。会议总结交流了扶贫开发和山区经济发展的经验，研究了山区、贫困地区脱贫致富、经济发展的路子和政策措施。6月10日，安徽省委、省政府颁布《关于进一步加快山区经济发展的意见》，指出根据国家"八七"扶贫攻坚计划（指从1994年至2000年，力争用七年左右的时间，基本解决全国农村8000万贫困人口的温饱问题）和安徽省农村奔小康目标，到2000年，全省26个山区、半山区县应有85%的人口达到小康水平；同时，消灭绝对贫困，现有贫困人口人均年收入超过500元（1990年不变价格）。

新中国成立初期，安徽人民的生活水平很低，农民人均纯收入1954年仅60.6元，20世纪六七十年代一直在100元左右；城镇居民收入在50年代有较大提高，但60年代至70年代，职工工资基本未动，1978年国有企事业单位的职工平均工资仅比1957年增长11.6%，年递增率仅0.7%，大大低于国民收入和工农业总产值的增长速度。80年代以来，由于经济发展较快，安徽省城乡居民生活水平显著提高。1980年到1995年，农民人均纯收入由185元提高到1303元，城镇居民人均纯收入由398.4元提高到3406元，其中城镇居民收入水平居全国的位次，由1985年的第二十五位提升到

1995 年的第十八位。随着收入的增加，城乡居民储蓄也不断增多。1950 年，全省城乡居民储蓄存款余额仅 132 万元，1958 年超 1 亿元，1973 年超 2 亿元，1977 年超 3 亿元，1981 年超 10 亿元，1986 年超 50 亿元，1989 年超 100 亿元，1990 年以后每年平均以 100 亿元的规模增长，1995 年城乡居民储蓄余额达 683.9 亿元。

1997 年 2 月 5 日，安徽省委、省政府作出《关于贯彻〈中共中央、国务院关于尽快解决农村贫困人口温饱问题的决定〉的实施意见》。该意见确定安徽省扶贫攻坚的目标是，全省农村现有 275 万贫困人口，除少数丧失劳动能力的残疾人等人口外，在"九五"期间，基本上都要解决温饱问题。1999 年 4 月 29 日，安徽省人民政府召开全省深山区、库区扶贫攻坚动员大会。全省以深山区、库区作为扶贫攻坚的主战场，集中人力、财力、物力，合力攻坚，确保两年内基本解决全省深山区、库区 40 万贫困人口的温饱问题，保证省委、省政府确定的在 20 世纪末基本消灭贫困的战略任务如期实现。12 月 31 日，安徽省委印发《关于贯彻〈中共中央、国务院关于进一步加强扶贫开发工作的决定〉的实施意见》。2002 年 3 月 28 日—29 日，全省扶贫开发工作会议召开。会议提出"十五"期间全省扶贫开发工作的目标：到 2005 年，在正常年景下，力争使 80% 左右的绝对贫困人口和 85% 左右的返贫人口达到温饱水平；2005 年以后，重点向巩固温饱和扶持相对贫困过渡。会上宣读了安徽省委、省政府《关于表彰"八七"扶贫攻坚先进集体和先进个人的决定》。截至 2002 年年底，全省农民人均纯收入 2118 元，增长 4.8%，考虑价格因素，实际增长 6%；农民人均生活消费支出 1475.8 元，增长 4.5%；农村居民恩格尔系数为 47.5%，比上年下降 2.3 个百分点。

2. 加大基础设施建设

通电、通电话、通公路、通广播电视是农村群众的多年期盼。1994年1月，安徽省最后两个无电乡——无为县黑沙洲乡和石台县七井乡实现通电，全省实现乡乡通电。2006年11月，安徽省最后一个没通电话的行政村——休宁县横塘村开通程控电话，全省全面实现"村村通"电话。2004年，安徽全省公路通车里程30729公里，全省98.8%的乡镇和79.8%的行政村通了公路。2005年，安徽省人民政府出台《关于加快农村公路建设的决定》。2006年，全面启动"村村通油路（水泥路）"建设。

全省统筹规划公路建设，加快主干线、主干道、主枢纽的建设，重点抓好大别山区、皖南山区、沿淮六县、老贫地区和旅游区公路建设。不断深化公路管理体制改革，养路费收支计划按照"确定基数、比例递增、切块分成、包干使用"的原则进行测算分解。坚持外引内集，多渠道筹措公路建设资金，大中型工程项目面向社会公开招标，择优选用设计、施工单位。到2012年，安徽省农村公路"村村通"提前完成，新改建农村公路7.3万公里，农村公路里程达13.6万公里。1998年，为解决广大农民群众听广播、看电视难的问题，安徽省启动广播电视"村村通"工程，第一轮工程至2005年结束。

2002年，全省全社会固定资产投资完成1133.3亿元，比上年增长17.6%。房地产开发投资146.5亿元，增长32%。全年水利投资45.5亿元，比上年增长35.6%；交通运输业及电力投资161.2亿元，增长40.6%。全年共安排省重点建设项目56项，其中省重点基本建设项目45项，累计完成投资144.7亿元。沪蓉高速公路合安段、连霍高速公路安徽段、皖北矿区祁东煤矿、铜陵海螺水泥二期工程、安徽国际会展中心、第二批农村电网建设与改造工程、国家粮食储备库等项目顺利建成。沿江高速公路芜湖—马鞍山段、合铜黄高速公路庐江—铜陵段、蚌宁高速公路、芜湖奇瑞轿车二期项目、江淮汽车商务车项目、合肥生物医药产业园、安徽医科大学第一附

2012 年，安徽农村公路实现"村村通"

属医院新病房大楼、西气东输城市天然气利用工程等一批重大项目按期开工。到 2002 年年底，全省小城镇数量 2969 个，其中建制镇 955 个，农村集镇 2014 个。当年全省小城镇建设总投入达 90 亿元，其中县城以下建制镇为 57 亿元，一般农村集镇为 33 亿元。全省农业机械总动力 3372.1 万千瓦，比上年增长 6.5%；农村用电量 51.8 亿千瓦时，增长 6.9%；全省有效灌溉面积达 3264000 公顷，新增 35300 公顷。

3. 植树造林保环境

1979 年 9 月，第五届全国人大常委会第十一次会议通过了《中华人民共和国环境保护法（试行）》，明确了环境保护的对象和任务，确定了基本方针和"谁污染谁治理"的政策。1994 年 8 月 2 日，国家林业部确认安徽省率先实现基本消灭宜林荒山。1998 年 2 月，安徽省开始全面实施"林业八大工程"。一是绿色长廊工程，二是长江防护林体系建设工程，三是淮河、巢湖流域生态防护林体系工程，四是森林公园和自然保护区建设工程，五是竹业致富工程，六是万亩经济林示范工程，七是世界银行贷款贫困地区林业发展工程，八是林业多种资源综合开发工程。1999 年 3 月 8 日，安徽省委、省政

府作出《关于建设万里绿色长廊工程的决定》，决定用三年时间完成全省现有15条铁路和9条国道、66条省道公路（总长度1.22万公里）的两侧林带建设，及其两侧各1公里范围内的农田林网建设、山地丘岗绿化、城镇和村庄绿化、河渠绿化等任务，提高绿化覆盖率和绿化质量档次。到2002年，使全省交通沿线形成以防护林为主体、乔灌花草合理配置、绿化美化净化融为一体的绿色长廊，并以此带动和促进全省绿化整体水平的提高。2002年12月28日，安徽省委、省政府召开全省万里绿色长廊工程建设总结表彰和再动员电视电话会议。安徽省自1999年实施万里绿色长廊工程以来，到2002年年底，一期工程建设各项目标任务基本完成，全省线路绿化里程已达7900公里，林带建设里程达5099公里。全省组织实施了万里绿色长廊一期和二期工程。一期工程以铁路和公路国道省道为重点，二期工程以新建高速公路为重点，并向县乡道路延伸。全省累计共完成铁路和公路线绿化6674公里，道路和江河沿线建设林带9020公里，并完成铁路、公路和江河沿线农田林网面积181万亩，山丘绿化15万亩，城镇绿化6万亩，村庄绿化52万亩。

安徽出现了一些在全国具有一定影响的环保亮点。马鞍山市成为中部地区和全国钢铁城市中第一个国家环保模范城市，绩溪县成为全国第一个农村小康环保行动试点县，颍上县小张庄村被联合国环境规划署评为环境保护"全球500佳"等。截至2002年年底，省、市、县级环境监测站有78个。已在全省17个城市中建成140个烟尘控制区，面积达850.8平方公里；在17个城市中建成101个环境噪声达标区，面积达342.2平方公里。淮河流域水污染治理成果得到巩固，巢湖污染治理工作进展良好，合肥、芜湖、马鞍山三个城市创建"国家环保模范城市"工作进入全面实施阶段，争取国家城市环保重点项目投资取得显著成绩，共有13个项目列入国家计划，国债投资 1.69 亿元。全省有国家级生态示范区 22 个（含生态示范区建设试点地区），面积 423.8 万公顷；已建成国家级、省级自然保护区 31 个。

4. 加快对外开放步伐

对外开放战略的实施，优化了安徽省发展环境，促进了经济社会健康发展，为全面推进小康社会建设提供了良好机遇和基础。1992 年 3 月 15 日—16 日，安徽省委五届六次全会召开。会议讨论通过了《关于深化改革扩大开放加快经济发展若干问题的决定》。1992 年，安徽省提出"一线两点"发展战略带动和促进全省的开发开放。1993 年 6 月 10 日，安徽省人民政府印发《关于深化外贸体制改革积极扩大出口若干问题的通知》。1995 年 3 月 15 日—17 日，全省外资工作会议召开。会议提出安徽省利用外资可以采取三个并举，即引进港澳台地区的资金与引进海外其他地区的资金并举，引进加工性的中小型项目与引进高新技术的大项目并举，引进中小企业的资金与引进大财团和跨国公司的资金并举。1998 年 2 月 19 日—20 日，全省对外经济工作会议召开。这是安徽省改革开放以来首次召开的重要对外经济工作会议。全省积极落实会议精神，不断加大实施"外向带动"战略力度，发挥区位、资源、产业、市场等比较优势和后发优势，着眼于提高综合实力、市场竞争力，促进经济结构优化和提高国民经济整体素质，扩大开放，提高水平，优化结构，改善环境，不断完善全方位、多层次、宽领域的对外开放格局，全力开创对外经济发展新格局。

2002 年 9 月 16 日，安徽省委、省政府发出《关于进一步扩大对外开放加快招商引资的若干意见》。全省上下进一步解放思想，把招商引资作为经济工作的重中之重；进一步开放投资领域，推进多种形式的合资合作；落实和完善鼓励开放政策，增强对外招商的吸引力；改进招商引资方式，提高招商引资成效；创新建设模式和管理体制，办好各类开发区和工业园区；以改善政务环境为突破口，全面优化发展环境；实行招商引资目标管理责任制，加快开放型人才队伍建设。2002年10月24日—25日，全省加快皖江开发开放座谈会在马鞍山市召开。会后，全省以大开放为主战略，以招商引资为突破口，积极融入长江三角洲经济圈，主动参与国际国内分工体系，发展沿江加工制造产业带，培育沿江经济强县，建设沿江现代化城市群，使皖江地区发展成为全省重要的经济增长极、改革开放的排头兵、承接产业梯度转移的"桥头堡"，为全省改革开放和经济社会发展作出更大的贡献。

2002年，全年进出口总额达41.8亿美元，比上年增长15.7%。其中，出口总额24.5亿美元，增长7.5%；进口总额17.3亿美元，增长29.6%。全年实际利用外资7.4亿美元，比上年增长53.3%。当年全省新批外商投资企业338家，比2001年增加78家。全年共签订对外承包工程和劳务合作合同297份，比2001年增长57.1%。

表4-3　1978—2002年部分年份安徽省国民经济主要指标

指标	1978年	1990年	1998年	2000年	2002年
国内生产总值（元/人）	244	1182	4576	5008	5817
工农业生产总值（元/人）	381	1871	8531	7355	5403
农业总产值（元/人）	152	667	2003	1955	2057
工业总产值（元/人）	229	1204	6527	5400	3346
粮食（公斤/人）	317	453	423	396	436
猪、牛、羊肉（公斤/人）	10.1	17.5	37.4	38.7	40.9
水产品（公斤/人）	1.1	5.1	23.6	25.6	25.7

指标	1978 年	1990 年	1998 年	2000 年	2002 年
家用电冰箱（台／万人）	—	61.9	196.5	272.2	324.2
电视机（台／万人）	0.7	130.4	123.0	255.8	407.1
洗衣机（台／万人）	—	61.2	346.1	211.0	233.3
社会消费品零售总额（元／人）	99.1	400.2	1508.4	1689.0	1936.2
财政收入（元／人）	48.1	95.0	427.5	465.2	546.3
财政支出（元／人）	38.9	110.7	394.9	519.1	719.9
城镇居民储蓄存款余额（元／人）	8.4	289.6	1916.7	2318.5	3226.4
高等学校在校学生（人／万人）	6.2	11.0	17.1	29.1	52.2
医院床位数（张／万人）	15.0	16.9	18.7	18.4	17.2
卫生技术人员数（人／万人）	20.4	24.0	25.1	24.6	23.0

五、安徽全面建设小康社会
（2002—2012 年）

进入新世纪，安徽省高举邓小平理论伟大旗帜，认真实践"三个代表"重要思想和科学发展观，全面贯彻党的十六大、十七大和历次全会精神，通过建立社会主义市场经济、大力发展乡镇企业、全面推进农村综合改革、继续开展农村税费改革试点、深入实施科教兴皖战略等，顺利实现全面建设小康社会目标。

（一）全面建设小康社会战略部署

1. 制定全面建设小康社会战略目标

2003 年 6 月，安徽省委、省政府印发了《安徽省全面建设小康社会的战略目标战略步骤及起步阶段的重点建设任务》的通知。安徽省全面建设小康社会的预期指标是：到 2020 年，国内生产总值比 2000 年翻两番半。2003—2020 年国内生产总值年均增长 9.2%，2020 年达到 17500 亿元，人均 3000 美元以上。人民生活更加富足，到 2020 年，城镇居民人均可支配收入 1.8 万元，农民人均纯收入 7300 元；城镇和农村居民的恩格尔系数分别为 25% 和 35%；城镇人均住房面积 30 平方米，人均预期寿命 75 岁。安徽省全面建设小康社会分三步走：2003—2007 年为第一步，国内生产总值年均增长9.5% 左右，到 2007 年人均超过 1000 美元。2008—2015 年为第二步，国内生产总值年均增长 9.3% 左右，到 2015 年人均国内生产总值超过 2000 美元。2016—2020 年为第三步，国内生产总值年均增长 9%左右，到 2020 年人均国内生产总值达到或超过 3000 美元，全面建成小康社会，基本实现工业化。

2. 全面实施"861"行动计划

"861"行动计划是安徽省实现全面建设小康社会奋斗目标的重要基础和支撑力量，是促进经济结构战略性调整、培育富有竞争力的支柱产业和新增长点的重要抓手，是促进经济社会全面、协调、可持续发展的重要载体。2004 年 5 月，安徽省人民政府印发了《关于全面实施"861"行动计划的通知》。根据加快发展、富民强省、全面建设小康社会的战略部署和科学发展观的要求，安徽省委、省政府决定全面实施"861"行动计划。"8"指建设加工制造业基地，原材料产业基地，化工产业基地，能源产业基地，高新技术产业基地，优质安全农产品生产、加工和供应基地，全国著名旅游目的地，重要的文化产业大省等八大重点产业基地；"6"指构筑防洪保安工程、通达工程、信息工程、生态工程、信用工程和人才工程等六大基础工程；"1"指 2007 年实现全省人均生产总值超过 1000 美元的战略目标。

建设八大重点产业基地。第一，加工制造业基地，包括汽车产业、家电产业；第二，原材料产业基地，包括金属材料、非金属材料；第三，化工产业基地，包括石油化工和煤化工、橡塑制品；第四，能源产业基地，包括煤炭、电力、煤炭液化、煤层气；第五，高新技术产业基地，包括新技术产业基地；第六，优质安全农产品生产、加工和供应基地，包括农产品生产、畜牧深加工、纺织、造纸；第七，打造全国著名的旅游目的地；第八，建设重要的文化产业大省。

构筑六大基础工程。第一，防洪保安工程。为保证防洪保安工程的实施，安徽省人民政府保留防洪保安专项资金。第二，通达工程。公路方面：基本形成联结周边主要城市和全省各市相互联结的高速公路骨架，力争到2007年高速公路达到2500公里；改造和新建农村公路20000公里左右，使全省所有乡镇通等级油路、所有行政村通公路。铁路方面：新建铁路600公里以上，建成宁西铁路六安—合肥—南京段、铜九铁路和合肥铁路枢纽，建设宣杭铁路和宁芜铁路复线，形成东西铁路通道和沿江铁路通道，提高全省在全国铁路运输网中承东启西的地位。空运方面：完成黄山机场扩建，实施合肥机场改造工程，增强全省航空运输能力。水运方面：建设马鞍山、芜湖、池州、安庆等港的集装箱码头，建成蚌埠新港，沟通芜太运河，充分发挥长江黄金水道和内河水运优势。管道运输：建成西气东输安徽主干线和支干线，建设仪征至安庆和安庆至合肥输油管道。第三，信息工程。围绕信息技术开发和应用，加快重点工程建设，形成"数字安徽"的基本框架。第四，生态工程。全面启动"生态安徽"建设。一是以防治生态环境恶化为重点，加强对重要生态功能区、重点资源开发区和生态良好区的保护和整治。二是着力培育生态经济增长点，构建生态经济支撑产业，推进生态农业（绿色和安全农业）基地建设。三是调整产业结构，建设生态循环经济框架。四是初步形成生态经济的服务网络。五是重点扶持现有绿色产业、生态示范区，扩大示范效应。力争到2007年，基本控制淮河、巢湖、江淮分水岭等生态脆弱地区的环境污染和生态恶化问题，初步建立生态环保效益型经济基本框架和生态省建设科技支撑体系框架。第五，信用工程。围绕政府、企业和个人三大信用主体的建设，健全信用法制，培育信用需求，加强诚信交易，建立联合征信体系。第六，人才工程。抓住培养、吸引、使用三个环节，着力建设党政人才、企业经营管理人才和专业技术人才三支队伍。

全面提升"861"行动计划。"十五"时期，"861"行动计划扎实推进，重点建设全面展开，增长基础日趋稳固，价格总水平保持稳定，各项社会事业全面进步，人民生活水平明显提高，社会主义民主政治和精神文明建设继续加强。"十五"时期取得的巨大成就，为"十一五"时期安徽奋力崛起奠定了良好基础，使安徽省经济和社会发展站到了一个新的历史起点上。鉴于"861"行动计划顺利推进，全省人均生产总值提前两年实现2007年达到1000美元的预定目标。安徽省委、省政府决定在"十一五"期间继续实施并提升"861"行动计划，同时对"861"中"1"的内涵相应作了调整，把原定到2007年全省人均生产总值超过1000美元目标调整为到2010年全省生产总值超过人民币1万亿元。

长期以来，安徽工业化水平低、城镇化水平低、经济外向度低、民营经济比重低。2003年，安徽省人均生产总值相当于全国平均水平的61.2%，工业化和城镇化率都低于全国平均水平8个百分点左右。为此，2004年年初，安徽省举全省之力，全面实施"861"计划，持续扩大有效投入，先后开工和建成一批重大项目和重大工程，出台了一系列支持重大项目投资建设优惠政策，在项目用地、融资、环评和规划选址等方面开辟"绿色通道"，有力促进项目落地建设。如2004年至2012年，"861"家电产业项目投资超过400亿元，项目200多个；2004年至2013年，"861"重点项目7349个，完成投资37519.8亿元，贡献率稳定在60%左右。

截至 2012 年年底，安徽省全年生产总值 17212.1 亿元，按可
比价格计算，比 2011 年增长 12.1%。分产业看，第一产业增加值
2178.7 亿元，增长 5.5%；第二产业增加值 9404 亿元，增长 14.4%；
第三产业增加值 5629.4 亿元，增长 11%。三次产业结构由上年的
13.2∶54.3∶32.5 调整为 12.7∶54.6∶32.7，其中工业增加值占生产
总值的比重为 46.6%，比 2011 年提高 0.4 个百分点。全社会劳动生
产率人均 41336 元，比 2011 年增加 3884 元。人均生产总值 28792 元，
比 2011 年增加 3133 元。

（二）建立皖江城市带承接产业转移示范区

2008 年，安徽省充分发挥区位优势、自然资源优势、劳动力资
源优势，积极参与泛长三角区域发展分工，主动承接沿海地区产业
转移，不断加强同兄弟省份的横向经济联合和协作，积极创造条件，
建立皖江城市带承接产业转移示范区。

1. 谋划皖江开发开放

安徽省提出"东向发展，融入长三角"、实施皖江城市带开发
开放的战略，早在 20 世纪 90 年代就已经"初露端倪"。1990 年
7 月，也就是中央决定开发开放浦东两个多月后，安徽省委、省政府
作出"抓住机遇、开发皖江、强化自身、呼应浦东、迎接辐射、带
动全省"的战略决策。1990 年 8 月，安徽省委、省政府决定在上海
浦东投资建造裕安大厦。随后的 1995 年、1996 年、2002 年、2005
年，安徽多次召开会议，对皖江开发开放作出部署。1995 年 4 月，
安徽省委、省政府印发《关于进一步推进皖江开发开放若干问题的

意见》，建立了皖江地区市长专员联席会议制度。

2008年7月，由国家发改委地区经济司主要负责人带队的"安徽区域发展战略调研组"一行数人，在合肥、芜湖、蚌埠和宣城等四市考察调研，提出了"承接产业转移示范区"的概念。之后，安徽省开始对如何参与泛长三角发展分工、抓好承接产业转移进行积极谋划，并得到中央领导及国家发改委的大力支持。同年8月，国务院《关于进一步推进长江三角洲地区改革开放和经济社会发展的指导意见》正式出台，其中专门阐述了"泛长三角"的内容。2008年10月，安徽省人民政府上报的"关于设立皖江城市带承接产业转移示范区，积极推进泛长三角区域合作的请示"上报国务院待批。2009年7月中旬，由国家发改委等22个部委和沪苏浙两省一市发改委组成联合调查组，在安徽省开展深入调研与评估。2009年年底，最终送审稿上报国务院。2010年1月，国务院正式批复，皖江城市

2009年7月4日，首届皖江城市带承接产业转移示范区产学研合作暨巢湖市第七届科技项目对接会在巢湖市召开

带承接产业转移示范区"尘埃落定"。

2. 皖江城市带承接产业转移示范区建设

2010年1月12日，国务院正式批复《皖江城市带承接产业转移示范区规划》，安徽沿江城市带承接产业转移示范区建设成为区域发展战略。该规划成为全国唯一以产业转移为主题的区域发展规划，为推进安徽参与泛长三角区域发展分工搭建了平台，为中部地区加速崛起点燃了助推器。

国务院颁布《皖江城市带承接产业转移示范区规划》，对安徽省经济社会发展意义十分重大。第一，设立示范区，是顺应国内外产业转移新趋势、建立承接产业转移新模式的客观需要。进入新世纪以来，中西部地区承接产业转移规模明显扩大，招商引资工作取得重大进展。但存在产业承接的质量不高、地方比较优势没有得到充分发挥等问题，重复建设、恶性竞争不时出现，可持续发展受到影响，需要从国家层面选择重点区域，加强引导，探索科学承接产业转移的新模式，促进产业承接转移有序开展，为其他区域提供示范。第二，设立示范区，是加快中部地区崛起、推动区域协调发展的重要途径。通过科学承接产业转移，引导生产要素合理流动，可以充分发挥中部地区比较优势，集聚发展要素，壮大产业规模，同时为东部地区腾出更大的发展空间，推动产业结构升级，提升发展质量和竞争力，更好地辐射和带动中西部地区发展，形成东中西良性互动、优势互补、相互促进、协同发展的新格局。第三，设立示范区，是更好地发挥皖江城市带综合优势，推动安徽又好又快发展的现实要求。皖江城市带基础较好、条件优越，通过大规模承接产业转移，积极参与泛长三角区域发展分工，有利于加快构建现代产业体系，转变发展方式，推进经济转型，加速城镇化进程，实现跨越式发展。

2011年皖江城市带承接产业转移示范区建设银企对接会开幕式暨签约仪式

通过建设示范区，皖江城市带的经济规模将快速扩大，实力将大大提升，对全省经济发展的贡献度将进一步提高。第四，设立示范区，是应对复杂多变的国际经济形势、保持全国经济平稳较快发展的重大举措。通过有序承接国内外产业转移，可以进一步优化产业布局，稳定扩大就业，激发内需潜能，拓展区域发展空间，增强经济发展动力和后劲，可以有效应对国际金融危机，确保保增长、促就业的调控目标得以实现，夯实全国可持续发展基础。

皖江城市带承接产业转移示范区包括合肥、芜湖、马鞍山、铜陵、安庆、池州、巢湖、滁州、宣城9市全境以及六安市的金安区和舒城县，共59个市（县、区）。示范区立足安徽，依托长江安徽段，融入长三角，联结中西部，积极承接产业转移，不断探索科学发展新途径，努力构建区域分工合作、互动发展新格局。

截至2010年6月，皖江城市带承接产业转移示范区省外投资项目共9627个，投资总额15052.8亿元，实际到位资金2068亿元，占全省1000万元以上项目实际到位资金的75.5%。实现工业增加值

1651.1亿元，增长26.8%，对安徽全省规模以上工业增长的贡献率为68.2%。截至6月末，该示范区规模以上企业单位数达9755户，比2009年同期增加1720户。截至2020年年底，十年间皖江城市带承接产业转移示范区建设扎实推进，积极探索科学、有序、高水平承接产业转移的发展新路，推动示范区成为带动全省经济增长的"主引擎"，为中西部地区大规模承接产业转移提供了经验。2010—2020年，皖江城市带承接产业转移示范区累计承接亿元以上投资项目到位资金6.2万亿元，年均增长16.6%；地区生产总值连续跨越1万亿元、2万亿元台阶，达到25565亿元，年均增长9.2%，高于全省0.4个百分点；人均地区生产总值8.5万元，达到长三角地区平均水平的81.9%，比2010年提高17.9个百分点。

（三）社会主义新农村建设

建设社会主义新农村是安徽实现由农业大省向农业强省跨越的重要路径，是惠及当代、泽被后世的民心工程。安徽省委、省政府先后印发《关于贯彻〈中共中央国务院关于推进社会主义新农村建设的若干意见〉的实施意见》和

淮北市农村饮水安全工程惠民生

《关于贯彻〈中共中央、国务院关于积极发展现代农业扎实推进社会主义新农村建设的若干意见〉的实施意见》，全省按照"生产发展、

生活宽裕、乡风文明、村容整洁、管理民主"的要求，以培育和发展农村先进生产力为中心，以促进农民增收为核心，以农村综合改革为动力，协调推进农村经济建设、政治建设、文化建设、社会建设和党的建设，全面推进安徽省社会主义新农村建设。

1. 统筹城乡经济社会发展

推进公共财政向农村覆盖。建立财政支农资金稳定增长机制，不断增加对"三农"的投入，为新农村建设提供强劲的资金支持。2006年，全省各级财政支农资金增量、国债和预算内资金用于农村建设的比重、直接用于改善农村生产生活条件的资金都高于2005年。全省各地落实提高耕地占用税税率政策，新增税收主要用于新农村建设。积极推进财政支农资金整合，逐步实行统筹分配使用，切实提高资金使用效益。

统筹城乡产业发展。坚持社会主义市场经济的改革方向，推进城乡产业对接，促进城乡资源要素的合理流动和优化配置。将城市基础设施向农村延伸，逐步建立城乡基础设施共同发展机制。建立城乡统一的流通体系，构建城乡双向、顺畅的流通网络。统筹城乡土地利用，优化建设用地结构和布局，结合农村居民点用地整理，开展城镇建设用地增加与农村建设用地减少相挂钩试点。统筹城乡信息化建设，整合各类信息资源为"三农"服务，重点抓好农业农村综合信息服务平台建设。

强化城市对农村的支持。各省辖市加大市级财政性建设资金对农村建设的投入，组织城市有关单位和企业帮扶农村。同时，各市加大城市人才、智力资源对农村的支持力度，组织城市的科技、教育、医疗等方面人员下乡服务，建立农业、林业、科技、教育、卫生等部门中高级专业技术人员定期到农村服务制度。

2. 推进现代农业建设

加快农业科技进步。抓好关键技术攻关和高新技术研发，促进农业科技自主创新，提高农业科技整体实力。开展现代农业科技行动，在五年内把全省农作物主推品种全面更新一次，主要农作物的优质品种覆盖率超过55%，自育品种在省内市场占有率超过40%。省财政安排专项资金支持小麦高产攻关，逐年扩大重大农业技术推广项目专项补贴规模。继续抓好粮食丰产科技示范工程、农村科技信息化工程和星火科技富民工程。认真组织实施"农机富民工程"，进一步提高农业机械化水平。

大力推进农业产业化经营。强力推进"121强龙工程"，利用国家农产品示范工程专项资金、省财政农业产业资金、加快皖北地区发展资金、工业"三高"引导资金、中小企业发展资金和农业综合开发资金等，着力扶持一批竞争力和带动力较强的龙头企业。用足用好国家重点支持粮食主产区发展农产品加工业的政策，大力扶持粮油产业化龙头企业。培育林业龙头企业，推进林业产业化。优先支持农业产业化龙头企业发行企业债券。根据国家有关政策规定，对从事种植业、养殖业和农林产品初加工的农业产业化国家重点龙头企业，暂免企业所得税。积极发展各类专业合作经济组织，提高农业组织化程度。

推进现代农业服务体系建设。深入开展农村商品流通改革和市场建设试点，发展农村现代流通业，构筑农村消费品流通体系、农业生产资料供应体系、农产品国内销售体系、农产品出口体系、农村市场运行监控服务体系。截至2009年，全省建设和发展乡村日用消费品连锁店8000个，农资连锁店6000个，消费品和农资配送中心215个，标准化农产品批发市场50个，绿色批发市场30个，农产品出口示范基地 30 个。

提高粮食综合生产能力。全省大力实施国家优质粮食产业工程，开展水稻产业提升行动，搞好小麦、水稻、大豆良种繁育基地、农业有害生物预警与控制区域站、标准粮田和农机装备推进项目建设。严格执行重点粮食品种最低收购价政策，发展大宗农产品期货市场和订单农业。完善粮食主产县奖励政策，稳定粮食直接补贴、良种补贴和农机具购置补贴政策。2012 年，安徽省粮食产量 3289.1 万吨，比上年增加 153.6 万吨，增长 4.9%，实现"七连增、九连丰"。

3. 千方百计增加农民收入

加速农业结构优化升级。积极发展特色农业、绿色食品和循环农业，继续抓好优势农产品产业带建设，扩大无公害农产品生产加工基地建设，加快转变农业增长方式。增加优质专用农产品生产，培育市场知名品牌。抓紧实施畜禽水产良种工程，积极发展规模养殖小区。建设优质高效林产品原料基地，发展木竹和经济林果等林产品精深加工，实施苗木花卉产业化发展工程、沿江沿淮林纸一体化工程、林业"百千万"增绿增效工程。推进"农家乐"旅游示范点建设，大力发展农业旅游和乡村旅游。与此同时，发展壮大县域经济，大力推进县域工业化、城镇化，支持毗邻苏浙地区率先发展，不断拓展农民发展空间，努力实现县域经济发展的新突破。各级财政可安排专项资金，通过贷款贴息或无偿资助方式，向县域中小企业技术改造等项目倾斜。加快县城和重点中心镇建设。

加大扶贫开发力度。以实施整村推进为中心，着力改善贫困地区基本生产生活条件，加大对扶贫龙头企业的扶持力度，促进贫困地区农民增收。重点扶贫 3000 个重点村，提高贫困村农民自我脱贫能力。"十一五"期间，全省每年投入财政扶贫资金（包括以工代赈资金）2.5亿元，改善重点村的基本生产生活条件；每年投入财政发展资金3000万元，支持贫困地区农民转移培训。

2012年，安徽省全年农村居民人均纯收入7161元，比上年增长14.9%，扣除价格因素，实际增长12.2%。人均生活消费支出5556元，农村居民家庭恩格尔系数为39.3%。

（四）农村综合改革试点

从凤阳县小岗村的大包干，到试点于安徽的农村税费改革，农村改革的"安徽模式"一次次走向全国，造福于中国农村。2005年，安徽省又超前一步，站在了被称为农村改革"第三波"——农村综合改革的潮头。2005年年初，安徽省出台了《关于开展农村综合改革试点建立农村基层工作新机制的意见》，确定18个县（市）为试点地区，明确提出安徽省农村综合改革试点的总体思路是"一个转变、三个建立、一个改进"，即"转变乡镇政府职能，建立农村基层行政管理新体制，建立农村公共产品供给新机制，建立'三农'社会化服务新体系，改进农村工作考核评价办法"，改革重点放在深化乡镇机构改革、转变乡镇政府职能、探索建立农村工作新机制方面。这是安徽省委、省政府在经济社会发展进入"工业反哺农业、城市支持农村"新阶段，着眼于巩固农村税费改革成果、推进社会主义新农村建设、加快城乡统筹发展、全面建设小康社会而作出的重大战略决策。

2005年以来，安徽省在部分市（县、区）开展的农村综合改革试点，取得了明显成效。为贯彻落实《国务院关于做好农村综合改革工作有关问题的通知》精神，巩固扩大农村税费改革成果，积极发展现代农业，扎实推进社会主义新农村建设，构建社会主义和谐社会，2007年3月，安徽省委、省政府下发了《关于全面推进农村综合改革试点的意见》，决定从2007年开始，在全省全面推进农村综合改革试点。

1. 进一步深化乡镇机构改革

坚持转变职能、权责一致、强化服务、改进管理、提高效能的原则，进一步深化乡镇机构改革，优化机构设置，精简机构人员，提高行政效率，建立行为规范、运转协调、公开透明、廉洁高效的农村基层管理体制和运行机制。综合设置乡镇党政机构，一般控制在3~4个。严格控制领导职数，乡镇领导职数一般控制在5~9名，实行党政领导交叉任职，提倡乡镇党委书记和乡镇长一人兼任。全面推行岗位目标责任制。积极稳妥地推进乡村区划的合理调整。全省乡村规模原则上确定为：平原地区乡镇5万人以上，行政村0.4万人以上；丘陵地区乡镇3万人以上，行政村0.3万人以上；山区乡镇1.5万人以上，行政村0.15万人以上。平原、丘陵、山区县城人口分别为10万、8万和5万人以上，中心镇人口分别为7万、5万和2万人以上。全省各地把乡村区划调整与社会主义新农村建设规划结合起来，根据现有规模因地制宜调整区划，不搞一刀切。截至2007年10月，全省18个试点县乡镇、村的数量减幅分别为27%和24%，乡镇党政内设机构和行政编制减幅为38.6%和16.2%，乡镇事业单位和编制减幅为51.9%和30%，乡镇领导职数减幅为48%，扩大了乡镇党政领导交叉任职范围，18个试点县的265个乡镇中，有131个乡镇实行了党政正职"一肩挑"。

2. 深化农村义务教育管理体制改革

2003年12月，安徽省人民政府印发《关于进一步加强农村教

育工作的决定》。该决定要求：全面推进农村义务教育经费保障机制
改革。建立和完善政府投入办学、各级责任明确、财政分级负担、
经费稳定增长的农村义务教育经费保障机制。各级政府要强化对义
务教育的保障责任，确保农村义务教育经费的正常投入。不准减少
本级政府对农村义务教育应承担的经费投入；不准挪用学校公用经
费发放教师津贴；不准乱收费加重学生的经济负担。县级人民政府
在财政预算中要将义务教育经费单列并纳入财政预算。对农村中小
学的教育经费实行县级集中管理。县级财政用于实施义务教育财政
拨款的增长比例应当高于财政经常性收入的增长比例。从 2007 年
起，全部免除农村义务教育阶段学生学杂费，继续对贫困家庭学生
免费提供教科书并补助寄宿生生活费。合理配置城乡教育资源。加
强薄弱学校建设，积极做好城镇支援农村、强校支援弱校工作，促
进教育均衡发展。截至 2007 年 10 月，农村综合改革顺利实施，"两
免一补"政策得到全面落实，农村中小学正常运转，直接减轻农民
义务教育负担 24 亿多元。

3. 完善县乡财政管理体制改革

继续推进和完善"省直管县"财政管理体制改革和"乡财县管
乡用"财政管理方式改革。加快建立覆盖农村的公共财政制度。调
整财政支出结构，不断增加对农业和农村的投入，特别要加大财政
在农村教育、卫生、文化、就业服务、社会保障、生态环境、公共
基础设施、社会治安等方面的投入。进一步明确划分县乡财政收入
范围，合理界定县乡政府支出责任，加大对县乡的一般性转移支付
力度，规范专项补助，切实增强县乡财政保障能力。2007 年，安徽
省各级财政共安排 73.6 亿元资金专项用于"农村十二项民生工程"，
初步建立了覆盖农村的公共财政制度。

4.建立健全农村基本公共服务体系

全省各地积极探索建立以乡镇政务服务中心为龙头，县、乡、村三级联动的为民服务全程代理网络，采取统一受理、分类承办、上下联动、限时办结的方式，实行一个中心对外、一个窗口受理、一条龙服务，为农民群众提供全程代理服务。截至2007年10月，全省已建立乡镇政务服务中心1192个，占乡镇总数的90%，建立村级代理点1.5万多个，占村级总数的约70%。同时，望江、金寨、休宁、庐江等县围绕增强乡镇服务功能，按照"服务主体多元化、服务行为社会化、服务形式多样化"的思路，积极探索农村公共产品供给新模式，基本建立了"政府花钱买服务"和"以钱养事"等新机制。

5.相关配套改革得以全面推进

为进一步减轻巢湖区域3市10县（区）农民负担，促进大湖区的稳定和发展，根据国务院农村综合改革工作小组《关于进一步推进减轻大湖区农村负担综合改革有关问题的通知》，2007年安徽省制定了《安徽省进一步减轻大湖区农民负担综合改革实施方案》。2007年4月，安徽省委、省政府印发了《关于全面推进集体林权制度改革的意见》，确定了以"明晰产权、规范流转、放活经营"为主要内容的17条主体改革政策和9条配套改革措施，全面启动实施集体林权制度改革。为切实减轻农场工人负担，进一步深化国有农场税费改革，在深入调研和广泛征求意见的基础上，安徽省出台了《关于认真贯彻深化国有农场税费改革政策确保减收资金落实到位的通知》和《关于印发〈安徽省国有农场公益事业发展补助资金管理暂行办法〉的通知》，并及时将补助资金拨付到位，确保改革成果惠及全体农场工人。

截至 2012 年年底，全省共有 14952 个行政村，22.42 万个自然村，总户数 1352.1 万户。在全省自然村中，99.8% 的村通电，98.8% 的村通了电话，87.7% 的村通了公路，50.5% 的村安装了有线电视，46.8% 的村通了自来水，22.7% 的村实现了垃圾集中处理。全省新型农村合作医疗参保人数 4613.9 万人，占 90.3%；新型农村社会养老保险参保人数 2727.4 万人，占 53.3%；享受最低生活保障人数 241.8 万人，占 4.73%。

（五）开展文化体制改革试点

1. 推进全省文化体制改革试点工作

2006 年 6 月，安徽省委、省政府在芜湖市召开全省文化体制改革工作会议，传达贯彻中央关于深化文化体制改革的重大部署，研究推进自主开展全省文化体制改革试点工作。会议强调，文化体制改革不仅是强国富民的必由之路，也是文化繁荣发展的根本途径。要坚持改革为先、发展为上，创造性地贯彻落实中央和省委精神，积极推进文化体制改革，进一步解放和发展文化生产力，促进文化事业全面繁荣和文化产业跨越式发展。会议还讨论了安徽省委、省政府关于深化文化体制改革工作的两个重要文件，芜湖、合肥、淮北、安庆、黄山等试点市和安徽日报报业集团、安徽出版集团等试点单位汇报交流了推进文化体制改革试点工作情况。

2. 深化文化体制改革部署

2006 年 9 月，安徽省委、省政府出台了《关于深化文化体制改革的实施意见》，旨在进一步加快安徽省文化事业和文化产业发展，推动社会主义先进文化建设。该意见强调，要牢牢把握先进文化的前进方向，遵循社会主义精神文明建设的特点和规律，适应社会主义市场经济发展的要求，全面推进体制机制创新，解放和发展文化生产力，调动广大文化工作者的积极性和创造性，繁荣社会主义文化，不断满足人民群众日益增长的精神文化需求，提高全省人民的科学文化素质，培育有理想、有道德、有文化、有纪律的社会主义公民，促进人的全面发展。该意见要求，推进文化事业单位改革，要科学界定现有文化事业单位的性质和功能，区别对待、分类指导，明确不同的改革要求。该意见指出，加快文化领域结构调整，要合理配置文化资源，盘活存量，优化增量，解决国有文化资产结构失衡、效益不高、闲置浪费问题；科学规划和配置公益性文化事业资源、报刊及广播电视资源，优化产业布局和结构，对艺术院团、影视制作、电子音像制品生产等进行合理规划和调整。该意见还要求积极引导各类社会资本进入文化领域，要鼓励和支持非公有资本以多种形式进入政策许可的文化产业领域，逐步形成以公有制为主体、多种所有制共同发展的文化产业格局。除新闻媒体外，其他文化产业都要向社会资本开放。培育和发展民营文化企业，鼓励和支持民营企业参与国有文化企业的改制重组和股份制改造，推动民营企业与国有文化企业的联合和合作，共同做强做大。

3. 文化体制改革成效突出

"政府主导、自主推进"是安徽省文化体制改革的鲜明特色。2003 年，全国首批文化体制改革试点工作启动，安徽并未入选，但安徽省委、省政府下定决心"自主试点"，把文化发展纳入"四位一体"总体布局和经济社会发展总体规划，提出建设文化强省的发展战略。文化产业被列入安徽省重点发展的八大支柱产业之一，深化文化体制改革每年都被列入省委常委会的工作要点，列入省政府工作报告。在改革实施过程中，安徽以改革的精神打破常规，采取了"特事特办"的方式，对重大改革方案先签发、后备案。安徽省委、省政府屡屡在关键时刻坚决推动，打破条块分割，进行资源整合，平衡各方利益，破解了瓶颈难点。

"创新模式、龙头带动"是安徽省文化体制改革的重要抓手。在文化体制改革过程中，安徽相继组建五大文化企业集团，推动2家企业上市融资，形成文化企业龙头领军阵容。通过创新人事制度、管理体制、融资方式等一系列深刻改革，安徽出版集团、安徽新华发行集团、安徽广电集团等五大文化企业集团成功实现资产规模和利润的跨越式发展。芜湖方特等一大批耀眼的明星企业成为本行业的领跑者。省属文化企业资产由2003年前不足30亿元增长到2008年的300多亿元，集群效应初步显现。

2009年4月9日，话剧《万世根本》剧照

"服务公众、推动出口"成为安徽省文化体制改革的突出亮点。一方面，安徽通过大力推进文化惠民工程建设、加强主旋律等精品力作的创作生产、深入开展群众性文化活动积极构建公共文化服务体系。全省提前实现广播电视"村村通"、文化信息资源共享、农村数字电影放映目标。电影《农民工》、话剧《万世根本》、新编黄梅戏《雷雨》等249部作品荣获各类全国性大奖。另一方面，积极进军国际文化市场，通过鼓励省属文化龙头企业出口，加快芜湖方特、原创动漫等新兴文化业态出口，扶持民族艺术等，全方位拓展对外文化贸易。安徽出版集团业务进入100多个国家和地区；芜湖方特欢乐世界项目整体输出到沙特阿拉伯、南非、乌克兰、伊朗等国家，使我国成为继美国之后第二个大型主题公园出口国；安徽省广播电视台国际频道落地亚洲、欧洲、美洲、大洋洲四大洲，外宣窗口阵地发展到21个，覆盖世界主要国家和地区，居全国前列；艺术表演、文化展览等也走出国门，仅文艺演出在海外就达4281场。

文化体制改革成效显著。在短短几年之内实现了跨越式发展，创造出了引领全国的数项"第一"。安徽出版集团是全国第一家集团组建同时完成整体转企改制的企业，2008年重组科大创新，成立时代出版传媒股份有限公司，成为我国新闻出版领域第一家真正的主业整体上市企业。同年，该集团输出版权项目286种，居全国第一位。安徽新华发行集团在2007年中国企业500强评比中，资产利润率居全国文化企业之首。该集团还是全国第一家通过产权挂牌交易、引进战略投资者实施股份制改造的文化企业，也是全国发行业第一个在主板整体首发上市企业，并被列入"沪深300"指数样本股。安徽日报报业集团与大型跨国传媒集团米拉德合作组建新安传媒公司，一次性引进资金2.1亿元，是全国首家党报集团中外合作企业。安徽卫视当时不仅是收视覆盖率全国第一的省级卫视，更是唯一一家在 31 个省会城市、直辖市和计划单列市以及港澳台地区实现全面覆盖的省级卫视。此外，以安徽合肥著名历史人物包公为原型的 58 集动画片《黑脸大包公》成为登陆日本市场的第一部原创动画片；原创漫画《三国演义》曾是我国售出海外版权最多的原创漫画产品；学习型系列动漫图书《魔术笔记》还成为国内第一个被苹果公司列入平板电脑的上线阅读内容。

2012 年，全省文化及相关产业增加值达到 714.43 亿元，文化及相关产业增加值占地区生产总值比重为 4.15%。全省文化及相关产品进出口额为 254124 万美元，比 2011 年增长 154.7%。全省共有 6 家文化企业上市，有 8 家国家级文化产业示范基地。

（六）构建社会主义和谐社会

2006 年 10 月 11 日，党的十六大通过《中共中央关于构建社会主义和谐社会若干重大问题的决定》。安徽省委、省政府从省情出发，以民生工程为重点推进和谐社会建设。2007 年 1 月 5 日，安徽省人民政府印发《关于实施十二项民生工程促进和谐安徽建设的意见》。该意见分建立农村居民最低生活保障制度、进一步提高农村"五保户"供养标准、完善城镇未参保集体企业退休人员基本生活费保障机制、积极推进农村新型合作医疗制度、探索建立城镇居民基本医疗保障制度、逐步提高城乡医疗救助水平、逐步建立重大传染病病人医疗救治和生活救助保障机制、积极推进城乡卫生服务体系建设、全面实施城乡义务教育经费保障机制改革、全面消除农村中小学危房、加速推进农村饮水安全工程建设、进一步完善农村部分计划生育家庭奖励扶助制度等 12 个方面。安徽省民生工程项目不断增多,保障水平逐年提高,全省民生工程项目从 2007 年的 12 项、到 2008 年的 18 项,再到 2021 年增加到 33 项,不断实现人民对美好生活的向往。

1. 推进精神文明建设

和谐社会要在共建中共享、在共享中共建,立足于维护社会和谐稳定,关注民生问题,反映群众诉求,通达社情民意,疏导公众情绪,弘扬社会正气。安徽省把和谐社会建设的各项要求贯穿到精神文明创建活动中,突出思想内涵,注重人文关怀,加强心理疏导,推动形成我为人人、人人为我的和谐社会风尚。

为加强城市文明创建工作,安徽将全国文明城市创建列入文化强省的战略之中,在全国率先出台《文明城市创建行动纲领》,文明创建从"一花独放"到"满园芬芳"。安徽省以创建文明城市为目标,深入开展群众性精神文明创建活动,构建和谐新家园,不断提高群众的生活质量和幸福指数,为兴皖富民提供强大精神动力。安徽省坚持不懈开展文明城市、文明县城、文明村镇创建活动,先进

2009 年 1 月,马鞍山市在中部地区第一个获得"全国文明城市"称号。图为马鞍山市雨山湖远景

典型群星璀璨。安徽省出台《关于进一步加强新形势下农村精神文明建设工作的实施意见》，突出乡风文明和村容整洁，广泛开展爱国卫生运动，建成清洁示范村、文明生态村、绿色小康村、移风易俗示范村各100个。为服务皖北振兴战略，安徽省在砀山县召开皖北暨省界部分县（市）文明创建现场会，推动皖北和省界沿线改善人居环境，树立安徽形象。各地推进新型农民培训民生工程，着力提升农民就业创业能力。文明行业创建新风吹拂。"微笑服务"成为全国交通运输行业文化品牌。"百城万店无假货""重合同守信用"评选活动和"政风行风热线"直播活动，有效解决了群众关心关注的突出问题。平安安徽、信用安徽和廉政文化等建设扎实开展，"五好文明家庭""好婆婆好媳妇""十大女杰评选"及"婚育新风进万家"等活动有声有色。

2009年1月，在中部地区6省86个城市中，安徽省马鞍山市第一个获得"全国文明城市"称号。2011年，马鞍山市以优异成绩蝉联"全国文明城市""国家卫生城市""全国双拥模范城"等荣誉称号，其中全国文明城市复查得分排全国地级市第四名。截至2011年年底，安徽省除马鞍山市荣获"全国文明城市"称号之外，全省还有65个村镇荣获"全国文明村镇"、110个单位荣获"全国文明单位"称号。

2. 构建和谐安徽

党的十六届六中全会站在新的时代高度，对构建社会主义和谐社会作出了全面部署。安徽省坚持以邓小平理论和"三个代表"重要思想为指导，全面贯彻落实科学发展观，紧密结合安徽实际，切实把经济社会发展转入科学发展的轨道，努力在科学发展中构建和谐安徽。

坚持发展为上、改革为先，推进跨越式发展。构建和谐安徽，首先要发展。安徽作为经济欠发达省份，在全国各地竞相发展的大格局下，亦步亦趋只会拉大差距，唯有跨越式发展才能奋力崛起，为构建和谐社会打下坚实的物质基础。安徽省按照科学发展观的要求，抢抓难得的历史机遇，充分发挥后发优势，采取各种有力举措，加快推进从农业大省向农业强省、从资源大省向新型工业强省、从人口大省向人力资源强省、从文化大省向文化强省的跨越。"十五"时期，全省生产总值连跨三个千亿元台阶，年均增长10.6%，人均生产总值迈上了1000美元的标志性台阶，各项社会事业全面进步，人民生活水平明显提高。

坚持注重质量、提高效益，实现又好又快发展。又好又快发展是科学发展观的本质要求。安徽省认真落实"五个统筹"的要求，坚持把提高发展质量和效益作为加快发展的先决条件，坚持以增长方式转变为着力点，更加注重速度、结构、质量、效益相统一，更加注重经济发展和人口、资源、环境相协调，促进经济社会全面协调可持续发展，做到好中求快、又好又快。2006年，全省实现生产总值6141.9亿元，增长12.9%，财政收入达816.2亿元，增长24.3%，城镇居民人均可支配收入增长15.4%，为十年来最高增幅，农民人均纯收入增长12.4%，增幅居全国前列，人民群众实实在在享受到了改革发展的成果。

坚持工业强省战略，走新型工业化道路。安徽发展不足、发展不快，主要是工业不强。党的十六大以来，坚持以工业化为核心，以信息化带动工业化，加快产业优化升级，推进集约发展，走适度超前的新型工业化道路。为此，组织实施了"861"行动计划，努力锻造安徽工业化的"脊梁"。2012年，全年生产总值17212.1亿元，按可比价格计算，比2011年增长12.1%。第二产业增加值9404亿

进入新世纪以来，合肥市长丰县马郢社区居民参加民主议事和普法宣传活动

元，比 2011 年增长 14.4%。

坚持统筹城乡发展，扎实推进社会主义新农村建设。建设社会主义新农村，是实现安徽又好又快发展的重要基础，也是重大的历史性机遇。安徽按照"二十字"要求，积极推进新农村建设。一是以提高农业综合生产能力为中心，着力发展新经济。二是以增加农民收入为核心，积极创造新生活。三是以深化农村综合改革为动力，加快建立新机制。2005 年年初，安徽以"一个转变、三个建立、一个改进"为主要内容，选择了 18 个县进行试点。四是以提高素质为根本，大力培育新农民。"十一五"期间培训农民 120 万人次以上，安徽大地涌现出一大批农村创业带头人，这些创业带头人对周边农民发挥着显著的辐射、示范和带动作用。

坚持以人为本、统筹兼顾，促进和谐发展。高度关注民生，认真解决关系人民群众切身利益的问题。安徽各地在实践中注意把维护好人民群众的整体利益、长远利益与切身利益、当前利益相结合，在注重经济发展的效率和活力的同时，注重社会公平和正义，重视解决困难群众的基本生活问题，努力做到老有所养、贫有所助、病有所医、学有所教。

3. 保护生态环境

加强生态安徽建设，促进人与自然和谐。实现经济社会又好又快发展，必须走出一条生产发展、生活富裕、生态良好的文明发展之路。全省努力建立循环经济法规政策体系、技术创新体系、推广服务体系和激励约束体系，积极发展循环经济，加快建设资源节约型社会。坚持以淮河和巢湖流域的污染防治为重点，以环保科技创新为支撑，以培育环境文化为保障，扎实推进污染防治和自然生态保护，加快环境友好型安徽建设，努力维护"绿水青山带笑颜"的良好环境。

推进结构调整，实现发展模式转型。全面协调可持续发展是调整人与自然关系的必然选择。在发展中优化经济布局、调整产业结构、转变增长方式，是统筹人与自然和谐发展的主要手段。全省各地充分考虑各地资源特征和区域比较优势，形成各具特色、整体协调的产业布局。通过信息化和清洁化等高技术手段，大力发展绿色制造业、服务业和环保产业，逐步形成环境友好的产业结构，进而推动发展模式从资源依赖和投资驱动为主向资源集约和创新驱动的转变。

发挥市场作用，充分利用两种资源。市场不仅在资源配置中起着基础作用，而且也可以在调整人与资源关系中发挥积极影响。一是充分利用价格杠杆，反映资源环境真实成本，切实让资源使用者和污染排放者承担相应费用，从而减少资源浪费和环境破坏。二是创建环境资源市场，如水市场、排污交易市场等，有效降低治理成本。三是在资源环境相关的公共投资中引入市场机制，大幅度提高投资效益。四是充分利用国际市场，拓展利用全球资源的空间，缓解全省经济社会发展与人口资源环境的矛盾。

深化规律认知，创新环境友好技术。充分发挥科学技术的基础性、先导性作用，是调整人与自然关系、实现人与自然和谐发展的关键。全省加快资源环境能力建设，建立与完善覆盖全省的国土与生态系统监测网络，发挥基于数字地球理念的资源环境信息技术平台，全面系统地认识自然过程和人类活动对生态环境及人类自身发展影响的客观规律，为资源高效利用、生态环境整治提供决策依据。同时，全省大力发展绿色制造和清洁生产技术，发展节材、节能、节水、节地、环境友好的高新技术，发展洁净煤、可再生能源和新的替代能源技术，为产业结构调整、实现发展模式转型提供高效、安全、清洁的技术体系。

截至 2012 年年底，全省共有省、市、县级环境监测站 87 个。监测的 16 个省辖市均开展了空气环境质量监测，有 15 个城市空气质量达到二级标准。已建成自然保护区 38 个，其中国家级 7 个、省级 29 个、市级 2 个。人工造林面积 144 万亩。森林面积 5706.3 万亩，活立木总蓄积量 21710.1 万立方米，森林蓄积量 18074.9 万立方米。淮河干流安徽段水质以Ⅲ类为主，总体水质优。长江干流安徽段水质以Ⅱ类为主，总体水质优；主要支流总体水质良好。全省城市集中式饮用水水源地水质达标率为 98.4%。

六、安徽全面建成小康社会
（2012—2021 年）（上）

党的十八大以来，中国特色社会主义进入新时代。2016 年 4 月和 2020 年 8 月，习近平总书记先后两次亲临安徽考察并发表一系列重要讲话指示。安徽省牢记习近平总书记的亲切关怀和殷切嘱托，坚持创新驱动、坚定科技自立自强，部分领域实现并跑领跑；坚持敢为人先、坚定深化改革开放，经济社会发展活力激发迸发；坚持守正创新、坚定筑牢主流阵地，宣传思想文化建设立心立魂；坚持人民至上、坚定攻克贫困堡垒，人民群众生活有得有感。这一时期，安徽省在科技、教育、文化、健康、居民收入、社会保障等领域快速发展，为现代化美好安徽建设提供了强有力保障。

（一）下好科技创新先手棋

2016 年 4 月，习近平总书记在安徽调研时指出，安徽在科技、教育、人才方面有自己的优势，要用好这一优势，"下好创新这步先手棋"。安徽省全面落实习近平总书记的讲话指示精神，坚持科技创新引领，科技创新成果持续涌现并被合理应用于产业发展，安徽区域科技创新体系逐步完善，创新型省份建设取得巨大成就，科技创新能力连续多年位居全国第一方阵。

1. 科技创新成果持续涌现

科技创新指标全面提升。2013年，根据科技部、国家知识产权局分别发布的《中国区域创新能力报告2013》《2013年全国专利实力状况报告》显示，安徽省共申请专利93353件，居全国第六位、中部第一位，同比增长24.7%；共获授权专利48849件，居全国第六位、中部第一位，同比增长12.8%。安徽省专利综合实力首次进入全国前十。2021年，安徽省区域创新能力排名居全国第八名，连续十年位居全国第一方阵。同时，安徽省创新发展格局实现了从"一枝独秀"向"竞相发展"的转变。合肥、芜湖、马鞍山、滁州、蚌埠、铜陵等六市先后获批成为国家创新型城市，宁国、界首、巢湖等入选国家首批创新型县（市）建设。

量子科技领跑全国。中国科学技术大学潘建伟院士及其团队是全国乃至世界量子科学的领跑者。2013年1月7日，实现百公里自由空间量子隐形传态和纠缠分发的研究成果，成功入选2012年度全球十大新闻亮点并由国际权威学术期刊《自然》（Nature）杂志评选公布；2016年1月8日，潘建伟院士领衔的中科大微尺度物质科学

"九章"量子计算原型机

国家实验室五人团队获得国家自然科学奖一等奖；2016年8月16日，世界首颗"墨子号"量子科学实验卫星成功发射；2017年9月29日，全长逾2000公里的中国量子保密通信骨干网络"京沪干线"开通；2018年12月6日，国内首款完全自主知识产权的量子计算机控制系统诞生。2020年12月4日，成功构建76个光子的量子计算原型机"九章"，使我国量子计算研究水平处于世界前列。2021年2月8日，首款国产量子计算机操作系统——"本源司南"在合肥发布；此外，2021年5月7日，62比特可编程超导量子计算原型机"祖冲之号"在中国科学技术大学研制成功，这是当时公开报道的世界上最大量子比特数的超导量子体系。2021年5月14日，2021中国量子科技产业"双循环"高峰论坛在合肥成功举办。

精心打造"中国声谷"。2013年12月23日，中国合肥国际智能语音产业园暨安徽省信息产业投资控股有限公司揭牌，标志着安徽千亿语音产业园区建设正式启动。2014年11月5日，安徽省人民政府办公厅印发了《智能语音产业发展规划（2014—2017）》，力争到2017年，语音互联网产品用户达到10亿个，语音技术应用产业规模达到1000亿元，着力打造以科大讯飞为龙头的语音产业，把语音产业培育成具有国际竞争力的主导产业，把安徽建设成为全国语音产业发展示范区域。2016年9月2日，"中国声谷"孵化区的首期工程——中国（合肥）国际智能语音产业园A区项目开工建设，标志着人工智能产业链和产业集群在合肥正式落地。2017年12月11日，科大讯飞获批建设中国首个认知智能国家重点实验室。12月21日，安徽省人民政府办公厅印发了《中国（合肥）智能语音及人工智能产业基地（中国声谷）发展规划（2018—2025年）》。截至2020年12月，中国科学技术大学先研院已孵化企业271家，累计申请专利超200项。"中国声谷"已建有国家级技术创新载体16家、

2021年，中国声谷产业基地

国家级企业技术中心42家、国家级孵化器和众创空间30家。科大讯飞人工智能生态已扶持企业达4000家，平台孵化企业150家，战略投资近80家企业。中国声谷集群入驻企业达1024户，实现营业收入1060亿元。历经八年多发展，"中国声谷"完成"双千"目标。

计算机领域成果丰硕。2015年7月19日至22日，第十九届RoboCup机器人世界杯赛在合肥举行，47个国家和地区349支队伍2000余名选手同台竞技。中国科学技术大学蓝鹰队分别在"服务机器人精确测试""机器人足球仿真2D"两个项目中夺冠。2015年9月2日，安徽省人民政府印发了《关于促进云计算创新发展培育信息产业新业态的实施意见》。该意见提出，应统筹发展布局，增强服务能力，提升创新能力，探索发展模式，发展支撑产业，培育市场主体，强化安全保障。到2017年，云计算发展环境和基础设施不断完善，重点领域应用发展明显，云计算产业快速发展，通过云计算带动相关产业规模达到3000亿元。截至2020年年底，全省初步形成了应用领域广泛、服务方式全面、产业链条健全的产业体系和一批具有较强影响力的骨干企业，云计算在整合 IT（互联网技术）资源、促进新兴产业发展和服务社会民生等方面的应用取得明显效果，通过云计算带动相关产业规模达到 5000 亿元。

新能源新材料等领域取得新突破。2014 年 1 月 10 日，中国科学技术大学与中国科学院物理研究所合作完成的"40K 以上铁基高温超导体的发现及若干基本物理性质研究"荣获 2013 年度国家自然科学奖一等奖。2021 年 5 月 28 日，全超导托卡马克核聚变实验装置（"人造太阳"EAST）实现可重复的 1.2 亿摄氏度 101 秒和 1.6 亿摄氏度 20 秒等离子体运行，取得国际核聚变重大突破并创造了新的世界纪录。蚌埠玻璃工业设计研究院超薄电子玻璃屡创新纪录：2018 年 4 月，该院 0.12 毫米超薄电子触控玻璃成功下线，创浮法技术工业化生产的世界最薄玻璃纪录；2020 年，该院又成功研发出全国第一、世界领先的 30 微米柔性可折叠玻璃。2017 年 9 月 27 日，位于合肥的国家重大科技基础设施——稳态强磁场实验装置通过国家验收。2017 年 12 月 20 日，全球首条最高世代线——BOE（京东方）合肥第 10.5 代 TFT-LCD 生产线提前投产，标志着安徽在全球显示领域已成为领跑者。

2. 科技创新引领产业发展

2016 年 9 月 13 日，安徽省人民政府办公厅印发《安徽省战略性新兴产业"十三五"发展规划》，明确发展目标为：到 2020 年，战略性新兴产业总产值翻番，力争达到 2 万亿元；创新型现代产业体系初步形成，在新型显示、机器人、新能源汽车、现代中药、生物医药等领域建成十个左右千亿元级、在国内外具有重要影响力的重大新兴产业基地，在太赫兹芯片、环境监测与污染控制、下一代机器人、高端数控机床、精准医疗、先进光伏制造等领域建成一批重大新兴产业工程，在量子通信和量子计算、新药创制、核能装备、燃气轮机、虚拟现实、智能汽车等领域建成一批重大新兴产业专项；基本建成综合性国家科学中心和产业创新中心，形成以企业为主体、高校院所高效协同的技术创新体系，涌现出一批原创能力强、具有国际影响力和品牌美誉度的行业排头兵企业，攻克一批关键核心技术，支撑产业迈向中高端水平。

积极发展高新技术企业。2014年9月2日，江淮汽车股份有限公司发布公告，将向美国GTA公司出售"爱意为"纯电动汽车。第一批100台电动汽车于9月3日从合肥港启运。这是我国新能源汽车首次出口到欧美发达国家市场，是安徽省先进制造业和战略性新兴产业发展取得的标志性成就。2015年1月1日，安徽省新增4家国家级科技企业孵化器，分别为合肥市原创动漫园管理有限公司、合肥安大科技园发展有限公司、马鞍山创意软件园管理发展有限公司、芜湖大学科技园发展有限公司。至此，安徽省国家级科技企业孵化器达到17家。2016年以来，全省高新技术企业增长1.1倍，2019年累计达到6636家。全省省级以上高新区达20家，实现全省16个市全覆盖。全省规模以上高新技术产业产值、增加值比2015年分别增长78.9%、73.5%，高新技术产业增加值占工业增加值比重超过40%。高新区和高新技术企业已成为安徽产业转型升级的主力军，尤其是在新冠肺炎疫情以来的经济社会发展中发挥了重要作用。2017年1月6日，安徽省人民政府印发了《关于深化制造业与互联网融合发展的实施意见》，提出打造制造企业互联网"双创"平台，推进制造业与互联网融合发展，强化融合支撑能力建设。截至2018年年底，制造业重点行业骨干企业互联网"双创"平台普及率达到85%；到2025年年底，全省制造业与互联网融合"双创"体系将基本完备，融合发展新模式广泛普及，新型制造体系基本形成，制造

2020 年 2 月，蔚来汽车与合肥市签署协议，蔚来中国总部落户合肥，建立研发、销售、生产基地，打造以合肥为中心的中国总部运营体系

业综合竞争力大幅提升。

搭建战略性新兴产业发展平台。2015 年 9 月 13 日，安徽省人民政府确定了第一批 14 个省战略性新兴产业集聚发展基地，分别是：合肥新站区新型显示产业集聚发展基地、合肥高新区集成电路产业集聚发展基地、合肥高新区智能语音产业集聚发展基地、合芜新能源汽车产业集聚发展基地、亳州谯城经开区现代中药产业集聚发展基地、蚌埠硅基新材料产业园硅基新材料集聚发展基地、阜阳太和经开区现代医药产业集聚发展基地、滁州市经开区智能家电产业集聚发展基地、马鞍山经开区先进轨道交通装备产业集聚发展基地、芜湖鸠江经开区机器人产业集聚发展基地、芜湖三山经开区现代农业机械产业集聚发展基地、宣城宁国经开区核心基础零部件产业集聚发展基地、铜陵经开区铜基新材料产业集聚发展基地、安庆高新区化工新材料产业集聚发展基地。2016 年 8 月 18 日，安徽省人民政府确定了第二批 8 个省战略性新兴产业集聚发展基地。分别是：合肥市高新技术产业开发区生物医药和高端医疗器械产业集聚发展基地、合肥市包河经济开发区创意文化产业集聚发展基地、淮

北市濉溪经济开发区铝基高端金属材料产业集聚发展基地、宿州市高新技术产业开发区云计算产业集聚发展基地、淮南市高新技术产业开发区大数据产业集聚发展基地、六安市霍山高桥湾现代产业园高端装备基础零部件产业集聚发展基地、池州市经济技术开发区半导体产业集聚发展基地、黄山市现代服务业产业园文化旅游产业集聚发展基地；试验基地（2家）：芜湖市新芜经济开发区通用航空产业集聚发展试验基地、马鞍山市博望高新技术产业开发区高端数控机床产业集聚发展试验基地。

建设合芜蚌国家自主创新示范区。2016年6月16日，国务院批复同意合芜蚌国家高新区建设国家自主创新示范区。同年12月3日，安徽省人民政府印发《合芜蚌国家自主创新示范区建设实施方案》。2015年4月25日，安徽省人民政府印发了《关于加快建设战略性新兴产业集聚发展基地的意见》。该意见指出为贯彻落实中央加快实施创新驱动发展和"中国制造2025"战略部署，充分发挥战略性新兴产业的引领带动作用，根据"战略思维、遵循规律、立足现有、放眼前沿、市场引领、政策支持"的基本原则，坚持高水平起步、高标准要求，按照产业领域、产业基础、龙头企业、创新能力、支撑项目等五个方面条件，在现有各类园区中比选确定省战略性新兴产业集聚发展基地。明确发展目标为：到2017年，单个基地的产业链上下游企业总产值达到500亿元或三年（2014—2017年）翻一番，税收累计增长不低于50%。到2020年，单个基地的产业链上下游企业总产值超过1000亿元或三年（2017—2020年）再翻一番，税收累计增长不低于30%。2021年9月11日，科技部发函安徽省人民政府，批复同意支持安徽省建设合芜蚌国家科技成果转移转化示范区。批复指出，合芜蚌国家科技成果转移转化示范区将依托合芜蚌国家自主创新示范区，按照"三核五城多区"的空间架构，加快区域创新一体化发展，辐射带动周边区域各级开发区创新提升。到 2025 年，基本形成符合科技创新规律和市场经济规律的科技成果转移转化体系，建成合肥、芜湖、蚌埠、六安、安庆科技成果转移转化共同体，形成具有安徽特色的科技成果转移转化模式，成为全省创新发展的新引擎、长三角协同发展的重要支撑区、全国科技成果转移转化的示范样板。

3. 建成安徽区域科技创新体系

2013 年 11 月，安徽省获批成为全国第二个开展创新型省份建设试点省份。安徽省委、省政府把科技创新摆在发展全局的核心位置，强力推进创新型省份建设工作。2014 年 2 月 23 日，安徽省委、省政府印发《关于实施创新驱动发展战略进一步加快创新型省份建设的意见》。该意见提出：进一步加快产业结构优化升级；进一步提升企业核心竞争力；进一步完善区域创新布局；进一步优化创新创业环境；进一步强化责任落实。力争通过五年的努力，高新技术产业、战略性新兴产业、规模以上工业新产品产值实现翻番。同日，安徽省人民政府办公厅印发"1+6"科技创新政策体系，即实施创新驱动发展战略进一步加快创新型省份建设配套文件，包括《安徽省支持自主创新能力建设实施细则（试行）》《安徽省国家重点新产品研发后补助实施细则（试行）》《安徽省鼓励科技人员创新创业实施细则（试行）》《安徽省扶持高层次科技人才团队来皖创新创业实施细则（试行）》《安徽省大型科学仪器设备资源共享共用补助实施细则（试行）》《安徽省市县创新能力评价实施细则（试行）》。2015 年 11 月，安徽省对《关于实施创新驱动发展战略进一步加快创新型省份建设的意见》进行修订，构建了覆盖创新驱动发展全链条的"1+6+2"配套政策体系。2018 年 8 月，安徽省人民政府发布《关于进一步加强基础科学研究的实施意见》，加快建设"1+6+N"（即1个国家实验室、6个重大科技基础设施、N个国家科技创新基地及交叉前沿研究平台）的国际化前沿科学研究和技术研发机构群。2016年7月，国务院批复《安徽省系统推进全面创新改革试验方案》。2017年5月，安徽省印发《安徽省贯彻落实〈国家创新驱动发展战略纲要〉实施方案》，提出了创新型省份建设的"三步走"战略目标，按照"明确一个机制、坚持双轮驱动、建设两大中心和两大平台、构建一个体系、推动六大转变"进行战略部署，为实现科技强省建设"三步走"的目标构建新的动力系统。

建设"五个一"创新主平台。"五个一"创新主平台包括一个国家实验室、一个合肥综合性国家科学中心、一个合肥滨湖科学城、一个合芜蚌国家自主创新示范区和一个全面创新改革试验省。"五个一"创新主平台是构建现代化经济体系的重大支撑，是推进自主创新的重大抓手，是汇聚天下英才的重大载体，其将安徽省科技创新体系发展推向了新阶段。截至2020年12月，安徽省已形成"3+4+4"的建设格局——即已建成全超导托卡马克、稳态强磁场、同步辐射等3个装置，正在推进建设聚变堆主机关键系统综合研究设施等4个装置，谋划建设合肥先进光源等4个装置。截至2020年12月底，安徽省已建成各类国家级研发平台210家，"一室一中心"28家，省重点实验室175家，省级以上工程技术研究中心534家，院士工作站62家。

加快完善科技成果转化体制机制。2016年8月5日，安徽省人民政府办公厅印发《安徽省促进科技成果转移转化行动实施方案》，围绕经济社会发展需求，着力构建有利于科技成果转化的体制机制和服务体系。其一，完善创新发展支撑体系，建成运行安徽创新馆，建设安徽科技大市场，着力打造"政产学研用金"六位一体科技成果交易市场。其二，深化科技金融工作，组建运行省科技成果转化引导基金，已累计决策设立 6 支子基金、投资 11 个项目，总投资额2.66 亿元，省科技融资担保覆盖所有县域，累计完成科技担保 23.75亿元、服务企业 461 户。其三，实施科技企业孵化器质量提升行动，全省已建省级以上科技企业孵化器 109 家，其中国家级 32 家，众创空间 202 家，其中国家备案 53 家。其四，先后举办大院大所科技成果对接会、"抓创新、抗疫情、促六稳"科技成果发布暨线上交易会，发布科技成果 1900 多项，签约项目 254 个。截至 2019 年年底，全省吸纳、输出技术合同成交额分别为 610 亿元、452.7 亿元，吸纳输出技术合同交易总额首次突破 1000 亿元，技术合同成交额稳定实现"进"大于"出"，科技成果转移转化活跃度日益增强。

加强科技人才队伍建设。在院士数量方面，2016 年以来，安徽省 8 位科学家新当选"两院"院士，在皖"两院"院士累计达 38 人。在人才引进方面，安徽省累计引进高层次外国专家 24000 余人次，获批国家级引才引智示范基地 8 家，入选地方高校新建学科创新引智基地（"111 基地"）2 家，实现地方高校入选"111 基地"零的突破。高层次人才发挥了"领军、示范、导师、智囊"作用，为提升省自主创新能力、服务省战略性新兴产业发展、实现产业转型作出了积极贡献。在人才扶持方面，实施高层次科技人才团队在皖创新创业扶持计划，省级共扶持 220 个高层次科技人才团队落户安徽创新创业，省级财政投入 12.63 亿元，引导地方和社会资金投入近 70亿元，贡献税收超过 4 亿元。扶持的合肥芯碁微电子装备股份有限公司顺利通过上交所科创板上市审核，成为省高层次科技人才团队创新创业政策扶持下诞生的第一家上市企业。

强化协同创新与科技惠民服务。2016 年以来，安徽省加快构建多元发展、多极支撑的区域创新体系，逐步形成以合芜蚌国家自主创新示范区为引领，以创新型城市为主体，以创新型园区为载体，皖江、皖北、皖南、大别山区竞相发展、各具特色的区域创新发展格局。全面启动建设长三角区域创新共同体，打造长三角科技资源共享服务平台，深入开展区域创新合作，组织实施长三角联合攻关专项16项，省支持经费1100余万元。新冠肺炎疫情发生以来，安徽省紧急启动疫情防控应急科技攻关16项，中科大"托珠单抗"免疫治疗方案，被列入第七版、第八版国家诊疗方案向全国推广；东超科技公司研发的"无接触自助机"、合肥通用院研制的"除菌毒空气净化机"等产品相继投入使用，充分体现了科技在疫情防控、助力复工复产中的"硬核"担当。同时，安徽省深入推行科技特派员制度，省、市、县三级共选派科技特派员6377名。其中，向贫困村选派3070名，覆盖3000个贫困村，科技精准扶贫有效助力了脱贫攻坚。

（二）发展人民满意的教育

党的十八大以来，安徽省以习近平新时代中国特色社会主义思想为指导，深入学习贯彻习近平总书记关于教育的重要论述和全国教育大会精神，坚持把教育摆在优先发展的战略位置，加快建设教育强省，安徽教育事业迈上新起点，教育面貌发生格局性变化，人民群众教育获得感明显增强。

1. 教育规模结构更加合理

2017年9月18日至22日，国家督导检查组对安徽12个县（区）

义务教育均衡发展情况进行督导检查，并抽取 22 个县（区）进行复检，充分肯定了安徽推进义务教育均衡发展取得的成绩，认为安徽所有县（市、区）均达到县域义务教育基本均衡发展评估认定标准。

截至 2021 年年底，安徽省有各级各类学校 2.2 万所，在校生1251.4 万人，专任教师 69.3 万人。学前教育毛入园率、义务教育巩固率、高中阶段毛入学率分别达 88.7%、94.6%、89.6%，高等教育毛入学率超过 50%。其中，学前教育毛入园率、高中阶段毛入学率、高等教育毛入学率分别高于全国平均水平 5.3、0.1、7.8 个百分点，义务教育巩固率也基本达到全国平均水平。综上，安徽省教育规模和结构的主要指标已经达到或超过全国平均水平。

表 6-1   2021 年安徽省各级各类教育发展情况统计

指　标	招生数（万人）	在校生数（万人）	毕业生数（万人）
研究生	3.7	9.9	2.1
普通本 / 专科	47.3	150.5	32.7
中等职业教育	29.8	75.2	26.3
普通高中	39.1	116.3	36.0
初中	76.2	229.9	70.1
小学	76.7	468.7	75.7

高中教育、高等教育与终身教育。党的十八大以来，安徽省推动普通高中多样化发展，实施普通高中育人方式改革，稳妥推进普通高中新课程新教材实施，稳步推进高中阶段普及攻坚计划，优质资源供给不断扩大。截至 2020 年年底，安徽省省级示范高中达192 所，实现县（市、区）全覆盖，在省级示范高中就读学生占比达 56.2%。2012 年以后，安徽省新设本科高校 2 所，大学更名 2 所，独立学院转设 4 所，新设高职院校 1 所，撤销高职院校 1 所，目前

全省共有普通高校 113 所，数量居全国第七位，普通本专科招生、在校生数居全国第九位，博硕士在校生、招生数稳步提升。2013 年 4 月 30 日，教育部、工业和信息化部、安徽省人民政府签署协议，共建合肥工业大学。省部联手推进该校"211 工程"建设、"985 工程"优势学科创新平台建设和高等学校创新能力提升计划，支持该校电动汽车与分布式能源协同创新中心项目建设。

2016 年 12 月 28 日，安徽省人民政府印发《一流学科专业与高水平大学建设五年行动计划》，提出建设内容为：建设一流学科专业；培养一流人才；打造高端教学科研团队；提升科学研究水平；传承创新优秀文化；培育创新发展新引擎。2017 年 2 月 25 日，安徽省高校思想政治工作会议召开，会议强调要深入学习贯彻习近平总书记在全国高校思想政治工作会议上的重要讲话精神，进一步加强和改进高校思想政治工作，奋力开创全省高等教育事业发展新局面，为建设五大发展美好安徽提供更加有力的智力支持和人才支撑。2016 年以来，全省高校共获得国家科技三大奖 20 项、省科技奖 466 项、省哲学社会科学奖 226 项，分别占全省获奖总数的 48.8%、54.3%、51%；签订技术转让合同 1589 项，经费总收入 3.8 亿元，转让合同数连续多年位居全国前列、中部第一位。目前，全省有 3 所高校入选世界一流大学和一流学科建设高校，13 个学科入选世界一流建设学科。

党的十八大以来，安徽省积极推动终身教育发展。现有开展学历继续教育高校 84 所，探索建立学分制和学分银行，积极推进学历继续教育与非学历教育、校内教育与校际教育之间学习成果互认，服务全民终身学习"立交桥"初步建成。同时，安徽省在全国率先建立起应用性高等教育体系，分类建设特色高水平大学 8 所、应用型高水平大学 9 所、技能型高水平大学 29 所，其做法由教育部向全国推广。截至 2020 年 12 月，安徽省继续教育网络园区入驻高校及其他教育机构突破 100 所，上线学习者累计超过 45 万人。

各项教育改革不断深化。其一，育人模式改革不断深化。深化基础教育课程改革，规范中小学办学行为，开展质量监测和绿色评价。深化产教融合、校企合作，强化工学结合、知行合一，探索双元制、现代学徒制等符合职业教育特点的育人模式。开展"高等学校应用型人才培养模式改革""四年一贯制"技术技能型本科人才培养模式改革试点，大学生创新创业训练项目立项数连续五年居全国前两位。深入推进高等教育领域"放管服"改革和"地方高校自主开展人才引进与职称评审"的做法被国务院作为改革突破和可复制的经验在全国推广。其二，学校管理改革持续发力。制定中小学校和高等学校教职工代表大会工作规程，保障教职工依法参与学校民主管理和监督。完善家长委员会、普通高等学校理事会制度，推动社区、学生及家长参与学校管理和监督。深入推进党代会常任制，省属高校如期完成党委组织部部长、宣传部部长、统战部部长等"三长"担任常委（委员）工作，率先在全国出台促进民办教育健康发展实施意见，民办教育发展水平居全国第五位。其三，招考制度改革稳步推进。2016 年 6 月 30 日，安徽省人民政府印发《安徽省深化考试招生制度改革实施方案》。该方案提出：改进招生计划分配方式；改革考试形式和内容；改革招生录取机制；强化监督管理机制；研究制定高考综合改革方案。同时，坚持义务教育免试就近入学制度，推动初中学业水平考试招生制度改革，完善高中学业水平考试和综合素质评价制度。实行省示范高中指标到校政策，有效引导初中生源合理分布。稳慎推进高考综合改革，高考全科目使用国家卷，调整和规范高考加分。

2.各类人才培养不断加强

教师队伍实现优化。党的十八大以来，安徽省为加强师德师风建设，先后组织开展"铸师魂、守师道、立师表""守教育初心、担育人使命、作师德表率"等系列主题宣传教育活动。持续深化师德师风问题专项治理，实行师德工作月报、典型通报、督促检查、整改问责等制度，建立师德师风建设长效机制。同时，为提升教师业务能力，安徽省实施教师培训"国培计划"，建立"省级规划、市级统筹、县级落地"运行机制，加强省、市、县、校四级教师培训体系建设。截至 2020 年 12 月，全省幼儿园、小学、初中、高中、中职、普通高校专任教师中具有高级职称的老师占比分别达到 0.2%、6.6%、19.2%、30.8%、26.4%、37.7%。全省中小学教师 45 岁以下的占 67.5%，高校教师 35 岁以下的在 50% 以上，中青年教师已成为教师队伍的主体。

深化教师管理改革，实行新进教师自主招聘。安徽省通过新任教师招聘、"特岗计划"、定向培养乡村教师计划、公费师范生培养等，不断拓宽中小学教师补充渠道，五年来累计招聘中小学教师近 8.5 万名、特岗教师约 1.5 万名，定向培养乡村教师近 1.5 万名。同时，全面推进中小学教师"县管校聘"管理改革，开展乡村首席教师岗位计划试点以及中小学教育教学自主权、人事工作自主权和经费使用自主权等"三权"统一改革试点，不断深化中小学教师管理体制改革。为提升教师地位待遇，安徽省制定了减轻中小学教师负担清单，从 4 个方面列出了 19 项具体减负措施，切实减轻中小学教师负担。在加强中小学教师待遇保障、推进高校教师薪酬制度改革、提升教师的职业荣誉感等方面持续发力，着力营造尊师重教的良好氛围，不断增强教师职业吸引力。

夯实各类人才支撑。2013 年 4 月 22 日，安徽省"千人赴港培训计划"等 5 项人才引进和培养战略正式启动。安徽省选派 1000 名各类人才赴港培训，提供 1000 多个岗位招揽香港人才来皖创新创业，香港方面帮助安徽省培训 1000 名教师等专业人才。同年 7 月 21 日，"千人赴港培训计划"启动仪式暨首期培训班开班式举行。党的十八大以来，安徽省累计培养高校毕业生 169.67 万人，毕业生初次就业率始终稳定在 89% 以上，稳居全国第一方阵，超过全国平均水平约 11 个百分点。毕业生留皖就业率从 67% 增长到 68.4%，实现留皖毕业生总量和比例双提升。7.49 万名大学生应征入伍，一批高素质人才参与国防现代化建设。

大力发展职业教育。2014 年 11 月 14 日，安徽省人民政府印发《关于加快发展现代职业教育的实施意见》。安徽省在全国首创省市统筹、以市为主的职业教育管理体制，打破条块分割、各自为政的政策壁垒。组建 46 个省内职教集团和长三角国际商务职教集团，入选首批国家产教融合型城市试点建设省份。2019 年 10 月，安徽省人民政府印发《安徽省职业教育改革实施方案》。安徽省积极建立产教融合型企业认证制度，对进入目录的产教融合型企业给予"金融＋财政＋土地＋信用"的组合式激励，并按规定落实相关税收政策。纳入产教融合型企业建设培育范围的试点企业兴办职业教育符合条件的，可按投资额 30% 抵免该企业当年应缴教育费附加和地方教育附加。安徽汽车等 9 个职教集团入选全国示范建设培育单位，合肥市入选国家产教融合试点城市，科大讯飞入选国家产教融合型企业。全省坚持达标兜底和示范引领，分类创建中职学校，2020 年实现中职招生近 40 万人，超额完成教育部下达任务，招生数和职普比位列全国第一方阵；推进"岗课赛证"综合育人，2020 年全省 189 所学校的 10.3 万名学生参与"1+X"职业技能等级证书试点，合格率达到 72.7%，试点数量、试点人数、高校参与覆盖面等均居全国前列。在 2019—2021 年全国职业院校技能大赛中，安徽省的高职院校获得奖牌总数连续三年位居全国前三，中职学校国赛获奖率连续三年高于全国平均水平 17 个百分点。

3. 基本公共教育体系逐步完善

党的十八大以来，安徽省始终坚持权利平等、有教无类的教育理念，不断完善基本公共教育体系。2012 年 12 月 19 日，安徽省人民政府召开全省义务教育均衡发展暨"两基"工作总结表彰电视电话会议。2016 年 8 月 19 日，安徽省人民政府办公厅印发《关于贯彻落实加快中西部教育发展指导意见全面提升教育发展水平的实施意见》。该意见提出，到 2020 年，教育现代化、信息化取得重要进展，各级各类教育实现衔接沟通、协调发展，基本公共教育服务体系基本建成，综合实力与发达地区进一步缩小，教育发展水平处于中西部前列。

积极推进教育民主工程。2016 年以来，安徽省将义务教育经费保障、学前教育促进工程、家庭经济困难学生资助、贫困地区义务教育学生营养改善、贫困地区义务教育小规模学校（教学点）智慧学校建设等项目纳入省政府民生工程，各级财政累计投入资金 632.45 亿元。为保障特殊群体受教育权益，安徽省全面消除随迁子女就学升学障碍，完善农村留守儿童关爱保护体系，实施特殊教育提升计划，落实孤儿从小学到大学全学段免学费政策。实施国家、高校、地方三个专项招生计划和高职（高专）院校招收革命老区建档立卡贫困家庭学生专项计划，分别录取农村和贫困地区考生 36900 人、革命老区考生 10985 人，拓宽贫困家庭子女上学通道。为推动学前教育普惠发展，安徽省实施第二期、第三期学前教育行动计划，新建改扩建公办园项目 2570 个，公办园和普惠性民办园在园幼儿占全部入园幼儿的比例达 75%，实现农村"一镇一园"目标。

精准实施教育脱贫攻坚。完善控辍保学机制，加大劝返复学力度，确保适龄儿童少年无因贫失学、辍学。2016 年以来，安徽省实现建档立卡贫困户家庭学生资助"学段全覆盖、标准最高档、对象无遗漏、项目可叠加、结果全告知"，累计资助建档立卡贫困家庭学生 512.4 万人次，发放资助资金 60.8 亿元。全面改善贫困地区义务教育薄弱学校基本办学条件，2020 年，全省 104 个县（市、区）全部实现县域义务教育基本均衡发展，九年义务教育巩固率进步程度全国排名第八位。组织全省高校面向贫困地区采购农副产品，五年间累计采购农副产品 4564 万公斤，采购金额 2.26 亿元。

推动义务教育城乡一体化发展。2016 年 3 月 29 日，安徽省人民政府印发《关于进一步完善城乡义务教育经费保障机制的实施意见》。从 2016 年起，整合农村义务教育经费保障机制和城市义务教育奖补政策，统一确定城乡义务教育学校生均公用经费基准定额，统一城乡义务教育"两免一补"政策。按国务院规定，统一中央与地方经费分担机制，巩固完善农村地区义务教育学校校舍安全保障长效机制，巩固落实城乡义务教育教师工资政策，进一步完善城乡义务教育经费保障机制。2017 年 3 月 27 日，安徽省人民政府印发《关于统筹推进县域内城乡义务教育一体化改革发展的实施意见》。该意见提出：加快建设城镇学校；提高乡村教育水平；科学推进学校标准化建设；控制和消除大班额；统筹城乡师资配置；改革乡村教师待遇保障机制；改革教育治理体系；改革控辍保学机制；改革随迁子女就学机制；加强留守儿童关爱保护。全省着力解决"乡村弱"和"城镇挤"问题，实现城乡义务教育学校建设标准、教师编制标准、生均公用经费基准定额、基本装备配置标准的统一，实现"两免一补"

政策城乡全覆盖。截至 2020 年年底，基本实现城乡义务教育一体化。

积极推动智慧教育发展。2017 年 8 月，合肥八中建成安徽首个智慧校园实践基地，建立起较为完善的智慧课堂体系。在人工智能技术的帮助下，教师可以通过信息平台布置作业、批改试卷，迅速收集学生对知识点的掌握情况，每个阶段还可以通过数据分析，评判学生状态。随后，安徽省以智慧学校建设为突破口，不断扩大优质教育资源覆盖面。2020 年，全省 32 个贫困县（市、区）2090 所小规模学校（教学点）全部完成智慧学校布点建设，完成全省 58% 的乡村中小学（3479 所）智慧学校建设。2019 年度教育部《中国教育信息化发展报告》显示，安徽省基础教育信息化综合发展水平居全国第五位。

（三）加快文化强省建设

安徽是文化资源大省，是中华文明的起源地之一。党的十八大以来，安徽省坚持"推动中华优秀传统文化创造性转化、创新性发展"的"两创"原则，紧扣文化高质量发展要求，文旅融合深入推进，文化建设呈现繁荣向好态势，文化产业和旅游业发展水平均高于全国平均水平。文化引领风尚、教育人民、服务社会、推动发展的作用得到充分发挥，创新型文化和旅游强省建设迈出坚实步伐。

1. 全面推进文化小康建设

文艺创作成果丰硕。2014 年 9 月 13 日，安徽省黄梅戏《小乔初嫁》、话剧《徽商传奇》、电视纪录片《大黄山》等 8 部作品获中宣部第十三届精神文明建设"五个一工程"奖。这是自 1991 年中宣

2014年5月，黄梅戏《小乔初嫁》在北京演出

部在全国开展"五个一工程"奖评选活动以来，安徽省获奖作品最多的一届。截至2020年12月，安徽省获得全国"五个一工程"奖作品共72部。2016年以来，安徽省新创舞台艺术作品500多部，

2018年8月，陈先发诗集《九章》荣获第七届鲁迅文学奖诗歌奖

淮北梆子戏《永远的大别山》等139个项目获得国家艺术基金资助，舞剧《石榴花开》等2个剧目荣获国家剧目奖，黄梅戏《鸭儿嫂》等60余部作品参加国家展演，《中国制造走向世界》等入选国家美术创作项目。2018年8月，安徽省著名诗人陈先发诗集《九章》荣获第七届鲁迅文学奖诗歌奖。作家胡竹峰凭借散文集《中国文章》入选鲁迅文学奖散文奖提名。

注重文化遗产保护与利用。截

至 2020 年年底，安徽省共有各类文物遗存 1.76 万多处，共登录文物藏品 303994 件（套），实际数量 1158334 件，涵盖陶器、瓷器、铜器、书法、绘画等 35 个门类，成为登录文物超百万的文物大省之一。拥有黄山、西递、宏村以及中国大运河（安徽段）等世界文化遗产 3 处，歙县、寿县、亳州、安庆、绩溪、黟县、桐城等入选中国历史文化名城，凤阳、蒙城、涡阳、潜山、和县、贵池、宣州、滁州等入选省级历史文化名城，屯溪老街入选中国历史文化名街。全国重点文物保护单位总量达 175 处，居全国第十位。安徽省 66 个县（市、区）进入全国革命文物保护利用片区。2014 年 8 月 24 日，国务院公布第一批国家级抗战纪念设施、遗址名录，安徽大通万人坑教育馆和新四军军部旧址纪念馆入选。截至 2020 年 9 月，安徽省入选国家级抗战纪念设施和遗址名录总数达到 7 处。同时，安徽省实施了刘家畈刘邓大军高干会议旧址、王步文故居等一批重点革命文物修复利用展示工程。肥西县三官庙、濉溪明清酿酒作坊等遗址入选省重大考古发现。"安徽革命史陈列""'我'与安徽改革开放四十年"等展览获得国家文物展陈奖。31 个红色旅游景点纳入全国红色旅游经典景区名录。

安徽省有县级以上"非遗"5500 多项，徽州传统建筑营造技艺、宣纸传统制作技艺、珠算等 3 项入选人类口述和世界级非物质文化遗产代表作名录，国家级非物质文化遗产 88 项。县级以上"非遗"传承人 7000 多人，其中国家级 119 人。国家级"非遗"生产性保护基地总数居全国第四位，省级"非遗"传习基地（传习所）87 个。徽州文化生态保护区入选首批国家级文化生态保护区。2014 年 5 月 29 日，"联合国教科文组织名录遗产与可持续发展黄山对话会"在安徽省黄山市举行，联合国教科文组织世界遗产中心、人与生物圈计划、世界地质公园、国际自然与文化遗产空间技术中心，与出席会议的二十多个国家的代表，通过了联合国教科文组织名录遗产暨可持续发展与空间技术应用《黄山宣言》。安徽省蒙城尉迟寺遗址、含山凌家滩遗址、六安王陵、寿县寿春城遗址、凤阳明中都皇故城及皇陵石刻、大运河安徽段（淮北、宿州）等六处遗址入选国家"十二五"大遗址保护项目库。安徽凌家滩遗址、双墩遗址、禹会遗址、寿春城遗址、大工山—凤凰山铜矿遗址、明中都遗址等六处遗址入选国家文物《大遗址保护利用"十四五"专项规划》。2019年2月21日，安徽省歙县、黟县被确认为中国地名文化遗产"千年古县"。至此，安徽省"千年古县"继寿县、全椒县后增至4个。

全国文明创建指标稳步提升。2015年2月28日，合肥、铜陵、芜湖当选第四届全国文明城市，马鞍山市通过全国文明城市荣誉称号复查确认。安徽全国文明城市总数已达4个，进入全国第一方阵。此外，安徽另有48个村镇当选全国文明村镇，76个单位当选全国文明单位。2017年11月14日，中央文明委公布第五届全国文明城市入选名单。淮北、蚌埠、宣城、安庆分别以全国第三、第九、第十一、第二十四的名次当选第五届全国文明城市，当涂、天长、巢湖获评首届全国县级文明城市。合肥、马鞍山、铜陵、芜湖经复查确认继续保留全国文明城市荣誉称号。安徽省新入选全国文明城市数位居全国第一，创历史最好成绩。2020年11月10日，中央文明办公布第六届全国文明城市名单和复查确认保留荣誉称号的前五届全国文明城市名单，安徽省有滁州、黄山、宿州、阜阳4个地级市和金寨、广德、宁国、歙县、桐城5个县（市）入选第六届全国文明城市，另有8个地级市、2个县（市）复查确认保留全国文明城市荣誉称号。至此，全省有12个地级市、7个县（市）跻身全国文明城市行列。

全方位开展文化交流合作。2012年11月5日，由文化部和安徽省人民政府共同主办的第六届中国（安庆）黄梅戏艺术节开幕式在安庆市黄梅戏艺术中心举行。同年 11 月 7 日，由文化部和安徽省人民政府主办的首届中国（黄山）非物质文化遗产传统技艺大展开幕。2013 年 3 月 3 日，安徽省人民政府与故宫博物院在京签署加强交流合作框架协议。双方从人才培养、展览展示、文物科技、"非遗"保护、文物安全、古建筑维修、学术科研、文化产品开发和搭建交流平台九个方面深化合作，共同推进文化遗产保护利用和传承。这是该院首次与省级政府签署合作协议。同年 4 月 10 日，安徽省首个海峡两岸交流基地——合肥刘铭传故居在肥西县举行授牌仪式。自 2007 年起，合肥每年举行一届国际文化博览会，现已成为展示文化改革发展最新成果、整合国内优质文化资源、促进文化交流交易，推进文化惠民的重要平台，并成为全国颇具影响力的文化会展活动之一。2016 年 10 月 18 日—24 日，首届中非文化周暨安徽—东非共同体文化交流特展在合肥举办。

2. 建设现代文化产业体系

扶持文化企业发展。2013 年 5 月 6 日，全省民营文化企业发展大会召开，评选出安徽民营文化企业 100 强并进行了授牌。同年 5 月 10 日，安徽省委办公厅、省政府办公厅印发《关于加快文化贸易发展的意见》。2016 年 2 月 28 日，安徽省委办公厅、省政府办公厅印发《关于推动国有文化企业把社会效益放在首位实现社会效益和经济效益相统一的实施意见》。该意见提出：要完善企业内部运行机制；推动企业做强做优做大；完善资产监管运营机制和评价考核机制；发挥文化经济政策引导、激励和保障作用；健全企业干部人才管理制度；加强企业党的建设和思想政治工作。此外，安徽出版集团、安徽新华发行集团和科大讯飞信息科技股份有限公司先后入选全国文化企业30强。截至2020年12月,安徽省共有民营院团3900多家,数量居全国第一位。

表6-2 2012—2020年安徽文化及相关产业增加值统计

指标	2012年	2015年	2016年	2017年	2018年	2019年	2020年
文化及相关产业增加值(亿元)	714.43	903.2	1052.3	1196.0	1537.3	1665.4	1607.2
比上年增长(%)	29.0	15.3	16.5	13.7	28.5	8.3	−3.5
文化及相关产业增加值占生产总值比重(%)	4.15	3.79	4.0	4.03	4.52	4.52	4.22
比上年提高(个百分点)	0.29	0.31	0.21	0.03	0.49	持平	−0.3

推动文化产业和旅游业高质量发展。2014年2月12日,《皖南国际文化旅游示范区建设发展规划纲要(2013—2020年)》获国家发改委正式批复,皖南地区有关市县共同打造"一圈两带"文化旅游发展格局,皖南国际文化旅游示范区的旅游总收入占全省旅游总收入50%以上。全省重点完善皖南国际文化旅游示范区、合肥都市圈休闲旅游区、大别山自然生态旅游区和皖北文化生态旅游区四大旅游板块功能。"十三五"期间,全省构建全域旅游新格局,强力推进旅游强省"五个一批"重点工程建设,旅游项目完成投资1万亿元。全省新增A级旅游景区65家,总数达625家,其中AAAAA级景区由9家增至12家,国家全域旅游示范区创建单位达到22个。全省文化产业法人单位8.13万个,旅游生产经营单位3.3万个,其中"全国旅游集团20强"3家,A级景区618家,星级饭店302家,旅行社1519家。安徽省推出34个乡村旅游重点村进入国家乡村旅游重点村名录,扶持了333个重点旅游扶贫村,旅游累计带动脱贫40万人。黟县、霍山县等5个县(市、区)获批国家全域旅游示范区。半汤温泉旅游区成

功创建国家级旅游度假区。亳州荣获首批国家级中医药健康旅游示范区创建单位。2019年，安徽省旅游总收入8526亿元，旅游业增加值占全省生产总值的5.47%。2020年，全省文化产业法人单位92087个，规模以上法人单位2392个。全省文化及相关产业固定资产投资8.2亿元，新增固定资产33.2亿元。全省文化及相关产业增加值达1607.2亿元，文化及相关产业增加值占生产总值的4.22%。

建设特色历史文化小镇，打造安徽文化旅游品牌。党的十八大以来，安徽文化建设传承中华优秀文化基因，体现徽风皖韵，不断锻造全新文化品牌，结合国家新型城镇化试点，活化历史文化建筑，建设了一大批特色历史文化小镇。全省依托各地特色文化小镇优势和资源，策划举办了安徽国际文化旅游节、自驾游大会、民宿大会等品牌活动，开展了"春游江淮请您来"百家媒体、百家民宿、百家乡村旅游示范村等系列旅游品牌推介活动，推出了文化旅游系列丛书和画报。围绕长三角产品互联、市场互动、游客互送，策划打造国际旅游精品线路以及美食、休闲、高铁等专项产品，长三角旅游市场一体化成效初显。

提高文化和旅游市场监管力度。2017年1月21日，安徽省委办公厅、省政府办公厅印发《关于进一步深化文化市场综合执法改革的实施意见》。该意见提出：要明确综合执法适用范围；加强综合执法队伍建设；健全综合执法制度机制；推进综合执法信息化建设；建立文化市场信用体系；建立健全综合执法运行机制。通过深化改革，建设文化市场综合执法法规支撑体系；形成权责明确、监督有效、保障有力的文化市场综合执法管理体制；建设一支政治坚定、行为规范、业务精通、作风过硬的文化市场综合执法队伍；进一步整合文化市场执法权，加快实现跨部门、跨行业综合执法。据此，安徽省深入开展"春季行动""暑期整顿""秋冬会战"等市场专项整治行动。截至2020

年 12 月，全省累计出动执法人员 223 万人次，检查文化经营单位和
旅游企业 86 万家次，文化旅游市场平稳有序。进一步筑牢安全防线，
制定了旅游行业安全应急联动机制，启动了文化旅游安全专项整治三
年行动，与公安、交通、卫健、应急、消防、市场监管等部门密切协
作，应急响应和处置能力不断提高。特别是新冠肺炎疫情暴发以来，
安徽省第一时间作出反应，立即暂停各类文化旅游活动和场所经营，
全力配合开展疫情摸排和信息报告，有力阻断了疫情通过文化旅游活
动传播的渠道，全省文化旅游市场安全稳定。

　　文化管理服务走向"数字化"，文化服务品质不断提高。党的
十八大以来，安徽省旅游景区、互联网营业场所视频监测平台建成，
实现实时监测和流量调度。"游安徽"App 上线运行，"一机在手，
畅游安徽"。在全国首创"安徽旅游诚信日"（11 月 11 日），发布
"诚信品质榜"，累计推出 28 家服务质量标杆单位。发布实施省级文
化和旅游地方标准 96 项，初步形成了安徽文旅标准体系。

3. 提升公共文化服务水平

　　2016 年 1 月 15 日，安徽省委办公厅、省政府办公厅印发《关
于加快构建现代公共文化服务体系的实施意见》，明确发展目标：到
2020 年，基本建成覆盖城乡、便捷高效、保基本、促公平，具有安
徽特色的现代公共文化服务体系；设施网络全面覆盖、互联互通；服
务内容和手段更加丰富；管理、运行和保障机制进一步完善；人才队
伍结构优化、素质提升；群众满意度明显提升。2020 年 9 月 1 日，
安徽省出台《安徽省公共文化服务保障条例》，为全省公共文化服
务提供法制保障。截至 2020 年 12 月，安徽省共拥有文化馆 123 个，
公共图书馆 131 个，博物馆 230 个（含非国有博物馆），乡镇、街
道综合文化站 1505 个。与 2016 年相比，2020 年安徽省图书馆、文

化馆、博物馆、美术馆面积分别增长 54%、42%、21%、21%。乡镇文化站实现全覆盖。村级综合文化中心覆盖率从不足 30% 提高到 96%。

坚持文化扶贫。安徽省坚持"扶志""扶智"相结合，"塑形""塑魂"相结合，"送文化""种文化"相结合，积极落实文化扶贫政策，完善乡村文化设施，实施文化惠民工程，丰富农民文化生活，充分发挥文化在打赢脱贫攻坚战、全面建成小康社会中的重要作用。2013 年，安徽省按照"一场"（综合文体广场）、"两堂"（讲堂、礼堂）、"三室"（文化活动室、图书阅览室、文化信息资源共享工程室）、"四墙"（村史村情、乡风民俗、崇德尚贤、美好家园展览墙）的标准，建设农民文化乐园。2014 年，安徽省制定出台《关于村级基本公共文化服务标准化建设的指导意见》，在全国率先提出功能定位标准化、建设形式标准化、服务内容标准化、运行管理标准化和资金投入标准化的"五个一"标准化。2016 年安徽省印发《"十三五"时期贫困地区公共文化建设实施意见》，在贫困地区实施以扶设施、扶人才、扶活动、扶项目和加强组织保障为主要内容的"四扶一加强"行动。2018 年出台《关于繁荣兴盛农村文化推进乡风文明建设的实施意见》，实施农村文化建设"八大工程"。2016—2020 年，安徽省贫困地区文化建设累计投入资金 13.16 亿元，全省投入"三区"人才专项经费 1413 万元，建成村级综合文化服务中心 7860 个，举办"文化扶贫·携手小康"巡演 6600 多场。2014—2020 年，"送戏进万村"活动每年 2 万场，累计演出 14 万场。2018—2020 年，全省举办乡村春晚 4000 多场。结合乡村旅游产业发展，全省重点打造 333 个重点文化旅游扶贫村，建立"非遗扶贫就业工坊"新模式，扶持柳编、剪纸、戏剧、雕刻、挑花等贫困地区"非遗"项目研发生产。

提升公共文化服务效能。安徽省组建"三馆一院"联盟；合肥三孝口新华书店成为全球首家共享书店。铜陵市和安徽新华发行集团合作建设的铜陵新华书店图书馆店，"是集展演活动、艺文空间、文创商品、图书音像经营板块为一体的体验式情景书局，充满人文艺术的氛围"。在全国率先建成安徽"文化云"网上监管服务，使文化服务更加便捷高效；基层文化队伍不断壮大；通过政府购买基层公益文化岗位，招募2800多名文化协管员（文物保护员）；发展群众文化辅导员16000多人，各类群众文艺团队13000多个；全省1795个公共文化场馆实行免费开放，年服务超过1亿人次。

国家公共文化服务体系示范区建设。文化建设"反弹琵琶"模式是安徽省安庆市在申报国家公共文化服务体系示范区时提出的文化建设思路。所谓"反弹琵琶"模式是指在经济社会欠发达但文化资源富集地区开展公共文化建设时，可以整合文化资源适度超前发展公共文化服务事业，发挥"以文化人"的功能作用，为经济社会发展提供智力支持和人才保障。后来"反弹琵琶"模式被推广到文化建设所有领域，成为贫困欠发达地区加快文化建设的一种有益探索。2016年10月，安庆获得国家公共文化服务体系示范区称号。2020年，安庆市在文化发展领域取得了一系列成就——成功蝉联全国文明城市，下属桐城市首创首成全国文明城市；累计获评全国文明村镇10个、全国文明单位10个、全国文明家庭2个、

2016年1月4日，《人民日报》刊登《首家书店和图书馆结合体启用》的图片新闻

全国文明校园 4 个，获评"中国好人"18 人、全国道德模范提名奖 2 人；新创黄梅戏优秀剧目 70 余部，其中《邓稼先》荣获省"五个一工程"奖；全面完成贫困地区 87 个村综合文化服务中心示范点建设任务，全市公共文化设施建成区面积达 37 万平方米。截至 2020 年 12 月，安徽省成功创建 4 个国家公共文化服务体系示范区、8 个国家公共文化服务体系示范项目。

（四）推进健康安徽建设

党的十八大以来，全省积极推进健康安徽建设，把人民健康放在优先发展的战略地位，牢固树立大卫生、大健康理念，坚持"以基层为重点，以改革创新为动力，预防为主，中西医并重，把健康融入所有政策，人民共建共享"的方针，以树立健康理念、优化健康服务、完善健康保障、建设健康环境、发展健康产业为主线，全方位、全周期维护和保障人民健康，大幅提高健康水平，显著改善健康公平。截至 2021 年 10 月，安徽省居民主要健康指标均优于全国平均水平。

1. 全方位保障人民健康

保障卫生和食品安全。2015 年 8 月 10 日，安徽省人民政府印发《关于进一步加强新时期爱国卫生工作的实施意见》提出：全面开展城乡环境卫生整洁行动；切实保障饮用水安全；加快农村改厕步伐；科学预防控制病媒生物和传染病；广泛开展爱国卫生宣传和健康教育；推进全民健身活动；积极倡导控烟活动；强力推进卫生城镇创建。2017 年 12 月 28 日，安徽省委办公厅、省政府办公厅印发《关于落实食品安全党政同责的意见》，明确总体要求：将食品安全工作作为重大政治任务，实施食品安全战略，坚持党政同责、一岗双责、失职追责，坚决落实"四个最严"（最严谨的标准、最严格的监管、最严厉的处罚、最严肃的问责）要求，让人民吃得放心，不断满足人民日益增长的美好生活需要，加快建设现代化五大发展美好安徽。

预防疾病与防控动物疫病。2017年9月13日，安徽省人民政府办公厅印发《安徽省防治慢性病中长期规划（2017—2025年）》，明确规划目标：慢性病防治工作机制进一步完善，居民健康素养明显提升，慢性病危险因素有效控制。2019年11月12日，安徽省通过国家消除疟疾终审评估，提前一年实现消除疟疾工作目标。2017年11月9日，安徽省人民政府办公厅印发《关于促进家禽产业转型升级健康发展的意见》，全省各地稳定发展禽业生产，提升标准化水平，推进畜禽养殖废弃物资源化利用，加强动物疫病防控，优化家禽屠宰厂布局，推进家禽业产业化发展，加强冷链基础设施建设，大力推行冰鲜禽产品上市，创新流通和消费模式，建立起"1110"制度。

提高居民营养健康水平。2017年11月7日，安徽省人民政府办公厅印发《安徽省国民营养计划（2017—2030年）》，提出重点任务：积极参与营养立法及标准制定；加强营养能力建设；强化营养和食品安全监测与评估；发展食物营养健康产业；大力发展传统食养服务；加强营养健康基础数据共享利用；普及营养健康知识。截至2020年年底，全省营养法规标准配套体系基本健全；省、市、县三级营养工作制度及体系逐步完善，基层营养工作得到加强；食物营养健康产业快速发展，传统食养服务日益丰富；营养健康信息化水平逐步提升；重点人群营养不良状况明显改善，吃动平衡的健康生活方式进一步普及，居民营养健康素养得到明显提高。

推动全民健身。2016年12月31日，安徽省人民政府印发《安徽省全民健身实施计划（2016—2020年）》，提出：要弘扬体育文化，促进人的全面发展；丰富全民健身活动供给，打造特色品牌；完善全民健身组织体系，推动组织网络向基层延伸；统筹建设全民健身场地设施，方便群众就近就便健身；推进全民健身融合发展，发挥全民健身多元功能；加强科学健身服务，提升全民健身科学化水平；强化全民健身发展重点，着力推动基本公共体育服务均等化和重点人群、项目发展。2020年，安徽各地举办全民健康赛事5191次，直接参与民众达3176万人次。全省培训各级社会体育指导员18449人，全民健身组织网络初步建立。

发展健康产业。2017年1月21日，安徽省人民政府办公厅印发《关于加快发展健身休闲产业的实施意见》，提出：要实施市场供给增加计划；实施市场主体培育计划；实施产业能级提升计划；实施基础设施改善计划；实施健身消费促进计划；实施产业服务保障计划。同年3月20日，安徽省人民政府办公厅印发《关于加快健康产业发展的指导意见》，提出重点任务：全面发展医疗卫生产业；创新发展生物医药产业；积极发展健康养老服务产业；提升发展休闲旅游产业；大力发展健康体育产业；大力发展中医药健康服务；壮大发展健康食品产业；积极发展健康保险产业。中医药健康产业发展迅速。2017年，亳州市被确定为首批国家中医药健康旅游示范区建设单位。安徽省依托亳州市打造"世界中医药之都"，建设全国最大的中药饮片产业集群。截至2020年年底，全省中医类医疗卫生机构总数达2098个，床位数达61559张，中医类医院比2019年增加46个，中医类门诊部及诊所增加676个。全年中医类诊疗达4006.1万人次，比2019年增加899.1万人次。全省健康产业基本形成"一核两翼多园多极"的空间布局，全省先后规划建设100个重点园区、100个健康小镇，健康产业总产值达到 8000 亿元。亳州市现代中医药产业总产值达 1450 亿元。

2. 提高医疗卫生服务水平

医保公共服务水平稳步提升。党的十八大以来，安徽省推进实施医保经办服务"好差评"制度，推行一网通办，实现基本医保、大病保险、医疗救助"一站式服务、一窗口办理、一单制结算"。新冠肺炎疫情防控期间，积极推进"不见面办""及时办""便民办""延期办"和"放心办"。全面推广医保电子凭证，全省已激活人数 1813 万人，激活率 27.4%，位居全国第三位，2.2 万家定点医疗机构开通扫码结算功能，全省医保结算逐步由"卡时代"迈入"码时代"。顺利实现长三角跨省异地就医门诊直接结算，打通与沪苏浙异地门诊结算信息系统双向通道。2019 年以来，安徽省 1114 家定点医院接入全国异地就医管理系统，覆盖全省 16 个市 104 个县（市、区），参保群众异地就医更加方便快捷。截至 2020 年年底，全省统一执行 422 个疾病按病种付费，县域医共体实行按人头总额预付。

医疗卫生保障更加公平。2019 年，安徽省共 7.17 万人次享受"两病"门诊用药保障待遇，门诊报销达到 53.42%。2020 年，全省职工基本医疗保险住院实际报销达 72.25%，城乡居民基本医疗保险住院实际报销达 62.04%。此外，安徽省在全国率先实施城乡居民高血压、糖尿病门诊用药保障机制，进一步减轻城乡居民"两病"患者医疗费用负担。全面完成生育保险和职工基本医疗保险合并实施，探索开展长期护理保险制度国家试点，十二市和省本级建立职工大病保险制度。积极应对新型冠状病毒肺炎疫情，在全国率先出台疫情防控期间特殊报销政策，率先将"两个确保"政策保障范围从确诊病例扩大到疑似病例，并完善了安徽省重大疫情综合医疗保障应

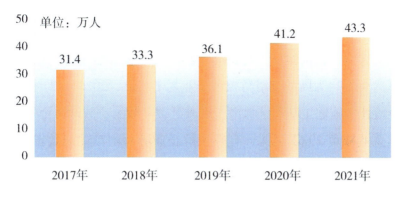

2017—2021年安徽省卫生技术人员数量统计图

急预案。

推进医保扶贫与医药价格改革。安徽省通过大病保险倾斜支付、医疗救助托底保障等，发挥多层次医疗保障综合防贫、减贫功能，坚决做到贫困人口应保尽保、应资尽资、应报尽报。全省贫困人口全部纳入基本医保覆盖范围，每年有8亿多元医疗救助基金用于资助300多万贫困人口参加基本医保。贫困人口就医负担全面减轻。截至2018年年底，安徽省创新建立"17+13+X"种抗癌药降价惠民机制，在国家确定17种抗癌药降价落地的基础上，又选择13种抗癌药实施省级抗癌药带量专项采购，价格平均降幅达39.52%，并在此基础上不断放大"X"数量，将更多的抗癌药纳入带量采购。同时，安徽省在全国率先破解高值医用耗材招采难题，2019年7月和2020年8月先后开展高值医用耗材集中大量采购"破冰"和"破浪"行动，在全国率先探索开展非过评药品招采工作，2019年12月和2020年10月全省两次开展未过评药品集中带量采购，每年为参保患者和医保基金节约20.23亿元。

严控医疗筹资运行和加强基金监管。安徽省积极完善筹资分担和调整机制，均衡个人、用人单位、政府三方筹资缴费责任，按照制度政策统一、基金统收统支、管理服务一体的标准，基本实现市级统筹。同时加强基金预算管理，科学编制医疗保障基金收支预算，强化执行监督，确保基金可持续。2021年，安徽省基本医疗保险参保率达99%。为助力疫情防控和企业复工复产，2020年2月起，全省阶段性实施职工基本医保缴费"减延缓"政策，共计为全省15.43万家企业减负29.61亿元，有效缓解企业经营困难。安徽省在全国较早出台《安徽省基本医疗保险监督管理暂行办法》，建立了15个部门参与的医疗保障基金监管联席会议制度，实施欺诈骗取医保基金行为举报奖励，建立典型案件"曝光台"。2018年开始，连续三年在全省范围内开展打击欺诈骗保专项行动，基金监管综合成效位列全国第一方阵。

建立健全医疗联合体，构建分级诊疗制度。2014年8月15日，安徽省立儿童医院、芜湖市第一人民医院、中铁四局中心医院等省

2019年5月7日，《人民日报》聚焦安徽天长推进县域医共体建设

内外 19 家医院正式组建安徽省儿童医疗联合体。2017 年 4 月 23 日，国务院办公厅印发《关于推进医疗联合体建设和发展的指导意见》，要求促进医疗卫生工作重心下移和资源下沉，提升医疗服务体系整体效能。随后，安徽省出台了《关于推进医疗联合体建设和发展的实施意见》。2018 年，铜陵市启动紧密型医疗联合体改革试点，建成以铜陵市立医院为牵头单位，2 家二级医疗机构、36 家基层医疗机构组成的市立医院紧密型医疗联合体。2019 年 9 月，中国科学技术大学附属第一医院（安徽省立医院）与铜陵市人民政府签订建立紧密型医联体框架协议。随后，芜湖市、马鞍山市、蚌埠市纳入扩大试点改革范围。安徽省紧密型医疗服务联合体建设的成功实践被收录进《中国医改发展报告（2020）》一书，并列入地方经验与案例。

3.打赢新冠肺炎疫情阻击战

2020 年 1 月 22 日，合肥市报告全省首例新冠肺炎确诊病例。1 月 23 日，安徽省委常委会会议暨省委、省政府疫情防控工作联席会议召开，研究部署全省的疫情防控工作。1 月 24 日，安徽省在全国范围内率先启动重大公共卫生事件一级响应，构建省、市、县、乡、村五级书记抓疫情防控的组织领导体系，由省级领导牵头，先后在全省 16 个市开展 14 轮集中督导，形成省包保市、市包保县区、县区包保街道（乡镇）、街道（乡镇）包保社区（村）的严密疫情防控责任链。1 月 27 日，安徽省首批援鄂抗疫医疗队出征仪式举行，后又陆续派出 7 批医疗队援鄂抗疫。

2020 年 2 月 7 日，安徽对所有村组、小区实行封闭式管理；对新冠肺炎疑似病例和确诊病例的密切接触者全部进行核酸检测初筛；对密切接触者一律实行定点集中、单间隔离，经 14 天隔离检查无异

　　2020 年，安徽先后派出 8 批 1362 名援鄂医疗队员奔赴武汉，累计救治 3156 名患者，超额完成国家下达的防疫物资生产保供任务，先后 6 次向湖北捐献血液 292 万毫升，居全国第一。图为 2020 年 2 月 22 日，援鄂医疗队出发场景

常后方可解除。2 月 9 日，安徽省十三届人大常委会第十六次会议审议通过《关于依法全力做好当前新型冠状病毒肺炎疫情防控工作的决定》。全省上下坚持闻令而动，把疫情防控摆在压倒一切的位置，先后部署实施"三防三查三加强""八严八控"等防控策略，通过"四早"最大限度控制疫情扩散，通过"四集中"最大限度救助病患，以最优保障护佑全体人民生命安全和身体健康。全省积极支持湖北，强化进京人员管理，稳妥推进复工复产，以最短时间恢复生产生活秩序。2020 年 3 月 3 日，由中国科学技术大学联合攻关团队开展的"单克隆抗体药物托珠单抗＋常规治疗"免疫治疗方案被列入《新型冠状病毒肺炎诊疗方案（试行第七版）》，并向全国推广。3 月 5 日，安徽省人大常委会出台了《关于依法做好多元化解疫情防控和复工复产中矛盾纠纷工作的意见》。2020 年 9 月 8 日，全国抗击新冠肺炎疫情表彰大会在北京人民大会堂隆重举行。安徽支援湖北医疗队第三批医疗队临时党支部等 10 家单位荣获"全国抗击新冠肺炎疫情先进集体"称号；汪天平等 35 人荣获"全国抗击新冠肺炎疫

情先进个人"称号。2020年12月7日，安徽省召开抗击新冠肺炎疫情表彰大会，授予高向东等805名同志"安徽省抗击新冠肺炎疫情先进个人"称号；授予合肥市肥东县公安局等309个集体"安徽省抗击新冠肺炎疫情先进集体"称号。2021年2月8日，安徽省人民政府新闻办举行新闻发布会，就春节期间疫情防控相关具体举措进行信息发布，明确对入境来（回）皖人员实行"14+7+7"健康管理。

安徽省积极探索科学防疫之路。全省通过"集中患者、集中专家、集中资源、集中救治"最大限度救助病患，把重症患者集中到合肥和芜湖、蚌埠、阜阳"1+3"省级基地，力保轻症不转重症、重症不转危重症、危重症不转病亡。坚持科技防疫，在全国较早成功分离出2株高滴度的病毒毒株；影像辅助诊断系统3秒钟完成一例CT影像诊断；"无接触测温安检一体机"在全国推广应用；华佗"五禽戏"变身"护肺操"走进方舱医院。2021年3月10日，由安徽智飞龙科马生物制药有限公司与中科院微生物研究所联合研发的全国首款"重组新型冠状病毒疫苗（CHO细胞）"获批在国内紧急使用。这是国际上第一个获批临床使用的新冠病毒重组亚单位蛋白疫苗。

截至2020年12月7日，安徽全省累计报告本地新冠肺炎确诊病例991例，治愈985例，治愈率达99.4%。此次新冠肺炎疫情阻击战，安徽省交上了一份彰显"安徽力量"、体现"安徽效率"、展现"安徽担当"的"皖美"答卷。

（五）提高居民收入水平

党的十八大以来，在以习近平总书记为核心的党中央坚强领导下，安徽省经济实力实现大幅度提升，经济总量不断扩大，城乡居民收入不断增加，人民生活水平全面提高。安徽省坚持居民收入增长和经济增长基本同步、劳动报酬提高和劳动生产率提高基本同步，持续提高低收入群体收入，扩大中等收入群体，更加积极有为地促进共同富裕。2021年，城镇常住居民人均可支配收入比2020年增长9%，农村常住居民人均可支配收入比2020年增长10.5%，城乡居民收入比进一步缩小。2021年，城镇新增就业70.9万人，失业人员再就业26.7万人，人民群众的获得感越来越充实。

1. 扩大经济总量，改革收入分配制度

2012年以来，安徽省持续推进工业强省、制造强省建设，坚持科技创新引领，打造新兴产业集聚地，促进区域协调发展，全省经济总量不断扩大。2012年，安徽省生产总值17212.1亿元，与2011年相比，增长12.1%，增幅居中部第一位，其中，城镇居民人均可支配收入21024.2元，增长13%，农民人均纯收入7160.5元，增长14.9%。全省加快建设百姓富的幸福安徽，扩大中等收入者比重，2021年城乡居民收入倍差降至2.34。"十三五"期间，全省经济总

2017—2021年安徽省城、乡居民人均可支配收入统计图

量保持稳中有进。2016年，安徽省生产总值24117.9亿元，与2015年相比，增长8.7%，其中，城镇居民人均可支配收入29156元，增长8.2%，农村常住居民人均可支配收入11720元，增长8.3%。2020年，安徽省生产总值38680.6亿元，与2019年相比，增长3.9%，其中，城镇居民人均可支配收入39442元，增长5.1%，农村常住居民人均可支配收入16620元，增长7.8%。

深化收入分配制度改革。2013年2月3日，国务院批转国家发改委等部门《关于深化收入分配制度改革的若干意见》，提出城乡居民收入实现倍增、收入分配差距逐步缩小、收入分配秩序明显改善、收入分配格局趋于合理等主要目标。2017年6月14日，安徽省人民政府办公厅印发《激发重点群体活力带动城乡居民增收实施方案》。该方案提出，要实施七大群体激励计划：技能人才激励计划、新型职业农民激励计划、科研人员激励计划、小微创业者激励计划、企业经营管理人员激励计划、基层干部队伍激励计划、有劳动能力的困难群体激励计划；要实施六大支撑行动：就业促进行动、职业技能提升行动、托底保障行动、财产性收入开源清障行动、收入分配秩序规范行动、收入监测能力提升行动。全省多次调整最低工资标准，2015年安徽省最低工资标准分为四档，从一档到四档最低工资标准分别为1520元／月、1350元／月、1250元／月和1150元／月。2018年10月29日，安徽省人民政府办公厅公布《关于调整全省最低工资标准的通知》，决定自2018年11月1日起调整全省最低工资标准。调整后，安徽省最低工资标准从一档到四档分别为1550元／月、1380元／月、1280元／月和1180元／月。2021年又对最低工资标准进行再调整，调整后的一档到四档标准分别为1650元／月、1500元／月、1430元／月、1340元／月。

2. 多管齐下促进农民增收

2017 年 5 月 17 日，安徽省人民政府办公厅印发《关于完善支持政策促进农民持续增收的实施意见》，提出：完善农业支持保护制度，夯实农民增收基础；调整优化结构，挖掘农业内部增收潜力；促进农民转移就业，增加农民工资性收入；推进农村集体产权制度改革，增加农民财产性收入；落实和完善惠农政策，增加农民转移性收入；强化工作保障，确保各项政策有效落实。

创新农民财产性收入增长机制与"三变"改革。为了探索集体经济有效实现形式，创新农民财产性收入增长机制，2016 年 7 月，安徽省正式启动"三变"改革试点，印发《"资源变资产、资金变股金、农民变股东"改革试点工作方案》，在全省 11 个县（区）选择 13 个村开展"三变"改革试点工作，盘活农村"三资"（资源、资产、资金），激活农民"三权"（土地承包经营权、住房财产权、集体收益分配权），建立农业增效、农民增收、集体资产增值的长效机制。2017 年 8 月，13 个试点村共盘活集体土地 1137 亩，农户承包地入股 4230 亩，宅基地入股 2047 平方米。13 个试点村的入股农户共实现财产性收益 348.2 万元，1780 户入股农户户均财产净收入达到 1955 元，比全省平均水平高出约 1000 元。

2017 年 9 月，安徽省作出扩大"三变"改革实施范围的部署，稳步推进农村集体产权制度改革，鼓励各地有基础、有条件、农民群众有意愿的地方开展"三变"改革。截至 2019 年 8 月，安徽省开展"三变"改革的村共计 7729 个，占全省总村数的 48.1%，率先完成年度目标任务。此外，全省 11731 个村完成集体产权制度改革，占总村数的 73%。全省参与"三变"改革的村集体村均增收 4 万多元，参与农户户均增收 1000 多元。截至 2020 年 12 月，全省开展

"三变"改革的村（居）已达到10812个，覆盖面达到68%。农村土地"三变"改革，破解了家庭联产承包责任制以来农户分散经营与现代农业发展之间的矛盾，有效消除了小农经济的弊端，促进农业企业承包经营、大规模农田基本建设、大型农具使用、农业科技普及，顺应了农业现代化规模生产的发展需要，有利于壮大集体经济，加快农民脱贫致富进程。

培育发展家庭式农场，探索增收新模式。2013年9月13日，安徽省人民政府办公厅印发《关于培育发展家庭农场的意见》，提出开展家庭农场注册登记、示范家庭农场培育行动及家庭农场经营者培训，推进家庭农场的联合与合作及信息化建设。确定具体目标为：2013年，启动家庭农场培育发展工作；到2015年，全省各级都要培育发展农、林、牧、渔等行业示范家庭农场，省重点培育1000个左右；到2017年，全省家庭农场总量达到3万个，占规模经营的比重超过30%。截至2021年年底，全省家庭农场总数达17.7万个，位居全国第一；农民收入增长达11.7%，高于全国平均增速。

3. 推动就业创业确保增收

2015年7月3日，安徽省人民政府办公厅印发《"创业江淮"行动计划（2015—2017年）》，提出全面实施八大工程：创客逐梦工程、创业领航工程、创业筑巢工程、融资畅通工程、青年创业工程、高端人才创业工程、返乡农民工创业工程、大学生村官创业工程；积极打造两大服务平台：创业服务云平台、创业创新竞赛平台。明确总体目标为：2015—2017年，全省新增注册企业35万个以上，带动就业100万人以上；全省创业扶持政策体系进一步健全，创业服务体系基本完善，创业环境全面优化，创业创新氛围日益浓厚，创业创新带动就业、催生经济发展新动力效应愈加彰显。

2016 年 2 月 1 日，安徽省人民政府办公厅印发《关于全面推进大众创业万众创新的实施意见》，提出重点工作是：激发创新创业活力；夯实创新创业载体；拓展创新创业途径；提升创新创业服务；促进金融与创新创业结合；落实财税扶持政策；优化创新创业环境。到 2020 年，基本形成创业主体大众化、创业载体多元化、创业服务专业化、创业活动持续化、创业资源开放化的生态体系，力争全省新增注册企业 70 万家以上，规模以上工业企业突破 3 万家，规模以上工业企业研发机构覆盖率达到 40%，国家级创新平台超过 160 家，高新技术企业达到 5000 家。

2016 年 6 月 13 日，安徽省人民政府办公厅印发《关于加快众创空间发展服务实体经济转型升级的实施意见》，提出：要推进重点产业领域众创空间建设发展；促进龙头骨干企业围绕主营业务方向建设众创空间；鼓励科研院所、高校围绕优势专业领域建设众创空间；打造一批乡村版众创空间；建设一批国家级创新平台和"双创"基地；加强众创空间的国际合作；深入组织开展"江淮双创汇"。提出实行奖补政策、落实促进创新的税收政策、引导金融资本支持、支持科技人员到众创空间创新创业、调动企业参与众创空间建设的积极性等措施。到 2020 年，力争全省建成市级以上众创空间 300 个以上，集聚创客 8 万人（次）以上，基本建成覆盖全省的要素齐全、功能完善、合作开放、专业高效、充满活力的创新创业服务体系，将"江淮双创汇"打造成具有全国影响力的特色品牌。

2016 年以来，安徽省城镇新增就业 339 万人，年均增长 67.8 万人。2017 年和 2019 年，安徽省分别作为全国五个省份之一在就业工作上获得国务院的督查激励，中央财政安排就业补助资金时给予倾斜和支持 8.59 亿元。2020 年，全省全年城镇新增就业 66.3 万人，失业人员再就业 22.5 万人，年末城镇登记失业率 2.8%，比上年上升

0.2个百分点，全省农民工共1967.4万人，其中外出农民工1342.1万人。2020年，安徽省农民人均可支配收入16620元，居全国第十一位，较2019年提升一位，较"十二五"末提升七个位次，提升幅度全国第一。2016年到2020年，安徽省农民收入年均增幅8.96%，五年增幅均居中部第一位。

在推动就业的同时维护劳动者合法权益，确保劳动关系总体和谐稳定。安徽省认真贯彻落实《保障农民工工资支付条例》，深入推进根治欠薪工作，在全国率先出台行政执法装备配备标准，建立劳动保障监察投诉举报省级联动平台、案件查处平台一体化智慧监察体系。在2019年国务院农民工治欠保支考核中，安徽省进入全国前十，位居A类。劳动关系协调机制进一步完善，构建和谐劳动关系综合试验区。2016年以来，全省确认评定市级和谐劳动关系示范企业3000家、市级示范园区30家。加强对企业工资分配的宏观指导，调整全省最低工资标准，发布企业工资指导线。成立省劳动人事争议仲裁委员会，依法公正处理劳动人事争议案件。

（六）建立社会保障体系

党的十八大以来，安徽省积极完善基本养老服务体系和社会保障体系，发挥社会救助托底功能，加强基层基本公共服务功能建设，使人民群众的获得感、幸福感、安全感持续增强。全省实施以社保兜底脱贫工程为重点，落实"两不愁三保障"政策。2015—2020年，安徽省完成危房改造65.29万户，其中建档立卡贫困户等四类重点对象39.14万户，占比59.9%。

1. 健全基本养老服务和社会保障体系

逐步完善基本养老服务体系。安徽省先后制定了《安徽省积极应对人口老龄化中长期规划》《安徽省实施〈中华人民共和国老年人权益保障法〉办法》《关于加快发展养老服务业的实施意见》等一系列文件，并将《安徽省养老服务条例》列入立法计划。此外，安徽省人民政府将养老服务体系建设纳入民生工程，将"养老服务发展"列入各市政府目标绩效考核。2014 年 11 月 28 日，安徽省人民政府印发《关于进一步完善城乡居民基本养老保险制度的实施意见》。该意见在参保范围、基金筹集、建立个人账户、养老保险待遇及调整、养老保险待遇领取条件、转移接续与制度衔接、基金管理和运营、基金监督、经办管理服务与信息化建设、金融服务等方面提出明确要求。

安徽省面向全体老年人的养老服务供给持续扩大。截至 2020 年，全省县级、街道、社区三级养老服务中心覆盖率超过 90%，养老机构总数达到 2456 家、床位近 40 万张，社区养老服务设施总配建面积 192 万平方米，医养结合机构 489 家，居家社区机构相协调、医养康养相结合的养老服务体系基本成型。有 9 个地级市进入全国居家和社区养老服务试点城市范围，全国首个世界银行支持养老服务体系建设示范项目在安徽落地。2019 年，合肥举办了以"新理念引领发展共享养老"为主题的长三角民政论坛，三省一市共同签署了《深化长三角区域养老合作与发展·合肥备忘录》，推动安徽省养老事业和养老产业加快向高质量迈进。

不断健全社会保障体系，保障服务能力显著提升。2013 年 11 月 6 日，安徽省人民政府印发《关于进一步加强和改进最低生活保障工作的实施意见》。全省不断完善最低生活保障对象认定条件；健全最低生活保障标准调整机制；规范最低生活保障审核审批程序；建立救助申请家庭经济状况核对机制；加强最低生活保障对象动态管理；健全最低生活保障工作监管机制；建立健全投诉举报核查制度；加强最低生活保障与其他社会救助制度的有效衔接。2015年12月9日，安徽省人民政府印发《关于机关事业单位工作人员养老保险制度改革的实施意见》。改革的范围包括按照公务员法管理的单位、参照公务员法管理的机关（单位）、事业单位（以下统称单位）及其编制内的工作人员。改革的主要内容包括：实行社会统筹与个人账户相结合的基本养老保险制度；改革基本养老金计发办法；调整部分工作人员退休时加发退休费办法；建立基本养老金正常调整机制；统一机关事业单位基本养老保险制度和政策；加强基金管理和监督；做好养老保险关系转移接续工作；建立职业年金制度；建立健全确保养老金发放的筹资机制；逐步实行社会化管理服务；明确经办管理层次。"十三五"期间，安徽企业职工基本养老保险省级统筹全面实施，基金实现省级统收统支。企业退休人员月人均基本养老金从2015年的1953元提高至2019年的2411元，增长23.5%。城乡居民保险月人均待遇122.5元，与制度试点初期相比增长60.3元，增幅达一倍。失业保险金计发比例由最低工资标准的75%提高至90%，达到每月1281元，较"十二五"末增长77%。

2. 发挥社会救助托底功能

2014年12月4日，安徽省人民政府印发《关于贯彻落实〈社会救助暂行办法〉的实施意见》，提出：要加强和改进最低生活保障工作；提升特困人员供养水平；做好受灾人员救助；完善医疗救助制度；建立并完善教育救助体系；落实住房救助政策；加大就业救助力度；健全临时救助制度。2015年2月10日，安徽省人民政府印发《关于全面建立临时救助制度的通知》，在临时救助的对象、临时救助的标准、临时救助的程序、临时救助的方式、临时救助的保障等方面作出规定。2016 年 11 月 2 日，安徽省人民政府印发《关于进一步健全特困人员救助供养制度的实施意见》，提出：要以解决城乡特困人员突出困难、满足城乡特困人员基本需求为目标，坚持政府主导，发挥社会力量作用，坚持托底供养、属地管理、城乡统筹、适度保障、社会参与的基本原则，在全省建立起城乡统筹、政策衔接、运行规范、与经济社会发展水平相适应的特困人员救助供养制度，将符合条件的特困人员全部纳入救助供养范围，做到应救尽救、应养尽养，切实维护其基本生活权益。

社会救助切实保障困难群众利益。面对各类特殊困难群体，安徽省充分发挥低保、特困供养、临时救助等政策，通过多种渠道开展救助帮扶。第一，开展精准社会救助。进一步完善低保等社会救助政策，对不符合整户纳入低保范围的贫困户，根据户内有重度残疾人、重病患者的情况，可以单独纳入低保范围。建立"救急难"制度，对遭遇突发困难的群众给予即时救助。2020 年安徽省疫情、汛情发生后，安徽省委、省政府迅速出台意见，进一步放宽临时救助户籍地申请限制，简化流程开展先行救助。特别是在王家坝闸开闸蓄洪后，第一时间成立工作组赶赴蒙洼蓄洪区开展工作，印发困难群众帮扶救助政策明白纸，通过张贴公告栏和应急广播等多种形式宣传救灾期间社会救助政策，公布省、市、县三级救助热线，确保所有受灾困难群众求救有门、有求必应。全省共有 4.14 万因疫因灾困难群众及时被纳入保障范围，2241.7 万人次困难群众领到了 11.95 亿元的临时补贴。第二，健全社会救助体系。2020 年，安徽省出台《关于改革完善社会救助制度的实施意见》，建立健全"8+1+N"的社会救助体系（8 是指低保、特困供养、临时救助、医疗救助、教育救助、住房救助、就业救助、受灾人员救助等8种救助方式，1是指社会力量参与，N是指其他救助），社会救助合力进一步增强。第三，加大社会救助改革。推行"互联网＋社会救助"，与26家银行业金融机构实现了信息共享。推进低保审批权限委托下放到乡镇（街道），全省乡镇（街道）共设立社会救助服务"一门受理"窗口1530个，群众申请救助更加方便、快捷。通过以上措施，绝大多数困难群众基本生活都有了保障，安徽省困难群众救助工作绩效评价也连续六年位于全国先进省份行列。

社会救助保障各类特殊群体。2014年8月1日，安徽省委办公厅、省政府办公厅印发《关于促进残疾人家庭增收加快实现小康步伐的意见》，提出：要切实保障残疾人基本生活；切实保障残疾人基本医疗康复需求；切实保障残疾人受教育权利；切实保障残疾人养老权利；切实保障残疾人就业权益；鼓励对残疾人事业捐赠；强化工作保障。2016年12月26日，安徽省人民政府印发《安徽省"十三五"加快残疾人小康进程规划纲要》。全省坚持兜底保障残疾人基本民生，大力促进城乡残疾人及其家庭就业增收，提升残疾人基本公共服务水平，依法保障残疾人平等权益，合力推进加快残疾人小康进程。"十三五"时期，安徽省完善残疾人就业创业法规政策，开展残疾人就业促进专项行动，提升残疾人就业能力，完成培训9万人，全省城市残疾人新增就业7.4万人。65.35万农村建档立卡贫困残疾人全部脱贫，91.3万困难残疾人得到生活补贴，84万重度残疾人得到护理补贴，残疾人稳步实现"两不愁三保障"。

"十三五"期间，全省有30多万老年人纳入特困供养范围，失能半失能特困人员集中供养率超过50%。77.9万老年人被纳入最低生活保障范围。高龄津贴和低收入老年人养老服务补贴制度全面建立，分别惠及168万老年人和59万老年人。实际保障孤儿6000多人、事实无人抚养儿童 1.9 万人，以及其他困境儿童 21 万人，社会散居和集中供养孤儿每人每月基本生活保障标准分别不低于 1050 元和 1450 元。共发放困难残疾人生活和重度残疾人护理补贴资金 49.5 亿元，惠及 382 万人。年均受救助的生活无着人员达 5 万人次，救助管理系统寻亲工作走在全国前列，平均每年成功帮助 3000 多人回归社会和家庭。

3. 健全基本公共服务体系

2013 年 8 月 12 日，安徽省人民政府办公厅印发《安徽省基本公共服务体系三年行动计划（2013—2015 年）》。该计划包括基本公共教育、劳动就业服务、社会保险、基本社会服务、基本医疗卫生、人口和计划生育、基本住房保障、公共文化体育、残疾人基本公共服务等 9 个方面。2017 年 11 月 9 日，安徽省委、省政府印发《关于加强基层基本公共服务功能建设的意见》，提出：要加强基层基本公共教育、基层基本劳动就业创业、基层基本社会保险、基层基本医疗卫生、基层基本社会服务、基层基本住房保障、基层基本公共文化体育、基层残疾人基本公共服务，着力提升基层基本公共服务配置水平，力争到 2020 年，基层基本公共服务体系更加完善，服务能力显著提升，服务方式更加便捷，在幼有所育、学有所教、劳有所得、病有所医、老有所养、住有所居、弱有所扶等方面持续取得新进展，广大群众特别是贫困地区群众享有基本公共服务的可及性显著提高，确保如期实现城乡区域间基本公共服务大体均衡，确保全省贫困地区基本公共服务主要领域指标接近全国平均水平，基本公共服务均等化总体实现。

基本公共服务水平全面提升。第一，婚姻登记。2016 年以来，全省各级民政部门共为老百姓办理婚姻登记 490 余万对，同时完成了新中国成立以来现存历史婚姻登记档案补录工作，婚姻登记数据库信息更加完备。第二，"逝有所安"。全省 16 个市全部实施困难群众基本殡葬费用减免制度，年均 11 万人享受惠民殡葬政策，群众丧葬负担进一步减轻。城乡公益性公墓建设加速推进。截至 2020 年12 月，全省有城市公益性公墓 62 座、乡镇公益性公墓 1005 座、殡仪馆 79 座，三分之一的火化设备得到了更新改造。深化殡葬改革，全省遗体火化率保持全国前列，节地生态安葬率超过 55%，绿色殡葬文明新风正在养成。第三，人民调解网络体系。2013 年 12 月 4日，安徽省委办公厅、省政府办公厅转发《省高级人民法院、省司法厅关于进一步加强人民调解工作的意见》。全省加强组织建设，进一步完善人民调解网络体系；加强队伍建设，进一步提升人民调解员队伍整体素质；加强业务建设，进一步发挥人民调解工作职能作用；加强衔接机制建设，进一步提高人民调解工作的社会效益；加强保障机制建设，进一步提升人民调解工作保障水平；加强组织领导，进一步推动人民调解工作深入发展。平安建设连续十年进入全国先进行列。第四，城市基础设施建设。2014 年 6 月 4 日，安徽省人民政府印发《关于加强城市基础设施建设的实施意见》。全省突出加强重点领域建设，包括加大市政管网建设改造力度，推进排水防涝设施建设，提高公共供水能力，强化城镇污水处理设施建设，加快生活垃圾无害化处理设施建设，推进园林绿地和绿道建设，加强城市公共交通基础设施建设。第五，加强新冠肺炎疫情防控。自新冠肺炎疫情发生以来，安徽省严格落实常态化防控措施，重点确保全省2591 家敬老院、养老院、福利院、救助站等机构 10.7 万名服务对象和 2.5 万名工作人员未出现一例疑似、确诊病例。第六，深入推进行风建设。实施"放管服"改革，深化"一网一门一次"改革，推进"减证便民"，取消证明材料 190 件次。主动取消 144 件次政务服务事项申请材料，认领国家行政审批和公共服务事项 169 项，自定特色事项 58 项。第七，推进重点领域诚信建设。全省实施拖欠农民工工资"黑名单"、社会保险领域严重失信联合惩戒对象名单管理制度，开展 6 项社会保险经办业务、12 项专业技术人员资格考试报名业务证明事项告知承诺制试点。实施县区级基层就业社会保障服务中心项目 75 个、乡镇级项目 304 个，县乡村（社区）综合服务实现全覆盖。

七、安徽全面建成小康社会（2012—2021 年）（下）

党的十八大以来，安徽省坚持以习近平新时代中国特色社会主义思想为指导，认真学习贯彻党的十八大、十九大和历次中央全会精神，深入贯彻习近平总书记对安徽作出的系列重要讲话指示批示精神，全面落实党中央、国务院各项决策部署，奋力建设经济强省，积极开展精准扶贫，加快打造具有重要影响力的"三地一区"，开工建设引江济淮工程，统筹疫情防控和经济社会发展，全面建成小康社会。

2021 年，全省生产总值比 2020 年增长 8.3%，总量突破 4 万亿元，人均生产总值突破 1 万美元，跨上一个标志性台阶。全年固定资产投资比 2020 年增长 9.4%，制造业投资占比提高 1.3 个百分点。社会消费品零售总额突破 2 万亿元，进出口总额突破 1000 亿美元，增速居长三角地区第一位。粮食产量 4087.6 万吨，创历史新高，实现"十八连丰"。全省 $PM_{2.5}$ 平均浓度 34.9 微克／米^3，优良天数比例为 84.6%，国考断面水质优良比例为 83.5%，均创有监测记录以来最好成绩。重点流域生物多样性加快恢复，长江再现野生江豚群嬉的自然景观。

（一）加速经济强省建设

党的十八大以来，安徽省积极贯彻新发展理念，加快经济强省建设，持续推进国资国企改革，加速工业经济转型，培育战略性新兴产业，实施制造强省战略，夯实农业经济基础，经济实力明显增强，为安徽全面建成小康社会提供了坚实保障。

1. 深化国资国企改革

2016 年 5 月 26 日，安徽省委、省政府印发《关于深化国资国企改革的实施意见》，提出新时期国资国企改革的目标任务和重大举措。2017 年 12 月 1 日，安徽省人民政府办公厅印发《省属企业公司制改制工作实施方案》，启动省属企业公司制改制工作。先后组建安徽省投资集团控股有限公司（省投资集团）和安徽省国有资本运营控股集团有限公司（省国控集团）。2020 年 5 月 29 日，江淮汽车集团与大众集团签署战略合作协议。安徽高速集团与安徽交通投资集团、海螺集团与国贸集团等重组，安徽马钢集团与中国宝武实施战略重组。2020 年，安徽有 4 家国企上市公司重大资产重组。截至 2020 年年底，安徽国资监管企业营业总收入破万亿元，达 10832 亿元，同比增长 11.1%；利润总额破千亿元，达 1079 亿元，同比增长 1.1%。安徽境内上市企业共计 126 家，中部地区排名第一，全国排名第九。

2. 加速工业转型升级

2015 年 9 月 17 日，安徽省委、省政府印发《加快调结构转方式促升级行动计划》，提出四大发展目标、实施十大工程和五项保障措施。2015年11月18日，安徽省人民政府印发《中国制造2025安徽篇》，推动传统产业转型升级，加快推动从制造大省向制造强省转变。2020年3月7日，安徽省人民政府印发《关于支持人工智能产业创新发展若干政策的通知》，提出十项政策措施，推动人工智能产业发展。全省大力推动工业大数据应用，安徽云轨科技、奇瑞汽车、中科类脑等14家企业先后入选国家大数据产业发展试点示范。"十三五"期间，全省在机械、钢铁、石化、建材、冶金、汽车等十大领域500多家企业累计推广应用工业机器人超3万台，培育认定省级智能工厂98个、数字化车间472个。截至2020年年底，安徽省第二产业增加值15671.7亿元，增长5.2%，其中工业增加值11662.2亿元，增长5.1%；规模以上工业中，高新技术产业、装备制造业增加值比2019年分别增长16.4%和10.3%，占比分别为43.8%和33.5%。

3. 培育战略性新兴产业

2011年12月，安徽省人民政府印发《安徽省战略性新兴产业"十二五"发展规划》。全省重点发展电子信息、新能源、新材料等战略性新兴产业。2013年5月，国家工信部决定与安徽省共建中国国际智能语音产业园，打造"中国声谷"。2013年10月，安徽省被国家发改委、财政部确定为全国五个国家战略性新兴产业区域集聚发展试点省份之一。2015年9月13日，安徽省人民政府办公厅印发《安徽省战略性新兴产业"十三五"发展规划》。全省集中资源将新型显示、机器人、新能源汽车、现代中药、生物医药等领域建成10个左右千亿元级、在国内外具有重要影响力的重大新兴产业基地，建成一批重大产业工程和重大新兴产业专项，全省确定了智能语音、集成电路、机器人等首批建设的 14 个省级战略性新兴产业集聚发展基地。2016 年，安徽省人民政府确定了半导体、生物医药、云计算等第二批 10 个省级战略性新兴产业集聚发展基地。2017 年 5 月 27 日，安徽省人大常委会通过《安徽省促进战略性新兴产业集聚发展条例》。2018 年 10 月，安徽省人民政府出台《安徽省支持数字经济发展若干政策》，包含支持数字经济发展的"政策 10 条"。"十三五"期间，全省累计投入政策资金 3.6 亿元，落实支持两化融合、数字经济类项目 569 个。截至 2020 年年底，安徽省战略性新兴产业产值占规模以上工业比重由 22.4% 提高到 40.3%，数字经济增加值超过 1 万亿元。智能语音集群获批国家先进制造业集群，合肥新型显示基地、界首循环利用基地获评五星级国家新型工业化产业示范基地。"中国声谷"入园企业数达 1024 家，营业收入达 1060 亿元，顺利实现"双千"目标。

4. 实施制造强省战略

《中国制造 2025 安徽篇》，提出重点培育新一代电子信息、智能装备、节能和新能源汽车、智能家电、节能环保、新材料、生物医疗和高性能医疗器械、农机装备和工程机械、航空航天装备、轨道交通装备、海洋工程装备和高技术船舶、电子装备等 12 个高端制造业。2017 年 4 月 22 日，省人民政府印发《支持制造强省建设若干政策》，随后召开了高规格、大规模的"制造强省"万人大会。全省上下进一步明确以高端、智能、绿色、精品和服务型"五大制造"为发展目标，采取各种措施重点支持产业升级、企业培育、要素保障和激励机制。2018 年，安徽省聚焦新能源汽车、智能语音、集成电路、工业机器人等重点产业发展，进一步完善政策支撑体系，形成制造强省建设持续推进的新动能。2019 年，安徽省聚焦"三重一创"建设，加快培育先进制造业，制定实施新能源汽车、"中国声谷"建设系列政策，设立"中国声谷"产业发展专项资金8亿元、基金50亿元，有效推动制造强省建设向纵深落实。2019年7月22日，2019年世界500强企业排名榜单发布，安徽海螺集团和铜陵有色金属集团成功登榜。全省实施"建芯固屏强终端"行动，推动长鑫存储、晶合晶圆等重大项目建设、投产，新型显示实现"从砂子到整机"的完整产业链布局，集成电路产业链企业发展到300余家。截至2020年年底，安徽省微型计算机产量全国第五，智能可穿戴设备出货量全球第一。截至2021年5月，安徽工业又创造了多个第一：世界首台光量子计算机在合肥诞生；华米科技发布全球首款智能可穿戴领域人工智能芯片"黄山1号"；安徽省建成世界最大的平板显示基地，贡献全球10%的笔记本电脑、20%的智能手机液晶屏、30%的平板电脑显示屏。

5. 扶持民营经济发展

2013年2月21日，安徽省委、省政府印发《关于大力发展民营经济的意见》，提出20条举措，促进民营经济发展。2018年11月24日，安徽省委、省政府印发《关于大力促进民营经济发展的若干意见》，省财政统筹新增10亿元设立省中小企业（民营经济）发展专项资金。2019年、2020年安徽连续开展比创新、比创业、比创造、增动能（三比一增）专项行动，开展高新技术企业加速成长、促进民营经济发展、企业家培育、重大项目提升、创优营商环境等行动。在财政支持、金融服务、稳岗就业、人才支撑等方面打出了支持民营中小企业渡难关、促发展的系列政策"组合拳"。截至2020年年底，安徽省规模以上民营工业实现营业收入2.3万亿元，民营经济实现税收2944亿元。民营高新技术企业达8300户，占安

徽高新技术企业的 97%。2021 年 10 月 21 日，安徽省民营企业百强
发布，制造业综合百强营业收入总额 8201.19 亿元，制造业综合百
强利润总额 552.47 亿元。

6. 夯实农业经济基础

2013 年 9 月，安徽省人民政府办公厅在全国率先出台了《关于
培育发展家庭农场的意见》，并制定了《省示范家庭农场认定办法
（试行）》。2014 年 3 月 4 日，安徽省委、省政府印发《关于全面深化
农村改革加快推进农业现代化的实施意见》，从十个方面提出三十三
条政策措施，加快推进农业现代化发展。全省坚持"稳粮增收、提
质增效、创新驱动"的总要求，加快转变农业发展方式，深入推进
农村改革发展。3 月 18 日，安徽省委、省政府印发《关于加大改革
创新力度加快农业现代化建设的实施意见》。2016 年 4 月 18 日，安
徽出台《关于落实发展新理念加快农业现代化实现全面小康社会目
标的实施意见》。2017 年 8 月 28 日，安徽省委、省政府印发《关于
稳步推进农村集体产权制度改革的实施意见》。全省积极推进农村集
体资产清产核资工作，开展集体经营性资产股份合作制改革，构建
起归属清晰、权能完整、流转顺畅、保护严格的农村集体产权制度。
2017 年 9 月 6 日，安徽省人民政府印发《关于建立粮食生产功能区
和重要农产品生产保护区的实施意见》，明确划定 5200 万亩粮食生
产功能区、1900 万亩重要农产品生产保护区。2018 年 2 月 13 日，
安徽省委、省政府印发《关于推进乡村振兴战略的实施意见》。9 月
28 日，安徽省委、省政府印发《安徽省乡村振兴战略规划（2018—
2022 年）》。2019 年 5 月 8 日，安徽省被确立为全国农村集体产权制
度改革整省试点单位。2021 年 2 月 22 日，安徽省委、省政府印发《关
于抓好"三农"领域重点工作确保如期实现全面小康的实施意见》。

该意见围绕打赢脱贫攻坚战和补上全面小康"三农"领域突出短板两大任务，部署三十五项重点工作，确保脱贫攻坚战圆满收官，农村同步全面建成小康社会。截至2020年年底，安徽省第一产业增加值3360.6亿元，增长7.4%；全年粮食产量4087.6万吨，比2019年增产1.7%；油料产量167.1万吨，增产2.9%；棉花产量2.9万吨，下降28.7%；全省家庭农场14.3万户，保持全国第一。

（二）构建基础设施网络体系

党的十八大以来，安徽省现代基础设施体系加快构建。引江济淮、商合杭高铁、芜宣机场等一批重大工程顺利实施。全域迈入高铁时代，在全国铁路网中的枢纽地位全面提升。公路、机场、航道、能源设施建设成效显著，5G、数据中心等新型基础设施也加快建设。

1. 现代化交通运输体系基本建立

安徽省承东启西、连南接北，具有左右逢源、双向多维的交通区位优势。进入新世纪以来，安徽交通运输抢抓长三角一体化发展、交通强国建设等重大战略机遇，加快推进交通强省建设，着力构筑综合交通运输体系，为新阶段现代化美好安徽建设提供了强有力的支撑和保障。

（1）铁路建设。

铁路是国民经济的命脉，肩负着推动国家经济繁荣的重要使命。党的十八大以来，"轨道上的安徽"建设加速推进，安徽铁路建设迎来跨越式发展。截至2020年年底，安徽省铁路运营里程由2012年的3500公里增加到5302公里，增长51.49%；铁路网密度379.8公里/万平方公里，居全国第十位，其中高铁网络密度全国排名第五位。干线铁路已覆盖全省16市47县，其中高速铁路通达16市28县。全省已经开通至23个省会城市和100多个地级市的直达高铁动车。值得一提的是，高铁建设上，在其他省份倡导建设八向"米字形"高速铁路时，安徽率先提出建设十二向"时钟形"高速铁路，高铁建设迅猛发展，运营里程逐年增加。截至2020年12月，高铁里程数增加至2329公里，全国排名第一位，是全国第二个市市通高铁的省份。2012年以来，郑徐、杭黄、商合杭、郑阜、合安、淮北—萧县北、庐铜、安九等一批铁路建成通车，昌景黄、池黄、宣绩、巢马、滁宁城际铁路陆续开工并加快建设，基本形成了以合肥为中心的"米字形"高铁网，安徽在全国铁路网特别是高铁网的枢纽地位进一步提升。目前，省会合肥已成为全国十九个铁路综合枢纽之一，实现1小时到南京、2小时到武汉、3小时到上海、4小时到北京的快速交通。

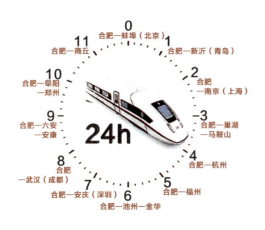

2021年，合肥市成为从"米字形"迈向"时钟形"高铁的城市

此外，安徽省还于2021年2月1日开通了从合肥北站始发，自新疆阿拉山口口岸出境，途经哈萨克斯坦、俄罗斯、白俄罗斯、波兰到达德国汉堡的"合新欧"国际货运班列，是国内多条亚、欧铁路运营线中具有商业价值的线路之一。

（2）公路建设。

公路网规模稳步增长。截至2021年年底，全省公路总里程达 23.7 万公里。其中高速公路通车里程 5146 公里，一级公路里程 6171 公里，二级及以上公路里程 2.5 万公里，占公路总里程的 10.54%。

高速公路快速发展。党的十八大以来，全省深入贯彻习近平总书记考察安徽重要讲话指示精神，坚持以创新、协调、绿色、开放、共享五大发展理念为引领，高速公路建设步入高质量发展阶段。马鞍山长江大桥、徐明高速安徽段、岳武高速公路等一批重大项目建成通车。2015 年，"四纵八横"高速公路骨架网形成，全省南北 6 小时过境、东西 3 小时过境。"十三五"以来，聚焦高速公路扩容和网化两大主攻方向，安徽建成通车 12 条高速公路、3 座长江公路大桥，打通 3 条省际"断头路"，新增通车里程 600 余公里，扩容八车道以上高速公路 204 公里，总通车里程超过 4900 公里。2021 年，随着芜黄高速的正式建成通车，安徽实现了县县通高速，安徽高速公路发展实现了历史性跨越，全省高速公路通车里程突破 5000 公里，"五纵九横"高速公路网络加速构建，为决战决胜脱贫攻坚、全面建成小康社会提供了交通支撑。

普通国省道结构进一步优化。全国各地不断加大普通省道升级改造力度，积极推进一级公路建设。截至 2019 年年底，普通国省道中二级及以上公路占比 92.2%，居全国第五。截至 2021 年年底，一级公路 6171 公里。六安市大别山旅游扶贫快速通道等 10 条普通国省干线被推选为安徽省"十大最美普通国省干线公路"。

农村公路通行条件进一步改善。以县乡公路升级改造、通村公路建设、农村公路危桥改造和安保工程等为重点，全面实施农村公路建设。截至 2021 年年底，全省农村公路里程达 20.9 万公里，建制村通硬化路率达 100%，成功创建 34 个省级"四好农村路"示范县，9 个县区荣获"四好农村路"全国示范县称号。

桥梁与隧道布局进一步完善。截至 2020 年年底，全省公路桥梁 4.8 万座、276.7 万米，比上年末增加 9994 座、22.8 万米。其中，特大桥梁 332 座、67.4 万米，大桥 3318 座、98.3 万米。全省公路隧道为 353 处、27.6 万米，同比增加 9 处、0.8 万米。其中特大隧道 15 处、5.0 万米，长隧道 66 处、11.9 万米。

（3）水路建设。

安徽省境内水系湖泊众多，河流密布，分属长江、淮河、新安江三大水系，流域面积 6.6 万平方公里。八百里皖江横穿安徽省东西，淮河干流航道的 378 公里流经皖北地区，全国五大淡水湖之一的巢湖镶嵌于江淮之间，为安徽水运的发展提供了良好的自然条件。

航道建设方面，纵穿江淮、直通长三角的水运大通道初步实现。全省加快构建以"一纵两横"为骨架的全省高等级航道网络，配合推进长江干线生态航道建设及生态修复，实施引江济淮航运工程、淮河干流航道整治工程等一批重大航道工程。截至 2020 年年底，全省内河航道总里程 6628 公里，其中通航里程 5777 公里，等级航道 5192 公里，占通航总里程的 89.9%，四级及以上航道 1802 公里，占通航总里程的 31.2%，干线航道网络逐步联通。长江"黄金水道"通畅性进一步提升，实现了 3 万吨级船舶到芜湖、万吨级船舶到安庆的历史性突破。

港口建设方面，港口规模化、专业化水平不断提升。截至 2021 年年底，全省共有 16 个港口，完成港口吞吐量 5.8 亿吨，集装箱吞吐量 204 万标箱，同比分别增长 7.8% 和 5.0%。其中芜湖、马鞍山、池州三港吞吐量均超亿吨，芜湖港年集装箱运量突破 110 万标箱，位列全国内河港口第三位；拥有生产性泊位数 823 个。

船舶发展方面，船舶逐步迈向大型化、标准化、专业化、智能化。全省船舶运力结构持续改善，拆改船舶数量大幅上升，单位平

2020 年 10 月 28 日，"芜湖港口型国家物流枢纽"获正式授牌

均吨位由 2012 年的 933 吨上升至 2021 年的 2186.9 吨。截至 2021 年年底，全省拥有营运船舶 2.5 万艘、5428.1 万载重吨。

（4）航空运输。

党的十八大以来，安徽省民航事业加快发展。建成运营芜湖宣州机场，阜阳、池州、安庆机场改扩建加快实施，蚌埠、亳州机场前期工作加快推进，建成宁国青龙湾、芜湖三元两个通用机场，开工建设砀山、肥东、泗县、界首通用机场，金安、旌德、桐城、明光、天长、固镇、绩溪等通用机场前期工作加快推进。

截至 2021 年 12 月，安徽拥有合肥、黄山、阜阳、池州、芜宣等 5 个民用运输机场和安庆市军民合用机场、宁国市青龙湾通用机场。52 家航空公司在皖运营，航线覆盖国内外 100 多个大中城市，形成以合肥新桥机场为中心的"一干五支多点"机场发展格局。2021 年，全省机场旅客吞吐量 1100.1 万人次，同比增长 6.5%；货邮吞吐量 10 万吨，同比增长 7.7%。

2. 能源设施建设成效显著

电网建设。"十三五"以来，以全国和华东骨干电网整体框架为基础，结合安徽省能源禀赋和电源建设情况，安徽确立了"送受并举，南北互济"的电网发展策略，先后建成 1000 千伏淮南—南京—上海特高压交流工程（安徽段）、±1100 千伏昌吉—古泉特高压直流工程，形成"两交一直"特高压格局。两条"电力高速公路"不仅显著提升了华东电网接受区外电力能力和电网安全稳定运行水平，也将安徽打造成"枢纽型、综合型"的"能源互联网"重要结点。全省 500 千伏电网形成"五纵四横"网架，220 千伏变电站基本实现县域全覆盖，最大接受区外电力规模可达到 1200 万千瓦，省际电力交换能力提高至 1700 万千瓦。

新能源基础设施建设。"十三五"期间，安徽新能源装机规模快速增加，装机占比持续攀升，新增风电、光伏装机规模分别达 222 万千瓦和 1170 万千瓦。其中光伏装机规模位居全国第五位，2020 年新能源最大出力占负荷比重 48.2%，居华东电网首位，新能源电力实现全额消纳，"零弃风""零弃光"。

天然气基础设施建设。为了更加从容地应对城市供气紧张形势，全省统筹推进天然气省级主干管网和市、县支线等长输管道，城镇燃气设施，独立供气设施，储气设施等建设，构建天然气利用基础设施体系。"十三五"期间，全省共建成省内天然气管道 922 公里，累计建成投运天然气干支线管道 3292 公里，居长三角第一位；长输管道通达全部省辖市和 40 个县（市），由亳州—池州、宿州—黄山、淮北—滁州等三条纵线，阜阳—宿州、颍上—蚌埠、长丰—金寨、庐江—无为等四条横线和合肥环线组成的"三纵四横一环"省级天然气主干网架逐渐成形。截至 2020 年年底，全省 25 个城市、50 个县政府所在镇通上了天然气，全省年供应天然气总量约 63 亿立方米，年供应液化石油气 27 万吨，城市燃气普及率 99.24%，居全国第七位；县城燃气普及率 95.54%，居全国第十二位。

3. 新型基础设施，建设加快推进

新型基础设施主要包括三方面内容：一是信息基础设施，主要指基于新一代信息技术演化生成的基础设施。二是融合基础设施，主要指深度应用互联网、大数据、人工智能等技术，支撑传统基础设施转型升级，进而形成的融合基础设施。三是创新基础设施，主要指支撑科学研究、技术开发、产品研制的具有公益属性的基础设施，主要包括 5G 基站和数据中心建设。

5G 基站布局。2019 年，工信部正式向电信运营商下发 5G 商用牌照，我国通信业正式进入 5G 时代。为抢抓新一轮科技革命和产业变革机遇，安徽省加快 5G 网络基础设施建设。在 5G 基站布局上，综合各基础电信企业和广电企业 5G 基站建设需求，科学编制 5G 基站站址规划，并将其纳入国土空间规划，相关配套设施纳入市政基础设施专项规划，解决基站建设选址难、协调难的问题。截至 2021 年年底，全省累计建成 5G 基站 5.77 万座，实现 5G 网络地级市主城区全覆盖、县城乡镇重点覆盖。

数据中心建设。截至 2021 年 7 月，全省不少地市都建立了规模不一的数据中心。全省充分整合利用现有资源，有序发展规模适中、集约绿色的数据中心，加快改造升级效益差、能耗高的小散数据中心。同时，积极参与长三角地区数据中心和存算资源协同布局，建设全国一体化大数据中心体系长三角枢纽节点。安徽省芜湖市入围全国十个国家数据中心集群，共筑长三角地区国家算力枢纽。

（三）加快新型城镇化建设

党的十八大以来，随着国家新型城镇化战略的实施，安徽省城镇化持续快速发展。2021年年底，安徽省城镇常住人口3630.5万人，常住人口城镇化率为59.39%，比2020年年底提高1.06个百分点，增速快于全国0.23个百分点，居中部第二位，居长三角第一位。

1. 开展国家新型城镇化试点

2014年12月29日，国家发改委印发了《国家新型城镇化综合试点方案》，并将安徽列为国家新型城镇化综合试点省。2015年2月8日，安徽省人民政府印发《国家新型城镇化试点省安徽总体方案》，确立了安徽一共有四项新型城镇化试点任务：探索建立农村转移人口市民化推进机制、建立多元化可持续城镇化投融资机制、创新城镇规划体制机制和提升城镇建设水平。2015年6月，制定《安徽国家新型城镇化试点省三年行动计划（2015—2017年）》，提出围绕"人、地、钱、规划、建设、管理"，重点推进农业转移人口市民化"153"行动（1指：户籍制度改革；5指：促进创业就业、增强教育保障、完善住房供应体系、提供医疗卫生保障以及健全养老服务体系"五有并轨"；3指：农民土地承包权、宅基地使用权和集体资产收益分配权"三权"落实），城乡统筹水平提升行动，产城融合促进行动和资金保障行动。2016年9月6日，又印发《关于深入推进新型城镇化试点省建设的实施意见》，提出试点工作的总体要求、目标任务和工作举措。

在试点过程中，安徽坚持以人为本，着力提升城镇综合吸引力、承载力和可持续发展能力，扎实推进新型城镇化试点省建设。截至2017年年底，全国第一批试点2个省和62个市镇试点任务基本完成，其中安徽有8条试点经验被列为典型经验向全国推广，是被推广经验较多的省份之一，包括合肥市降低城市落户门槛、设立城市公共集体户口，滁州市深化"人地挂钩"改革，芜湖市允许农业转移人口缴存住房公积金，天长市推进农村股份合作制改革，金寨县探索宅基地复垦腾退建设用地指标在省内有偿使用、建立宅基地节约集约利用激励机制和捆绑叠加宅基地退出与易地扶贫搬迁政策等。试点三年，全省常住人口城镇化率、户籍人口城镇化率分别由2014年的49.2%、22.7%提升到2017年的53.5%、31%。

2. 构建"一圈一群两带"的城镇化空间格局

《安徽省城镇体系规划（2011—2030年）》提出要发展形成"一圈一带一群"的城镇空间结构。2017年5月，安徽省人民政府印发《安徽省新型城镇化发展规划（2016—2025年）》，确立"一圈一群两带"城市发展格局。自此，全省"一圈一带一群"城市群战略正式升级为"一圈一群两带"，即合肥都市圈、皖北城市群、皖江（沿江）城市带、淮蚌合芜宣发展（轴）带。2021年6月25日，安徽省自然资源厅发布《安徽省国土空间利用规划（2021—2035年）（征求意见稿）》，提出打造"一圈两屏三带四区"（以合肥都市圈为主的城镇发展区域；皖西和皖南两个生态安全屏障；长江、淮河和引江济淮复合廊带，以生态保护为主，兼具城镇发展和农业生产；皖北平原农业区、江淮丘陵农业区、沿江平原农业区、皖西和皖南山地丘陵农业区）的空间格局，进一步提升城镇化率，优化空间格局。

合肥都市圈。合肥都市圈是国家规划布局的长三角城市群五大都市圈之一，是安徽省委、省政府决策部署的"一圈五区"（合肥都市圈、合芜蚌国家自主创新示范区、皖江城市带承接产业转移示范区、皖北承接产业转移集聚区、皖西大别山革命老区、皖南国际文化旅游示范区）发展格局的重要组成部分，承担着引领带动美好安徽建设、深度参与区域合作、融入长三角一体化发展的重要使命。它包括合肥、淮南、六安、滁州、芜湖、马鞍山、蚌埠和桐城八市，位于长江中下游沿江长三角西端，是长三角向中西部延伸的重要枢纽和西大门。合肥都市圈来源于 2006 年的"省会经济圈"，2009 年升级为"合肥经济圈"，2016 年再次升级为"合肥都市圈"，并上升为区域发展战略。安徽坚持政策引领，先后出台几十个配套文件支持合肥都市圈发展：《安徽省新型城镇化发展规划（2016—2025 年)》《关于印发合肥都市圈一体化发展行动计划（2019—2021 年）的通知》《合六经济走廊发展规划（2020—2025 年)》《关于印发合肥都市圈建设 2021 年工作要点的通知》等。2020 年，合肥都市圈以全省 45.4% 的国土面积和 50.1% 的常住人口，贡献了全省 63.3% 的生产总值和 61.4% 的财政收入，全省发展核心增长极作用持续彰显。2021 年，合肥都市圈生产总值逾 2.73 万亿元，比上年增长 8.6%。

皖北城市群。皖北城市群主要包括淮北、亳州、宿州、蚌埠、阜阳、淮南等六市，国土面积约占安徽省的三分之一，总人口约占安徽省的一半。2016 年 12 月，国务院正式批复《中原城市群发展规划》，安徽省淮北、亳州、宿州、蚌埠、阜阳等五市纳入规划范围。随后，安徽省发改委制定出台《中原城市群发展规划安徽省实施方案》，将纳入规划的五市打造成中原城市群的重要支撑轴带、新发展理念的先行示范区，推动皖北地区经济社会持续健康发展。2017 年 5 月，《安徽省新型城镇化发展规划（2016—2025 年)》下发，明确了皖北城市群的建设路线，指出要以推进工业化、信息化、城镇化、农业现代化为基本方向，把皖北地区打造成支撑全省发展的新兴增长极。以建设淮河生态经济带和推动淮河流域综合治理和绿色发展为统领，以资源环境承载力为基础，促进皖北地区城镇集聚化布局，促进各设区城市继续加快发展，适度扩大新的节点城市规模，适时调整行政区划，做大做强中心城市；加强各城市间分工合作和协同发展，推进交通链接、产业融合、功能互补、生态共建，加快蚌淮（南）城市组群、宿淮（北）城市组群、阜阳都市区、亳州都市区建设，带动县城发展，加强合蚌淮（北）、沿淮、淮（南）阜亳等发展轴带建设，构筑以大带小、协调发展的城镇空间格局；提升开放型经济水平，培育一批跨省域的城市组团，加快形成与长三角、中原经济区、淮河生态经济带等区域联动发展格局，推进南北结对帮扶和园区合作共建，促进就地城镇化和省内异地城镇化，构建有序竞争、联动发展的皖北城市群。

皖江城市带。皖江城市带包括合肥、芜湖、马鞍山、铜陵、安庆、池州、滁州、宣城等八市全境，以及六安市的金安区和舒城县，共59个县（市、区），土地面积7.6万平方公里，占全省面积的54.24%，定位于合作发展的先行区、科学发展的试验区、中部地区崛起的重要增长极、全国重要的先进制造业和现代服务业基地。2010年1月，国务院正式批复《皖江城市带承接产业转移示范区规划》，安徽皖江城市带承接产业转移示范区建设被纳入区域发展战略。2010—2020年，示范区累计承接亿元以上投资项目到位资金6.2万亿元，年均增长16.6%；地区生产总值连续跨越1万亿元、2万亿元台阶，2020年年底达到2.56万亿元，年均增长9.2%，高于全省0.4个百分点；人均地区生产总值8.5万元，达到长三角地区平均水平的81.9%，比2010年提高17.9个百分点；一般公共预算收入超2000亿元，综合实力不断增强。2021年，皖江城市带承接产业转移示范区生产总值达到29000.4亿元，比2020年增长9.4%。

　　淮蚌合芜宣发展（轴）带。新增的淮蚌合芜宣发展（轴）带由
《安徽省城镇体系规划（2011—2030年）》提出、《安徽省新型城镇化
发展规划（2016—2025年）》具体化，指出要依托京沪、京福南北大
通道和沪苏浙皖通道，形成省内南北向发展轴，对内联动皖北片区，
对外连接苏浙沪以及鲁豫地区，加强综合交通设施建设和基础设施
一体化建设，缩短时空距离；加速宿淮（北）城市组群、蚌淮（南）

2021年6月25日，《安徽省国土空间利用规划（2021—2035年）
（征求意见稿）》提出打造"一圈两屏三带四区"空间格局

城市组群、合肥都市圈、芜马城市组群、宣城中心城市建设，强化皖中、沿江地区对皖北地区的辐射，发挥合肥、芜湖对皖北的带动作用，促进产业互补、园区共建和劳动力合理流动，缩小全省各城市间差距，实现区域协调发展，增强全省城市整体凝聚力和竞争力。

3. 建立大中小城市和小城镇协调发展的城镇体系

强化合肥省域核心增长极，做大做强区域中心城市，提高吸纳城市人口能力，全面提升中心城市能级，发挥区域中心城市在全省城镇化中的辐射带动作用，形成核心引领、中心带动、大中小城市及小城镇协调发展的城镇体系。

发展合肥核心增长极。合肥市瞄准打造长三角世界级城市群副中心和"一带一路"节点城市，高标准规划建设合肥国家级滨湖新区，加快建设"大湖名城、创新高地"，努力打造具有国际影响力的创新之都，成为长江经济带具有较强影响力的区域性特大城市。党的十八大以来，合肥各项事业跃上新台阶、开创新局面。综合实力显著增强，2020年人均生产总值突破11万元，5县（市）综合竞争力进入全省前六，四城区跻身全国百强，国家级开发区争先进位，2021年全市生产总值突破万亿元大关。创新能力显著提升，合肥综合性国家科学中心获批建设，国家实验室首家挂牌，国家高新技术企业数量实现倍增，集成电路、新型显示器件、人工智能入选国家战略性新兴产业集群，入选数量位居全国城市前列。改革开放不断突破，合肥都市圈扩容升级，长三角一体化深入推进，安徽自贸试验区合肥片区启动建设，世界制造业大会永久落户，地方参与国家基础研究投入机制、国有资本引领战略性新兴产业发展等改革成为全国经验。城乡面貌显著变化，"米字形"高铁网络基本形成，轨道交通4条线联运、9条线在建，东部新中心等五大片区启动建设，常住人口城镇化率超过 76%，乡村振兴取得重要进展。生态环境显著改善，$PM_{2.5}$、PM_{10} 浓度连续七年"双下降"，林长制、河（湖）长制全面推行，环巢湖生态示范区加快建设，巢湖全湖水质达到Ⅳ类，美丽合肥新画卷逐步呈现。民生福祉显著增进，居民收入增长快于经济增长，建档立卡贫困人口全部脱贫，基本公共服务均等化水平稳步提高，新冠肺炎疫情防控取得重大战略成果，全国文明城市实现"三连冠"，法治合肥建设全国先进，群众安全感、满意度连续六年"双提升"，全国双拥模范城蝉联"九连冠"。党的建设显著加强，主题教育成果巩固深化，干部队伍建设扎实推进，正气充盈、政治清明的政治生态不断完善。

发展其他区域中心城市。发挥沿江城市跨江近海优势，推动跨江联动和港产城一体化发展，力争将芜湖、马鞍山打造成为Ⅰ型大城市。培育区域性中心城市，引导资源型城市转型发展，将具备条件的蚌埠、阜阳、淮南、淮北市和基本具备条件的安庆、六安、滁州、亳州、宿州市有序打造成为Ⅱ型大城市。

发展现代中小城市。积极推动县城完善功能、提升品质，加强基础设施建设，推进中心城市教育、医疗等优质资源下沉，支持有条件的县城建设中等城市。立足产业"特而强"、功能"聚而合"、形态"小而美"、机制"新而活"，高水平规划建设一批特色小镇，引导农业转移人口就近就地城镇化。

全面建设美丽乡村。创新城乡融合发展体制机制，促进城乡在规划布局、产业发展、要素配置、基础设施、公共服务、生态保护等方面相互融合和共同发展，让农村人口享受城镇化发展成果。以垃圾、污水治理为重点，全面推进美丽乡镇建设、中心村建设和自然村环境整治，坚持慎砍树、不填湖、少拆房，尽可能在原有村庄形态上改善居民生活条件，实现乡村建设和城镇发展相得益彰、互促共荣。

（四）打造生态文明安徽样板

党的十八大以来，安徽深入贯彻落实习近平生态文明思想，积极推进生态文明建设，建设创新型生态强省。从启动生态建设系列重大工程，在巢湖流域和淮河流域部署和实现"零点行动"，加强长江流域治理，到全省企业大气污染源基本实现达标排放，安徽努力探索打通绿水青山向金山银山的转换通道，推动环境保护与经济发展实现双赢，生态文明建设的安徽样板日益形成。

1. 流域跨界治理：新安江生态补偿机制

新安江模式开创了国内跨省域水环境生态补偿机制建设的全国先河。新安江流经安徽、浙江两省，安徽省的皖南地区是新安江的上游流域，新安江的水质好坏取决于安徽皖南地区的生态环保。2011年，环保部和安徽、浙江两省就新安江跨界流域水质保护达成生态补偿试点协议。2012年起，财政部、原环保部等有关部委在新安江流域启动中国首个跨省流域生态补偿机制首轮试点，设置补偿基金每年5亿元，其中中央财政3亿元、皖浙两省各出资1亿元。年度水质达到考核标准，浙江拨付给安徽1亿元，否则相反。"亿元对赌水质"的制度设计，开启了中国跨省流域上下游横向补偿的"新安江模式"。2015年起，皖浙两省又启动为期三年的第二轮试点，除中央财政资金支持外，皖浙两省出资均提高到2亿元。第二轮试点提出水质目标有所提升、补助资金有所增加的"双提高"目标，用制度保证水质提升后的生态价值补偿同向增长，从而激励并约束生态保护从末端治理向源头保护转变。2018年10月，皖浙两省签署《关于新安江流域上下游横向生态补偿的协议》，标志着新安江流域生态补偿机制完成第三轮续约。第三轮试点进一步优化了水质考核指标，水质考核标准更高，制度约束更严格。皖浙两省积极探索以货币化补偿为基础，多元化、社会化、长效化的补偿方式，补偿资金使用范围逐渐拓展，制度激励与约束更加规范、全面、具体，进一步提高了上游地区水环境治理和水生态保护的积极性、主动性与创新性。2021 年，皖浙两省谋划共建新安江—千岛湖生态补偿试验区。至此，新安江流域上下游横向生态补偿机制"长效版""拓展版""推广版"已基本建立，创造了更多可复制、可推广的经验。

经过三轮试点，安徽与浙江的新安江流域跨省生态补偿机制试点工作取得显著成效。第一，制度效益。为全省乃至全国探索生态文明制度建设示范。主要制度创新有：突破传统的唯生产总值的政府考核方式，将生态建设作为主要考核指标；农村垃圾兑换制度；农药配送制度；农业减肥降药制度（减少农业面源污染）；市、县、乡、村四级河长制度；生态补偿资金投融资制度等。第二，生态效益。在第一轮试点期间，原环保部绩效评估报告就称"千岛湖水质出现拐点"，营养状态指数逐年下降。2012—2018 年，新安江流域总体水质为优并稳定向好，跨省界断面水质达到地表水环境质量 Ⅱ 类标准；千岛湖湖体水质总体稳定保持为 Ⅰ 类，营养状态指数由中营养变为贫营养。2020 年度黄山市城市水质指数在全国 337 个城市中排名第二十八位，长三角区域排名第一位。第三，经济效益。结合生态补偿机制试点，倒逼产业转型，构筑绿色产业体系，实现绿色生态与绿色发展的和谐统一。2011—2019 年，黄山市三次产业结构比例由 11.9：46.3：41.8 调整至 7.6：34.6：57.8，服务业成为黄山市产业发展基础。2011—2018 年，单位地区生产总值能耗由 0.46 下降至 0.31，万元工业总产值化学需氧量（COD）排放强度从 1.93 下

美丽新安江

降至 0.89。试点实施后，黄山市因环保问题拒绝超 200 亿元的外来投资项目，对存量污染企业实施关停并转，经济发展"含绿量"增加。第四，示范效应。本项试点是中国生态文明制度建设的重大创新，已纳入中央顶层设计，中共中央、国务院印发《生态文明体制改革总体方案》，明确提出"继续推进新安江水环境补偿试点"。试点入选全国"改革开放 40 年地方改革创新 40 案例"，试点工作成果在"砥砺奋进的五年"国家大型成就展展出。截至 2020 年 8 月，新安江模式已在安徽全省和全国其他 10 个流域、15 个省份复制推广。

2. 湖泊治理：巢湖综合治理实践

湖泊治理一直是全世界水环境治理的难题，巢湖也不例外。2011 年以来，安徽省加大巢湖治理力度，创新治理方式，打造湖泊治理的安徽样板。

调整区划，建设流域一体化管理体制。2011 年 8 月，国务院批准撤销地级市巢湖，行政区划调整后，合肥拥有巢湖湖区面积从三分之一拓展到全湖，占流域面积的比重从27%增加到52%，合肥成为全国唯一一个环抱五大淡水湖之一的省会城市。众所周知，作为全国第五大淡水湖的巢湖原分属两个地级市管辖，管理主体"二元化"，管理责任不明晰，区划调整后的多年成效证明，这样的行政区划是对安徽区域空间结构的战略性调整，从调整行政区划的层面解放了生产力、发展了生产力，不仅是必要的，而且是适时的。

"顶层设计、一龙治水"模式。流域水环境治理的最大难题就是"九龙治水"模式，流域内地方或部门各自为政。区划调整后，巢湖综合治理实现"顶层设计、一龙治水"模式，合肥市在市级层面成立高规格的环巢湖生态示范区建设领导小组，市委书记亲自任组长，负责顶层设计和统一指挥。在项目推进上，成立扁平化的管理机构，各县（市）区、开发区及市相关部门成立相应的领导小组，负责建设任务；领导小组下设办公室，负责综合协调、服务保障及建设项目日常调度。高规格的决策机构和扁平化的指挥落实体系，为巢湖治理高效推进奠定了坚实基础。

"控制总量、削减存量、扩大容量"的总体策略。巢湖流域经济处在快速发展的历史阶段，经济发展和人口增长会带来刚性污染，这是无法回避的问题，所以要控制总量，还要进行污染治理，削减污染存量，还清旧账。另外，通过水质和水量、水流的互动关系，通过生态补水、水位调控等措施，利用大自然的净化作用来扩大环境容量。

"治污、复苏、养生"的治理路径。在继续加强城镇生活及工业生产污水处理和严格环境准入的同时，逐步加强面源控制、矿山修复、湿地净化、补水引流、初期雨水处理等措施，系统做好流域、分区和单元的环境容量加减法。

2018 年 7 月 12 日，巢湖首个藻水分离站"中庙藻水分离站"运行

2019 年 12 月 21 日，安徽省第十三届人民代表大会常务委员会第十四次会议通过修订的《巢湖流域水污染防治条例》，自 2020 年 3 月 1 日起施行。通过多年努力，巢湖综合治理工作取得了积极成效。全湖平均水质由 2015 年的 V 类好转为 IV 类，特别是 2020 年 1—8 月，全湖平均水质为 III 类，创最高水平。主要入湖河流水质全面达标，南淝河、十五里河、派河、双桥河等入湖河流水质明显改善，消除劣 V 类，十五里河、双桥河水质改善到 III 类。巢湖蓝藻水华有所缓解，2021 年首次出现蓝藻水华时间较上年推迟 56 天，蓝藻水华发生次数下降约 30%。生态环境逐步趋好、生物多样性不断恢复，已累计修复湿地面积约 16.33 万亩，累计扩大湿地面积 6 万余亩，湿地生态功能不断提升。2021 年 6 月，巢湖湿地资源记录的植物数量由 2013 年的 211 种升至 275 种。

3. 林业生态建设：首开先河的安徽"林长制"

为促进林业及其生态资源保护发展，安徽省于 2017 年在全国率先探索林长制改革。林长制，是指在行政区域或者生态区域设置林

庐江县以属地管理为主,建立县、镇、村三级林长制,覆盖全县范围内的所有林区。2019 年 9 月 18 日,一列火车在庐江县万山镇的人造林中穿行

长,负责领导、组织、协调区域内森林、林木、林地、野生动植物、湿地、公共绿地等林业资源及其生态系统保护发展的制度。

2017 年,安徽省在合肥、宣城和安庆三市开展林长制试点,建立了以党政领导责任制为核心的省、市、县、乡、村五级林长体系,确保一山一坡、一园一林、一区一域都有专人专管。2018 年,林长制在全省全面铺开。2019 年,全国首个林长制改革示范区在安徽揭牌。全省把护绿、增绿、管绿、用绿、活绿"五绿"确定为林长制五大任务。围绕"护绿"加强林业生态保护修复;围绕"增绿"推进城乡造林绿化;围绕"管绿"预防治理森林灾害;围绕"用绿"强化资源多效利用;围绕"活绿"激发林业发展动力。各级林长都有目标责任,形成了省级总林长负总责、市县总林长指挥协调、区域性林长督促调度、功能区林长抓特色、乡村林长抓落地的工作格局。各有关部门都有职责任务,并纳入省委、省政府年度综合考核,兑现奖惩。依托林长制改革,安徽林业发展由林业部门"小马拉大车"转变为各级各部门"同唱一台戏"。林长制改革以来,全省设立 30 个示范区先行区,确定 90 个体制机制创新点。截至 2021 年年底,全省 5.2 万名林长守护 400 万公顷森林和 100 万公顷湿地。全省森林面积已达 6262 万亩，森林蓄积量超过 2.7 亿立方米，森林覆盖率达 30.22%。

林长制不仅为全省林业高质量发展和生态文明建设发挥了重要作用，也为全国提供了可复制、可推广的有益经验。安徽省林长制改革入选中国改革 2020 年度十大案例，成为新时代安徽改革的知名品牌。2021 年 11 月，中央全面深化改革委员会第十六次会议审议通过了《关于全面推行林长制的意见》，林长制正式从安徽走向全国。

4.区域生态建设:"三河一湖一园一区"生态文明示范区建设

"三河一湖一园一区"是安徽省重要的生态资源，建设覆盖长江、淮河、新安江、巢湖、大黄山国家公园、大别山区的生态文明样板，是安徽省委确立的五大发展行动计划的重要内容。2017 年起，全省以"三河一湖一园一区"生态文明示范创建为引领，加快构筑绿色生态安全屏障，加快推进皖江生态文明示范区建设，构建皖江绿色生态廊道；不断推进淮河生态经济带建设，构建淮河绿色生态廊道；持续推进新安江生态经济示范区建设，构建皖南山区绿色生态屏障；积极推进巢湖流域生态文明先行示范区建设，建设环湖生态产业带和特色城镇；坚持生态为基、制度先行，推进大黄山国家公园创建；依托大别山和江淮丘陵，构建皖西地区水资源保护绿色生态屏障。安徽省推出的"三河一湖一园一区"生态示范区建设布局，是全省生态文明建设的区域性顶层设计，是在宏观上保护全省重要战略性资源和重要生态区域，具有可操作性。生态示范区建设以来，各项工作稳步推进，产生很好的生态效益和经济效益。

2016 年以来，安徽全面打造水清岸绿产业优美丽长江（安徽）经济带，把修复长江生态环境摆在压倒性位置。2018 年起，安徽省委、省政府把全面打造水清岸绿产业优美丽长江（安徽）经济带列为生态文明建设"一号工程",突出抓好长江治污、治岸、治渔三件大事,聚焦"水清""岸绿""产业优",推深做实关污源、纳统管、护物种、禁新建、建新绿、减存量、进园区、强机制。

聚焦"水清",推深做实关污源、纳统管、护物种。安徽省对长江干流 4558 个排口进行全覆盖排查、监测和溯源,对其中 97 个工业企业排污口安装联网自动监控设备,基本实现长江干流入河排污口水质监测监控;把园区工业污水和生活污水全部纳入统一污水管网,全力抓好长江"十年禁渔",持续推进珍稀濒危物种拯救行动,全省禁捕区域内 1.2 万余艘渔船、3 万多名渔民全面退捕。2021 年 3 月,长江干流铜陵段出现数量超过 10 头的野生江豚群,江豚戏水正在成为皖江的独特景致。

聚焦"岸绿",推深做实禁新建、建新绿。安徽省划定"1515"岸线分级管控红线,沿江 1 公里严禁新建项目、5 公里严控化工项目、15 公里严把项目准入,大规模开展长江干流两岸绿化,新增造林增绿 375 万亩,实现由"靠江吃江"向"靠江护江"转变。

聚焦"产业优",推深做实减存量、进园区、强机制。安徽省完成长江干流 1 公里内 270 家"散乱污"企业整治,依法依规关改搬转 137 家化工企业,探索碳排放权、排污权交易。因钢立市的滨江城市马鞍山,长江岸线曾被"散乱污"企业、小码头占据,当地群众曾自嘲,"临江不见江、临水不亲水"。2019 年开始,马鞍山市以薛家洼为突破口对长江东岸开展综合整治。随着一体推进退田还湖、植被修复、水系连通,薛家洼从昔日脏乱地华丽变身为网红打卡地,成为安徽省落实长江大保护的一张重要"名片"。2020 年 8 月 19 日,习近平总书记来到薛家洼生态园,实地察看长江水势和岸线生态环境,强调要增强爱护长江、保护长江的意识,实现"人民保护长江、长江造福人民"的良性循环,早日重现"一江碧水向东流"的胜景。

经过一系列努力，安徽长江流域水质持续好转。"十三五"期间，安徽省长江流域总体水质由良好转为优，劣Ⅴ类断面实现清零。2020年，长江安徽段全线达到Ⅱ类水质，流域国家考核断面水质优良比例为90%，比2015年提高13.3个百分点。2021年全省生态环境质量持续改善，安徽省长江流域国家考核断面水质优良比例首次达到92.7%，同比提高2.2个百分点，为有监测记录以来最高水平。长江岸边，不少生态游园亮相，成为百姓亲江亲水亲绿的美丽岸线。

2020年10月20日，"水清岸绿"的马鞍山市薛家洼生态园

（五）推进长三角一体化发展

长三角是我国经济发展活跃、开放程度高、创新能力强的区域之一。长三角一体化是我国重要的发展战略，而加入长三角是安徽省重要的发展战略。2013年，继2010年合肥、马鞍山加入长三角后，芜湖、滁州、淮南三市加入；2018年，铜陵、安庆、池州、宣城四

市加入；2019年，黄山、蚌埠、六安、淮北、宿州、亳州、阜阳七市加入。至此，经过二十多年的努力，安徽全面"融入长三角"。全域纳入长三角，提升了安徽省在全国发展格局中的地位，为更好发挥比较优势、增添发展动能、实现整体跃升带来了历史性机遇。安徽省加入长三角以来，尤其是2018年长三角一体化上升为国家战略以来，紧扣"一体化"和"高质量"两个关键，一体化发展迈出了铿锵步伐。

1. 协同创新跑出"加速度"，为区域高质量发展赋予新动能

创新是引领发展的第一动力，是建设现代经济体系的战略支撑。抓创新就是抓发展，谋创新就是谋未来。党的十八大以来，安徽省大力实施创新驱动发展战略，发挥人才第一资源优势，积极开展区域协同创新，着力打造创新策源地，取得了令人瞩目的成就："悟空"飞天，"墨子"传信，"京沪干线"开通……这一项项国之重器的诞生，背后无不体现协同创新的力量。秉承开放创新的理念，安徽坚持在基础性、战略性上下功夫，聚八方要素推进协同创新，搭建创新平台，汇聚创新资源，全力创建以"核心＋基地＋网络"为

2020年9月24日，中国（安徽）自由贸易试验区蚌埠片区正式揭牌

组织架构的国家实验室，统筹推进上海张江、合肥综合性国家科学中心"两心同创"，开放共享大科学装置，推动原始创新、技术创新、产业创新、制度创新，加快科技成果转移转化，并与沪苏浙规划建设长三角科技创新共同体、G60科创走廊、产业合作示范基地，为探索区域创新协作"长三角模式"作出了安徽贡献。

百舸争流，奋楫者先。为加快创新资源共享和创新成果转化平台共建，安徽率先提出构建长三角区域创新共同体，并被纳入长三角一体化规划纲要中。2021年5月，科技部与三省一市在上海共同设立了长三角科技创新共同体建设办公室，统筹推进共同体建设发展规划各项任务落地落实，进一步推动资金、技术、人才、仪器等科技创新要素在长三角各地的流动。

安徽省委、省政府每年专门安排以长三角地区为重点的大院大所合作对接活动，鼓励地方政府、科研机构和企业开展区域内多层次全方位对接。2019年12月，位于皖北的界首市借助皖北地区全面纳入长三角以及商合杭高铁的顺利开通，专门在上海建立了离岸科创中心。

经过多年努力，长三角区域高质量一体化创新格局初步形成，并已形成创新资源集聚和流动、创新成果开发和共享、产业发展联动和投资三大高地，长三角整体协同创新水平稳步提升，一体化的创新格局基本形成。《2020长三角区域协同创新指数》报告显示，长三角区域协同创新综合水平自2010年以来年均增速9.33%，一级指标年均增幅7%以上。九年间，长三角城市间专利转移数从不足千次跃升为近2万次，科研合作网络密度增幅超八成，发明专利申请量、科技论文合作量均翻了4倍多，3万余台大型仪器、19个大科学装置和2420家服务机构实现了云上预约和共享共用。

2.构建创新型现代产业体系，协同打造长三角世界级产业集群

共同优化和稳定产业链、供应链，打造世界级产业集群和标志性产业链，是推进长三角更高质量一体化发展的重要内容。安徽把全产业链发展作为主攻方向，在G60科创走廊中牵头成立人工智能、智能网联汽车、机器人和新能源等产业联盟，加强与沪苏浙优势产业集群对接，推动马钢与宝武战略重组、蔚来汽车中国总部落户合肥。2019年世界制造业大会，习近平亲致贺信，沪苏浙作为主宾省参会，签约长三角合作项目149个，总投资超千亿元。

聚焦先进制造等重点领域，安徽统筹运用制造强省、"三重一创"等政策资源要素，大力培育新一代信息技术、人工智能、新材料、节能环保、新能源和智能网联汽车、高端装备制造、智能家电、生命健康、绿色食品、数字创意等产业，推动制造业加速向数字化、网络化、智能化发展，构建起"芯屏器合"（特指安徽省的芯片产业、新型显示产业、装备制造及工业机器人产业、人工智能和制造业融合）现代产业体系，为长三角打造世界级产业集群提供更多原动力。2019年，安徽集成电路、新型显示器件、人工智能、先进结构材料等4个产业基地入选首批国家级战略性新兴产业集群工程。以此为基础，安徽正在加速打造具有重要影响力的新兴产业聚集地，加快构建现代产业体系。

谋划推进"三区一廊"建设，即"一地六县"（上海白茅岭农场和江苏省溧阳市、宜兴市，浙江省长兴县、安吉县，安徽省郎溪县、广德市）生态优先绿色发展产业集中合作区、省际毗邻地区新型功能区、16个省辖市与沪苏浙共建合作示范区、G60科创走廊。安徽紧扣"一体化"和"高质量"两个关键，扬皖所长、主动作为，在

更高起点推动长三角一体化发展走深走实。自 2015 年启动重大新兴产业基地建设以来，安徽重大新兴产业基地迈上了高速度高质量发展的快车道，基地产值年均增速达 17.7%。2020 年上半年，全省战略性新兴产业产值逆势增长 8%。

3. 互联互通"快进"，加快打造"轨道上的长三角"和世界级港口群、机场群

交通运输是长三角区域一体化发展的先行领域、关键支撑和重要载体。

"轨道上的长三角"。随着长江三角洲区域一体化发展并上升为国家战略，长三角交通基础设施互联互通持续推进，轨道上的长三角发展迅速，以全国铁路 8% 的营业里程，承担了国内近 20% 的铁路旅客输送量。区域内城市群融入"半小时至 3 小时经济圈"，沪苏浙皖"同城化"效应不断扩大。而如今的安徽，高铁网连全省，省内城市如网结，基本形成了以合肥为中心的"米字形"高铁网，承东启西、连南接北，在全国高铁网中的枢纽地位稳步提升。截至 2021 年 12 月，高速铁路运营总里程达到 2399 公里，全国排名第二位。

世界级港口群。积极配合长江航务管理局实施安庆至武汉 6 米深水航道整治工程；加快推进引江济淮航运工程，淮河干流航道安徽段整治工程，新汴河航道、青通河、秋浦河等支流航道整治工程建设。沿江市级港航资产整合基本完成，以芜湖至上海航线为核心，省内水上巴士"合芜小支线"（合肥—芜湖）、"皖江小支线"（安庆—池州—铜陵—芜湖）为两翼的"一核两翼"全省集装箱运输新格局基本形成。芜湖港集装箱吞吐量跻身中国江河港口第三位。安徽省港口深化与沪苏浙港口战略合作，配合制定长三角港口群发展集团

组建方案，加快建设芜湖、马鞍山江海联运枢纽，共同构建长三角世界级港口群，形成一体化治理体系。

世界级机场群。2018年11月26日，合肥新桥国际机场突破1000万客流量，跻身千万级机场俱乐部，这是继2017年跨过800万、900万之后又一次历史性突破。合肥新桥国际机场先后共有20多家航空公司投入运力，开通航线60多条，航线网络辐射到国内外50多个大中城市。2020年以来，合肥新桥国际机场的建设为安徽省初步形成以合肥新桥国际机场为中心的"一枢十支"（指以合肥新桥国际机场为中枢，黄山、阜阳、安庆、池州、芜宣、亳州、蚌埠、宿州、滁州、金寨等支线机场为重要支点的运输机场体系）机场发展格局奠定了基础。2021年3月，安徽省交通运输厅发布《关于做好长三角交通运输更高质量一体化发展有关重点工作的通知》，明确提出加快推进合肥区域航空枢纽和合肥国际航空货运集散中心建设。2021年，合肥新桥国际机场二期开工，合肥至伦敦、仁川2条国际货运航线开通，合肥国际货运集散中心建设进程加快。当年全省运输机场完成货邮吞吐量10万吨，同比增长7.7%。货运发力的同时，合肥机场客运方面也取得新的成就。2021年4月30日，芜宣机场正式通航。作为长三角地区机场群重点工程，截至2021年10月底，芜宣机场已开通至北京、广州、佛山等13个航点。芜湖、宣城与全国10多个重要城市建立起空中航空网络，与粤港澳大湾区三座核心机场均实现通航，初步形成"北联京津冀、南通珠三角、连接西部重点城市群"的航线网络。芜宣机场坚持"客货并举、以货为主"，打造成长三角航空货运枢纽和国内大飞机维修基地。全省加快通用机场建设，逐步形成皖中、沿江、皖北、皖西、皖南通用机场群，加速构建"一枢十支"运输机场体系。

4.协同建设宜居宜业宜游美丽长三角，打造共建共享区域样板

扩大区域共享、普惠便利的公共服务。医疗方面，长三角异地就医门诊费用直接结算系统全面联通，且开展区域内优质医疗资源"平移"试点。2020年7月，由安徽省人民政府与复旦大学附属儿科医院合作共建的国家儿童区域医疗中心在合肥开建，项目入选首批国家区域医疗中心试点，旨在达到"平移"国家级优质儿科医疗资源的目的。政务方面，2019年5月22日，长三角地区政务服务"一网通办"正式开通运行。截至2021年，办件申领、医疗保障、社会保障、档案查询等五类56项政务服务事项可"一网通办"。信用方面，数据互认、联动奖惩，长三角聚力打造跨区域"信用标签"，积极创建长三角国家社会信用体系建设区域合作示范区，安徽牵头推进产品质量领域信用一体化建设。疫情防控方面，建立长三角健康码互认通用机制，按照"有码认码、无码认单"的原则，为三省一市省复工复产和群众正常生活提供便利。长三角一体化成果正越来越多地惠及三省一市的百姓。

推进生态环境共保联治。第一，共筑生态屏障，夯实绿色发展生态基础。2018年以来，安徽省全面推行林长制、河长制改革，在全省建立以党政领导责任制为核心的林长制、河长制体系，以林长制促进"林长治"，以河长制促进实现"河畅、水清、岸绿、景美"的河湖管理保护目标，同时聚焦突出环境问题，实施一大批重大生态项目和生态保护重点工程，不断夯实绿色发展生态本底，奋力打造具有重要影响力的绿色发展样板区，共建绿色美丽长三角。第二，共护碧水蓝天，协同防治重点领域污染。三省一市聚焦打好污染防治攻坚战，共同推进区域生态环境质量提升和协作机制建设，实施

秋冬季大气污染综合治理攻坚行动、签订跨界水域联防联控协议、推广新安江流域生态补偿机制、推进长三角区域固废一体化联防联控等。第三，共下"一盘棋"，健全完善联防联控体系。安徽与江浙沪一起配合国家编制《长江三角洲区域生态环境共同保护规划》《长江三角洲区域固废危废联防联控实施方案》，还联合制定了《长三角生态环境保护标准一体化建设规划（2019—2022）》，并加强区域联合执法，在完善机制、统一标准上下功夫。2020年，全省空气质量优良天数比例升幅居全国第三位、长三角第一位；细颗粒物（PM$_{2.5}$）平均浓度降幅居全国第七位、长三角第二位；国考断面实现劣 V 类水体清零，长江流域国考断面水质优良比例创国家考核以来最好成绩；长江干流、淮河干流、新安江干流总体水质状况持续为优；巢湖全湖及东、西半湖水质均为 IV 类，呈轻度富营养状态；地下水总体水质保持稳定。

（六）全面打赢脱贫攻坚战

党的十八大以来，安徽省大力弘扬改革创新、敢为人先的"小岗精神"，结合实际积极探索创新举措、方法和机制，始终坚持把脱贫攻坚作为重大政治任务和第一民生工程，以贫困不除愧对历史的责任担当、不获全胜绝不收兵的坚定意志，历经八年精准扶贫、五年脱贫攻坚，举全省之力攻克了一个又一个贫中之贫、坚中之坚。作为全国脱贫攻坚任务较重的省份之一，安徽建档立卡484万贫困人口全部脱贫，3000个贫困村全部出列，20个国家级和11个省级贫困县全部摘帽，大别山等革命老区、皖北地区和沿淮行蓄洪区区域性整体贫困问题彻底解决，交出了一份党中央放心、人民满意、可载入安徽发展史册的高分答卷。

1. 精准扶贫，提升脱贫攻坚成色

2013年11月，习近平总书记在湖南考察时首次提出"精准扶贫"；2016年8月，习近平总书记在考察安徽时强调，扶贫开发关键是要做到精准识别、精准施策、精准帮扶、精准脱贫。八年来，安徽省委、省政府深入学习贯彻习近平总书记关于扶贫工作的重要论述和两次考察安徽重要讲话指示精神，坚持把脱贫攻坚作为重大政治任务和最大民生工程，全面落实精准扶贫、精准脱贫基本方略。

坚持精准识别，解决"扶持谁"的问题。持续抓实建档立卡工作，着力扣好精准扶贫的"第一粒扣子"，在2014年建档立卡的基础上，2015年组织开展"回头看"，2016年实施精准核查，年年开展扶贫对象动态调整，坚决杜绝"两该两不该"（指贫困人口建档立卡中该进来的没有进来、该出去的没有出去，不该进来的进来了、不该出去的出去了等情况）现象，识别精准度不断提高。同时，对识别出的贫困村和贫困人口建档立卡，全部纳入全国扶贫开发信息系统，并开发安徽省脱贫攻坚大数据管理平台进行系统化、精准化管理。

坚持精准施策，解决"怎么扶"的问题。安徽按照因村因户因人分类施策要求，实施"五个一批"（指发展生产脱贫一批、易地搬迁脱贫一批、生态补偿脱贫一批、发展教育脱贫一批、社会保障兜底一批）等措施，建立健全脱贫攻坚项目库，完善到村到户扶贫清单，实行"一村一规划、一户一方案、一人一措施"，对症下药、靶向治疗，把精准扶贫要求落到实处，确保帮扶措施与脱贫成效挂钩，全面提高帮扶措施的精准性、针对性和实效性，让贫困群众得到实惠、真心认可。

坚持精准帮扶，解决"谁来扶"的问题。全面落实"省负总责、市县抓落实、工作到村、帮扶到户"工作机制，高位推进、协同联动、科学指导，做到分工明确、责任清晰、任务到人、考核到位。建立健全"定点帮县、驻村帮扶、联系帮户"机制，由省级负责同志定点包保31个贫困县，对每个贫困户落实帮扶责任人，并在贫困村扶贫工作队全覆盖基础上，对扶贫任务较重的非贫困村派驻扶贫工作队，在落实脱贫攻坚政策、加强基层组织、为民办事服务等方面发挥了重要作用，打通了精准扶贫"最后一公里"，确保真正扶到点上、扶到根上、扶到群众心坎上。

坚持精准脱贫，解决"如何退"的问题。建立健全贫困退出机制，严格落实贫困县、贫困村、贫困人口退出标准和程序，制定脱贫滚动规划和年度计划，严格实施考核评估，组织开展脱贫攻坚督查巡查、市际交叉考核、扶贫资金绩效评价、省直帮扶单位考核等，并在全国率先对当年拟出列贫困村、拟脱贫户进行第三方监测评估全覆盖，全省累计监测评估70个县、6000个村、162.5万农户，累计考核约谈14个市、53个县和18家省直单位，确保脱贫成效经得起实践和历史的检验。同时，保持摘帽县、出列村、脱贫户帮扶政策总体不变，对摘帽县制订并落实后续帮扶计划和巩固提升措施，对出列贫困村实施提升工程，对脱贫户制订并落实针对性帮扶措施，不断提升脱贫质量。

2. 多措并举，拓宽贫困人员增收渠道

坚持把产业就业扶贫作为高质量脱贫关键支撑，加大金融扶贫、生态扶贫、就业扶贫、智力扶贫、健康扶贫等工作力度，做好贫困地区基础设施建设、贫困人口社保兜底等配套工作，不断拓宽贫困群众增收渠道，实现稳定脱贫。

产业扶贫。大力实施各类园区带动、龙头企业带动、农民合作社带动、能人大户（家庭农场）带动和贫困群众自我发展的"四带一自"产业扶贫模式，增强贫困地区自我造血功能，带动贫困群众脱贫增收。截至2020年年底，全省累计发展且持续在发挥效益的村产业扶贫项目2.66万个，实现3000个贫困村全覆盖，村均项目8.87个，累计发展且发挥效益到户产业扶贫项目300.15万个，到户项目覆盖率77.8%，户均项目1.84个，建成产业扶贫园区5108个，2.9万个新型农业经营主体与41.7万户贫困户建立紧密型利益联结机制，通过产业发展带动脱贫增收。

产业扶贫中采用较多的有光伏扶贫、旅游扶贫、电商扶贫、特色种养业扶贫等。值得一提的是光伏扶贫。安徽是全国光伏扶贫发源地，省委、省政府高度重视、高位推进，在全国率先大规模实施光伏扶贫工程，在项目资金筹措、建设管理、运维管理、收益分配、综合利用等方面全程创新，亮点纷呈，光伏扶贫电机装机规模、受益人数均位居全国前列。安徽光伏扶贫已成为在全国叫得响的精准扶贫、精准脱贫的品牌工程和打赢脱贫攻坚战的标志性工程，为全国脱贫攻坚提供了可复制、可推广、可持续发展的"安徽方案"，为巩固拓展脱贫攻坚成果、加快实现乡村全面振兴奠定了坚实基础。

就业扶贫。坚持把就业扶贫作为贫困群众增收的主要渠道，将促进贫困劳动力务工就业作为重中之重，实施"三业一岗"（指在就业扶贫中，发展生态友好型产业、劳动密集型产业、组织外出务工就业和开发公益性岗位）、"四帮四促"（指帮助学习领会精神，促进思想统一；帮助理清发展思路，促进科学发展；帮助解决实际问题，促进增比进位；帮助化解矛盾纠纷，促进和谐稳定）等就业扶贫模式，坚持稳岗与拓岗并重，支持扶贫龙头企业带动就业，建立扶贫车间吸纳就业，开发扶贫公益岗位安置弱劳力半劳力就业，加强就

岳西县实现村级光伏电站全覆盖，每村年增加集体经济收入 10 万元以上。
2013 年，安徽率先在全国实行光伏扶贫工程，惠及 47 万贫困户

业技能培训。2016—2020 年，全省累计帮扶贫困劳动力就业 69.11
万人，累计跨省就业 75.6 万人，省内就业 21.4 万人，就地就近就业
（县内）82.1 万人，认定就业扶贫车间 971 个，带动贫困劳动者 1.19
万人，带贫率 36.04%，累计开发居家就业岗位 69.94 万个，累计开
发公益性岗位 28.53 万个，吸纳 26.95 万名贫困劳动者就业，招募就
业扶贫基地 5544 个，组织开展技能脱贫培训 19.07 万人次。外出务
工贫困劳动力占比由 2014 年的 18.3% 上升到 2020 年的 41.17%，贫
困劳动力务工就业收入由 2013 年人均每月 717.5 元、占比 33.7% 上
升至 2020 年的人均每月 2004.15 元、占比 61.65%。

金融扶贫。金融是经济发展的血脉，金融扶贫在脱贫攻坚中
发挥了"四两拨千斤"的作用。安徽出台《关于推进金融扶贫工程
的实施意见》《关于深入推进扶贫小额信贷工作的实施意见》等一
系列金融扶贫文件，创新金融服务产品，健全金融服务体系，有效
发挥金融支持贫困地区发展和贫困农户增收作用。安徽金融扶贫的
主要方式有扶贫小额信贷、直接融资、担保增信和保险保障等。截
至 2020 年年底，全省有扶贫开发任务的县域贷款余额 14705 亿元，

同比增速 19.08%，高于全省各项贷款平均增速 2.75 个百分点，较 2016 年增加 104%。推广"一自三合"（指户贷户用自我发展，户贷户用合伙发展、户贷社管合作发展、户贷社管合营发展）扶贫小额信贷模式，全省累计向 108 万贫困户和边缘易致贫户（指一般农户中，收入低于监测线且存在致贫风险的农户）发放小额信贷 411 亿元，居全国第五位。全省通过证券扶贫"绿色通道"政策首发上市 3 家，其中太湖"集友股份"为全国第一家。大力实施保险扶贫，通过财政资金补贴和保险优惠形式，免除贫困户政策性农业保险自缴费用，对贫困户、"五保户"、低保户、贫困残疾人户及农村困难群众投保的中央政策性保险、农房保险，提高理赔标准，理赔金额上浮 20%。截至 2020 年年底，全省保险业累计向 31 个贫困县农户提供特色种养农产品风险保障 92.66 亿元。

智力扶贫。扶贫必扶智，治贫先治愚。脱贫致富不仅要"富口

2017 年 6 月，安徽省第二期"徽姑娘"手工编织培训班在池州市青阳县举行

袋",更要"富脑袋"。在脱贫攻坚过程中,教育、人才、文化等对于贫困地区和贫困群众而言,是紧缺且格外珍贵的。教育扶贫方面,安徽围绕义务教育有保障,重点做好控辍保学、精准资助等工作,构建完整的教育扶贫体系,相关做法被中央教育工作领导小组以《安徽精准落实教育脱贫攻坚要求》为题印发简报,专题推介。2017年年底,全省所有县全部通过国家义务教育发展基本均衡县(市、区)督导评估认定。31个贫困县摘帽时,义务教育巩固率均接近、达到或超过全省平均水平。2020年,全省学前教育毛入园率94.9%,义务教育巩固率95.5%,高中阶段毛入学率92.3%,全省"两类学校"(指乡村小规模学校和乡镇寄宿制学校)达标率100%,贫困家庭学生失学辍学问题实现动态清零。人才扶贫方面,安徽省大力实施人才扶贫工作,精准制定倾斜激励政策,引导各类专家人才向贫困地区聚集,为贫困地区稳定脱贫、长远发展增添强有力的人才和智力支撑。文化扶贫方面,积极制定文化扶贫政策,完善乡村文化设施,推动扶贫文艺创作,实施文化惠民工程,活跃农民自办文化,保护乡村文化遗产,发展乡村文化产业,充分发挥文化在打赢脱贫攻坚战、实施乡村振兴战略中的重要作用。

生态扶贫。主要通过农村人居环境改善和林业扶贫来实现。在农村人居环境改善中,安徽扎实推进农村人居环境整治三年行动,2020年各项目标任务顺利完成,长效管护机制初步建立,人居环境明显改善。在林业扶贫方面,在全国率先推行林长制改革,充分发挥林业资源优势,大力推进生态补偿扶贫、生态产业扶贫。2016—2020年,在有劳动能力的建档立卡贫困人口中选聘了22127名担任生态护林员,人均年增收8000元,组建了300个脱贫攻坚造林专业合作社,其中建档立卡贫困人口社员人数占比在50%以上,人均年增收2500元。加大贫困地区生态保护修复力度,大力支持发展油茶等木本油料、生态旅游和森林康养、林下经济、种苗花卉等生态产业，大力推广"企业＋合作社＋基地＋贫困户"等模式，实现了生态保护和脱贫增收"双赢"。

除采取以上各项扶贫措施外，安徽还着力推深做实兜底保障。对因病因残等完全或部分丧失劳动能力的贫困人口，全面落实低保、医保、养老保险、特困人员救助供养、临时救助等综合保障政策，推动农村低保制度与扶贫政策有效衔接，实现应保尽保。全省农村平均低保标准从2014年的2896元提高到2020年的7670元，超过国家扶贫标准，有106.6万贫困人口享受低保政策。全面实施困难残疾人生活补贴和重度残疾人护理补贴制度，建立动态调整机制，累计有91.3万困难残疾人、84万重度残疾人享受生活和护理补贴，共发放资金12.6亿元。

3. 突出重点，推进深度贫困地区脱贫攻坚

安徽省着力聚焦靶心，制定出台《关于聚焦深度贫困集中力量攻坚的实施意见》，把大别山等革命老区、皖北地区、沿淮行蓄洪区等深度贫困地区作为主战场，持续加大倾斜支持力度，集中火力攻克深度贫困堡垒。

抓实抓好革命老区这个首位重点。制定出台《安徽省大别山片区区域发展与扶贫攻坚规划（2011—2020年）》《关于进一步加强大别山等革命老区脱贫攻坚的实施意见》《关于脱贫攻坚期倾斜支持贫困县和革命老区县有关政策的通知》等政策文件，建立健全大别山等革命老区配套政策体系，在资金投入、项目安排、用地保障等要素上给予优先考虑。2019年起，省级新增财政专项扶贫资金50%用于贫困革命老区；在省级财政专项扶贫资金的分配中，2019—2020年共安排23个贫困革命老区县37.23亿元，占比63%；提出16条项目支持措施，

重点支持大别山革命老区交通建设，明确省级流通业发展专项资金对革命老区项目支持标准较其他地区上浮 20% 等相关倾斜政策。

抓实抓好皖北地区这个坚中之坚。出台《关于进一步推动皖北地区高质量发展的若干意见》，推动皖北六市发展质量效益稳步提升。部署推进南北结对合作，让省内先发地区围绕招商引资、产业发展、项目建设等，对口帮扶皖北地区加快发展，共支持设立 10 个南北合作共建园区。深化皖北集聚区支持政策研究，印发《皖北承接产业转移集聚区建设实施方案》《落实国家促进皖北承接产业转移集聚区建设若干政策措施任务分工方案》，明确重点任务，打造承接产业转移新高地。

抓实抓好沿淮行蓄洪区这个难中之难。安徽省按照"减总量、优存量、建新村、分步走"总体要求，先后出台《关于进一步加强行蓄洪区脱贫攻坚工作的若干意见》《淮河行蓄洪区基本公共服务功能建设总体方案（2018—2020 年）》《淮河行蓄洪区基础设施建设总体规划（2018—2025 年）》《淮河行蓄洪区安全建设总体规划（2018—2025 年）》，形成"1+3+X"政策体系。省以上财政扶贫专项资金累计投入 47.4 亿元用于行蓄洪区脱贫攻坚，占比 25.3%，4 个重点县累计整合涉农资金 79.5 亿元，占比 26.1%，每县在原有基础上单列新增建设用地计划指标 200 亩。全面开展以人居环境为重点的庄台综合整治，其中 4 个重点县整治庄台 170 个，累计投入资金 7.66 亿元。截至 2020 年年底，庄台整治任务已全部完成，脏乱差的面貌得到有效改善。

4. 提升双基，全力改善贫困地区整体面貌

立足于补齐短板、完善基础、均衡服务、提升环境，将完善"双基"（指农村基础设施和基本公共服务）建设作为改善贫困地区

2019年3月，贫困户在霍山县黑石渡镇卫生院进行免费健康体检

面貌、助力贫困村提升、贫困县摘帽的重要手段，持续实施基础设施建设扶贫工程，切实帮助贫困地区打通"致富路"、接通"安全水"、用上"优质电"、畅通"信息网"。

实施农村公路扩面延伸工程。2016—2020年，累计实施农村道路畅通工程7.2万公里、农村公路扩面延伸工程5.4万公里，全面完成乡镇和建制村通硬化路、通客车的"两通"目标任务，基本实现较大村民组通硬化路。截至2020年年底，31个贫困县公路总里程11.6万公里，较2012年年底增加4.3万公里，路网密度193.6公里/百平方公里，是全省路网密度的1.15倍；贫困地区国家高速公路主线基本贯通，二级及以上高等级公路覆盖所有县城，24个县实现一级公路联通，占比75%。

加快电力基础设施改造升级。在全省实现户户通电的基础上，2016—2020年累计投资170亿元加强贫困地区农村电网建设，在全国率先完成村村通动力电工程建设任务，全省贫困地区农网户均容量由2014年年初的0.9千伏安提升至2020年年底的2.65千伏安，基本实现县域乡镇电源点全覆盖。

实施农村信息基础设施建设工程。行政村全部覆盖光纤网络和4G网络，全省农村地区固定互联网宽带接入用户达807万户，平均接入速率超145兆位/秒。安徽扎实推进"宽带安徽"建设，特别是"十三五"期间，以农村宽带网络建设和普及为重点，全省信息网络得到快速发展。截至2018年年底，全省所有行政村完成光纤到村，提前完成农村信息基础设施脱贫攻坚目标。此后，各基础电信企业持续推进光纤由行政村向自然村延伸，加大4G网络在偏远贫困地区的建设力度，推动移动宽带网络覆盖所有自然村。

强化基层基本公共服务建设。加大就业、教育、医疗、文体、住房等8个领域公共服务项目建设力度，着力提升基层基本公共服务能力，贫困地区基本公共服务领域主要指标全部达到全国平均水平。

开展农村人居环境整治三年行动。围绕"硬化、亮化、绿化、美化"目标，深入推进厕所、垃圾、污水专项整治"三大革命"，有效解决农村环境脏乱差问题。农村人居环境整治三年行动期间，全省累计完成自然村改厕253.64万户，占三年行动任务的120.8%，19个一类县无害化卫生厕所普及率在90%以上，59个二类县卫生厕所普及率在85%以上，全省1180个乡镇政府驻地累计建成生活污水处理设施1188座，实现了所有乡镇政府驻地全覆盖的目标任务，建成省级美丽乡村中心村生活污水治理设施4992座，累计整治非正规垃圾堆放点289个，全面完成整治任务，农村生活垃圾无害化处理率在70%以上。

5. 强化保障，全力加大脱贫攻坚要素投入

在资金、土地、科技、人才等要素方面向贫困地区和贫困人口倾斜，为打赢脱贫攻坚战提供有力保障。

加大资金投入力度。建立政府投入为主导、金融资本为支撑、社会资金为补充的多元投入机制，年度财政专项扶贫资金实现"20%+10%"（指省级贫困县及其所在市按当年地方财政收入增量的20%以上增列专项扶贫资金预算，其他有脱贫任务的地区按照10%以上增列专项扶贫资金预算）稳定增长，加强贫困县涉农资金统筹整合力度。2016—2020年，全省累计投入财政专项扶贫资金578.6亿元，年均增长30.1%，其中中央财政安排159.09亿元，省级财政安排108.74亿元，市县财政安排310.77亿元。在全省20个贫困县开展涉农资金统筹整合试点，累计整合涉农资金511.8亿元。

加大用地保障力度。全面保障扶贫开发专项用地需要，每年对国家级贫困县单列新增建设用地计划1.2万亩、省扶贫开发工作重点县单列新增建设用地计划0.22万亩，2016年以来累计下达贫困县建设用地计划7.6万亩。加快土地复垦和城乡建设用地增减挂钩节余指标交易，推进增减挂钩节余指标调剂向贫困地区倾斜。2016年12月启动贫困县增减挂钩节余土地指标省内跨县有偿调剂以来，截至2020年年底，贫困县共调剂出节余指标6.94万亩，获得调剂资金268.4亿元。

加大科技支撑力度。建立政策激励机制，鼓励各类人才投身贫困地区建功立业；在落实"三重一创"（指加快推进重大新兴产业基地、重大新兴产业工程、重大新兴产业专项建设，构建创新型现代产业体系，培育壮大经济发展新动能）、科技创新、制造强省、技工大省等支持政策中，对国家扶贫开发工作重点县和省扶贫开发工作重点县符合条件的项目，省奖补资金补助金额上浮20%。推进科技特派员与贫困村结对服务工作，实现3000个贫困村科技特派员帮扶全覆盖。截至2020年年底，省、市、县选认科技特派员6377名，其中向贫困村选认3070名。

加大扶贫队伍建设力度。进一步健全工作机构，充实人员力量。在 2018 年机构改革中，省、市、县扶贫系统全部单独设立，省扶贫办工作人员由 2015 年的 15 人增加至 87 人，市级扶贫部门工作人员增加至 314 人，县级扶贫部门工作人员增加至 1699 人，1189 个乡镇扶贫工作站工作人员 6695 人。部分地方如宿州市还在全市有扶贫开发任务的 9337 个自然村各配备 1 名扶贫小组长，增强基层帮扶力量。出台脱贫攻坚一线干部激励关怀办法，和关心关爱干部、激励干部担当作为具体措施，在脱贫攻坚一线锻炼、识别、培养、选拔干部。党的十八大以来，全省共有 16440 名扶贫干部被提拔使用，其中地方党政领导干部 5485 人、部门行业干部 5518 人、扶贫系统干部 2734 人、帮扶干部 73 人、贫困村干部 2630 人，344 名干部获省级及以上表彰奖励。

6. 开拓创新，闯出符合安徽实际的脱贫之路

在脱贫攻坚的伟大历程中，安徽人民大力弘扬改革创新、敢为人先的"小岗精神"，结合安徽实际，积极探索创新举措、方法和机制，在全国率先探索"四带一自"产业扶贫、"三有一网"点位扶贫、"三业一岗"就业扶贫、"一自三合"扶贫小额信贷等模式，创造了光伏扶贫、县级项目库建设、到村到组精准帮扶等脱贫攻坚"安徽经验"。其中驻村帮扶、光伏扶贫、脱贫攻坚项目库建设获得全国脱贫攻坚组织创新奖，财政专项扶贫资金绩效考核连续三年位列全国第一方阵，易地扶贫搬迁工作获得国务院通报奖励，建档立卡数据质量连续三年位居全国前列。

驻村帮扶模式。2014 年，安徽省委组织部、省扶贫办、省人力资源和社会保障厅、省财政厅联合制定了《安徽省驻村扶贫工作队管理办法》，首次把选派工作与扶贫开发工作有机结合、统筹安排，

建立"单位包村、干部包户"和驻村扶贫工作队制度。落实省、市、县三级 4913 个包村帮扶单位，派驻 3000 个扶贫工作队，工作队员达 10729 人。实施和帮助引进帮扶项目 895 个，投入和引进帮扶资金 61.11 亿元。驻村工作队由包村帮扶单位派驻的驻村帮扶干部、联系贫困村的乡（镇）干部以及所在村的大学生村官和"三支一扶"有关人员组成，队长由驻村干部担任。每批驻村工作队任期为三年。十年来，全省累计派出驻村扶贫工作队 11327 支、选派驻村干部 32039 人，其中省直单位选派驻村扶贫工作队 343 支、干部 1141 人。加强对驻村扶贫工作队的指导支持和监督管理，落实驻村责任，坚持吃住在村、工作在村，强化党建引领，打通服务群众"最后一公里"。安徽驻村帮扶工作得到国家有关部门充分肯定，宿州市委组织部、5 名驻村帮扶干部分别获全国脱贫攻坚奖组织创新奖和贡献奖。

光伏扶贫模式。为促进"无劳力、无资源、无稳定收入来源"的贫困户稳定增收，消除贫困村集体经济空白，安徽省在全国率先实施光伏扶贫。2013 年合肥市开始实施光伏下乡工程，2014 年金寨县试点光伏扶贫，同年安徽被确定为全国光伏扶贫试点省，率先在全国大规模实施光伏扶贫工程。光伏扶贫工程建设中，安徽创新村村联建、户户联建、村户联建、集中式等光伏扶贫电站建设模式，确保项目落地集约化。创新资金筹措方式，采取省级补助、市县安排和贫困户自筹各三分之一的办法筹集，安徽省财政 2015—2017 年每年补助户用光伏扶贫电站专项建设资金 4 亿元，资金保障确保项目建设。创新质量监管方式，采取县级统一招标建设、市级跟踪问效督导调度、省级组织监测评估抽查验收的办法，2016—2020 年，先后三次委托第三方专业机构开展光伏扶贫工程监测评估，确保工程质量过得硬。创新运维管理方式，全省各地用好用活全国光伏扶贫信息监测系统，结合自行建设的智能运维管理平台，明确专人负责，确保正常运转长见效。创新收益分配方式，修订完善《安徽省光伏扶贫电站收益分配管理实施办法》，确保带贫减贫有实效。创新综合利用方式，开展各类"光伏＋"应用工程，促进一、二、三产融合发展，确保脱贫效益最大化。全省累计建成并网光伏扶贫电站7.12万座，装机规模242.3万千瓦，年光伏扶贫发电收入24亿元左右，带动2871个贫困村、47万户贫困户增收。金寨县因创新实施光伏扶贫工程被国务院扶贫开发领导小组授予2018年全国脱贫攻坚奖组织创新奖。

脱贫攻坚项目库建设模式。2018年，安徽在全国率先开展"一二三四五"扶贫项目库建设试点，按照"一个池子"筹措资金、"两个规划"引领项目、"三级公开"全面覆盖、"四道关卡"严格流程、"五项举措"科学管理的工作思路，形成全流程动态管理模式。全省各地项目库建设严格按照"项目跟着规划走，资金跟着项目走，监督跟着资金走"的原则，围绕"两不愁三保障"脱贫标准谋划实施项目，提升了资金项目的精准度。全省以"十三五"脱贫攻坚规划为总引领，通过落实县、乡、村"三级公开"全面覆盖，做到村把好项目筛选关、乡镇把好项目真实关、县项目主管部门把好技术审查关、领导小组把好项目入库审定关；通过试点带动、典型推广、成立专家组、调研暗访、培训指导等五项举措推进项目库建设，确保项目库建设取得实实在在的成效。2018—2020年，县级脱贫攻坚项目库累计谋划储备产业扶贫项目1.47万个，计划总投资114.17亿元。2020年，全省备案实施扶贫资金项目27472个，投入资金194.36亿元，扶贫资金支出185.54亿元，支出率95.46%，已完工项目27472个，完工率100%，扶贫资金项目效益得到及时发挥。安徽省的相关经验做法受到国务院扶贫办高度认可，六安市扶贫开发局因项目库经验做法获评2019年全国脱贫攻坚奖组织创新奖。

积极应对疫情灾情模式。安徽省建立"五防"风险防范机制，定期分析应对新冠肺炎疫情和洪水汛情对脱贫攻坚的影响，组织开展决战决胜脱贫攻坚专项行动，采取"四个千方百计""十个进一步""四启动一建设""四补措施"等创新举措，全力降低疫情汛情对脱贫攻坚的负面影响，防止因疫因灾致贫返贫，切实巩固脱贫攻坚成果。2020年，在战贫、战疫、战汛三场硬仗中，广大基层干部经受了严峻考验，确保没有一户一人致贫返贫，贫困群众的获得感、幸福感、安全感大幅增强。

（七）积极实施乡村振兴战略

实施乡村振兴战略，是党的十九大作出的重大决策部署，是决胜全面建成小康社会、全面建设社会主义现代化国家的重大历史任务，是新时代"三农"工作的总抓手。安徽作为农业大省，继续弘扬改革创新、敢为人先的"大包干"精神，以更大的决心、更明确的目标、更有力的举措，奋力推动乡村振兴走在全国前列。

1. 政策引领，指明乡村振兴实现路径

2018年2月，安徽省委、省政府印发《关于推进乡村振兴战略的实施意见》，明确了乡村振兴的目标任务：2020年乡村振兴取得重要进展，制度框架和政策体系基本形成；到2035年，乡村振兴取得决定性进展，农业农村现代化基本实现，成为美丽中国先行区；到2050年，乡村全面振兴，农业强、农村美、农民富全面实现。9月，安徽省出台《安徽省乡村振兴战略规划（2018—2022年）》。2021年，安徽省委印发《关于全面推进乡村振兴加快农业农村现代化的实施

意见》，部署了新发展阶段 28 项"三农"重点工作，强调要抓好实现巩固拓展脱贫攻坚成果同乡村振兴有效衔接、加快推进农业现代化、大力实施乡村建设行动、深化农村改革、加强党对"三农"工作的全面领导等五类重点工作。

2. 完善机制，巩固拓展脱贫攻坚成果同乡村振兴有效衔接

巩固拓展脱贫攻坚成果是乡村振兴的前提。2021 年以来，安徽省扎实做好巩固拓展脱贫攻坚成果同乡村振兴有效衔接，有序推进乡村发展、乡村建设、乡村治理，推动乡村振兴取得新进展、农业农村现代化迈出新步伐。

2021 年以来，针对国家层面出台的衔接政策，安徽省已配套出台 47 项政策文件，从财政投入、金融服务、土地支持、人才支持和社会帮扶等方面有序做好政策衔接，积极构建有效衔接政策体系。全省 104 个县（市、区）分成先行示范区、正常推进区和持续攻坚区三类，分类分区、梯度推进乡村振兴。全省把巩固拓展脱贫攻坚成果作为首要任务，严格落实摘帽不摘责任、摘帽不摘政策、摘帽不摘帮扶、摘帽不摘监管的"四个不摘"，保持帮扶政策总体稳定，健全动态监测和帮扶机制，加强产业就业等帮扶，防范化解返贫致贫风险，牢牢守住不发生规模性返贫的底线，脱贫攻坚成果持续巩固提升。2021 年，全省脱贫人口人均纯收入 13592 元，比 2020年增长 16.58%；已经脱贫的 3000 个贫困村的村均集体经济收入由2020 年的 33.8 万元增加到 44.42 万元，增长 31.4%。

3. 振兴产业，培育乡村发展新动能

产业兴旺是乡村振兴的重点，是解决农村一切问题的前提。党的十八大以来，安徽省农村创新创业环境不断改善，乡村产业快速发

展，促进了农民就业增收和乡村繁荣发展，乡村产业发展成绩斐然：

第一，农产品加工业持续发展。"十三五"期间，深入实施农产品加工业"五个一批"工程，全省农产品加工业营业收入1.12万亿元，规模以上农产品加工企业7000多家，吸纳126万多人就业。第二，乡村特色产业蓬勃发展。"十三五"期间，全省建设了70多个产值超10亿元的特色产业镇（乡）和150多个超1亿元的特色产业村。发掘了一批乡土特色工艺，创响了4000多个农产品区域公用品牌、知名加工农产品品牌和乡土特色品牌。长三角绿色农产品生产加工供应基地全面推进，实施"158"行动计划，首批遴选确定了24个"一县一业（特）"（一个县一个特色）全产业链示范创建县、135个长三角绿色农产品生产加工供应示范基地。创建国家优势特色产业集群2个、国家特色农产品优势区10个、国家现代农业产业园5个。第三，乡村休闲旅游业快速发展。"十三五"期间，全省培育了3000多个休闲农业经营主体，推介了100多条休闲旅游精品线路。休闲农业接待游客在2亿人次以上，综合营业收入超过800亿元。第四，乡村新型服务业及电商加快发展。"十三五"末，全省农林牧渔专业及辅助性活动产值达300亿元，农村电商示范镇、示范村及各类涉农电商数量快速增长，农村网络销售额超1000亿元，其中农产品网络销售额突破600亿元。第五，农业产业化深入推进。"十三五"末，全省农业产业化龙头企业总数达1.6万家，其中，国家重点龙头企业62家，居全国第十位；省级龙头企业999家，居全国第八位；年销售额超100亿元的农业产业化龙头企业4家。各类农业产业化联合体1941家，其中省级示范联合体564家，居全国第一位。全省家庭农场超过14万个，农民合作社达10万家，分别位居全国第一位和第五位。农业产业化带动800多万农户进入大市场。第六，农村创新创业规模扩大。"十三五"末，全省各类返乡入乡创新创业人员累计超过 30 万人，创办农村产业融合项目的占到 80%，利用"互联网＋"创新创业的超过 55%。在乡创业人员近 70 万人。

4. 乡村建设，补短板提升"颜值"

乡村建设是实施乡村振兴战略的重要任务，也是现代化建设的重要内容。党的十八大以来，安徽省以村庄建设、环境整治和农田整理为突破口，全面推进美丽乡村建设。特别是"十三五"以来，安徽省全面推进农村"三大革命"（农村厕所、垃圾、污水专项整治）、"三大行动"（清路障、清淤泥、清垃圾"三清"；拆危房、拆违建、拆旱厕"三拆"；整治农业生产废弃物、整治生活污水、整治水体污染"三整治"），从农民群众最关心、最直接、最现实的问题入手，积极开展自然村环境整治，扎实推进"三线三边"（铁路沿线、公路沿线、江河沿线及城市周边、省际周边、景区周边）环境治理，大力推进美丽乡村中心村建设，广大乡村面貌焕然一新，人居环境持续改善。

"十三五"期间，全省上下围绕"生态宜居村庄美、兴业富民生活美、文明和谐乡风美"的总体目标，完成 1133 个乡镇政府驻地建成区整治建设，建成美丽乡村中心村 8290 个，认定省级美丽乡村示范村 1612 个、重点示范村 544 个，极大地增强了农民群众的获得感、幸福感、安全感。2021 年，安徽省又全面启动实施乡村建设行动，重点围绕农村人居环境提升、基础设施建设和公共服务发展加大编制规划和投入力度，全面改善农村水、电、路、气、房、讯等设施条件，推进县、乡、村公共服务一体化，打造美丽乡村升级版。

5. 深化农村改革，提供制度支撑

全面推进乡村振兴，深化农村改革是关键一环。2021 年，安徽

省委一号文件紧紧围绕处理好农民与土地的关系这一主线，对深化新一轮农村改革作出部署。一是完善农村基本经营制度。抓好天长市、旌德县第二轮土地承包到期后再延长三十年试点，保持农村土地承包关系稳定并长久不变，完善农村承包地"三权分置"制度，健全土地经营权流转服务，让农民吃上长效"定心丸"。二是深化农村土地制度改革。深化农村土地征收制度改革，有序推进农村集体经营性建设用地入市，稳慎推进滁州市整市和金寨县、泗县、东至县农村宅基地制度改革试点等，为城乡融合发展铺路。三是推进"农村集体产权制度改革、农村'三变'改革和村旧集体经济发展加快"的"两改革一发展"。巩固农村集体产权制度改革成果，探索赋予农民集体资产股份权能。提高农村"三变"改革质量，深入实施"百村培强、千村扶优、万村提升"的"百千万"工程，发展壮大新型农村集体经济，增加农民财产性收入。

八、结　语

　　全面建成小康社会，是中华民族千百年来的共同夙愿，是中华民族发展史上的伟大创举，是实现中华民族伟大复兴的必经之路。习近平总书记在庆祝中国共产党成立一百周年大会上庄严宣告："经过全党全国各族人民持续奋斗，我们实现了第一个百年奋斗目标，在中华大地上全面建成了小康社会，历史性地解决了绝对贫困问题，正在意气风发向着全面建成社会主义现代化强国的第二个百年奋斗目标迈进。"全面建成小康社会，中华民族千百年来"民亦劳止，汔可小康"的愿景变为现实。

　　小康承载初心、小康属于人民。从石库门到天安门，从兴业路到复兴路，两个"门"、两条"路"都标注着百年党史的重要转折和新的历史征程，我们党所付出的一切努力、进行的一切斗争、作出的一切牺牲，都是为了人民幸福和民族复兴。中国共产党的历史、新中国史、改革开放史、社会主义发展史都贯穿着这样一条红线：中国共产党人对建设小康社会的梦想是一以贯之的，它揭示了小康社会从思想萌芽、社会实践、理论形成到艰难探索、奠基推进、全面建设、全面建成、最终实现的百年路径。一百年来，在革命、建设、改革的历史洪流中，安徽人民在中国共产党人领导下，经历了探索小康社会之路、建设小康社会之路、全面建设小康社会之路和全面建成小康社会之路的光辉历程，取得了历史性成就。

星光不问赶路人，历史属于奋斗者。一百年来，安徽人民艰苦奋斗、顽强拼搏、锐意改革、勇于创新，以"敢为天下先"的担当精神，创造了消除绝对贫困的人间奇迹，书写了全面建成小康社会的安徽华章。新民主主义革命时期，党团结带领广大农民"打土豪、分田地"，实行"耕者有其田"，帮助穷苦人翻身得解放，赢得了最广大人民的广泛支持和拥护，夺取了中国革命胜利，建立了新中国，为摆脱贫困、走向小康创造了根本政治条件。新中国的成立，是中华民族伟大复兴的历史转折点，标志着人民当家作主新型国家政权的建立，开辟了探索小康社会的新纪元。安徽人民迅速掀起新中国成立后的治淮高潮，进行土地改革，完成社会主义改造，探索农村改革，发展科教事业，建设社会主义文化。改革开放是中国的第二次革命，是中华民族伟大复兴历程中新的里程碑，安徽小康社会建设进入实质性阶段。安徽率先进行农村改革，开创了家庭联产承包责任制的先河，培育乡镇企业，发展现代旅游业，加快改革开放，率先进行农村税费改革试点，探索农村综合改革，全面实施"861"行动计划，自主开展文化体制改革，实施科教兴皖战略，加快工业强省建设，扎实开展全面小康社会建设。

党的十八大以来，中国特色社会主义进入新时代，进入决胜全面建成小康社会的时代。安徽人民在党的领导下，统筹推进"五位一体"总体布局、协调推进"四个全面"战略布局，坚持和完善中国特色社会主义制度，推进国家治理体系和治理能力现代化，扎实推进现代化美好安徽建设。2021年，全省生产总值近4.3万亿元、人均生产总值超过1万美元、社会消费品零售总额超过2万亿元、进出口总额超过1000亿美元、居民人均可支配收入超过3万元，实现了"总量居中、人均靠后"向"总量靠前、人均居中"的跨越发展，科教大省向科技创新策源地的跨越发展，传统农业大省向新兴产业聚集地的跨越发展，内陆腹地向改革开放新高地的跨越发展。十年来，安徽人民牢记习近平总书记"下好创新先手棋"的重要指示，加快建设经济强的创新安徽。区域创新能力位于全国第一方阵，经济总量跨过 4 万亿元大关，制造业、数字经济增加值都超 1 万亿元，粮食产量实现"十八连丰"，全球 10% 的笔记本电脑、20% 的液晶显示屏在安徽生产，全国每 3 台冰箱、4 台洗衣机、5 台空调有 1 台是安徽制造。十年来，安徽人民牢记习近平总书记"加强区域协同发展和优势互补"的重要指示，加快建设格局新的共进安徽。统筹推进"一圈五区"建设，加速"四化"同步发展，合肥经济总量超过万亿元，皖北六个市经济体量都超过千亿元。坚持东向发展战略，积极融入长三角一体化。完善基础设施建设，5G 网络基本实现省辖市主城区连续覆盖，联通全国大中城市的高铁出行圈已经形成。十年来，安徽人民牢记习近平总书记"把好山好水保护好"的重要指示，加快建设环境优的美丽安徽。"双碳"战略扎实推进，蓝天、碧水、净土三大保卫战巩固胜势，长江、淮河、新安江、江淮运河构筑四大生态廊道，细颗粒物浓度、空气质量优良天数比例、国考断面水质优良比例等指标都创有监测记录以来最好成绩，森林覆盖率超过 30%。十年来，安徽人民牢记习近平总书记"扎实推进改革开放"的重要指示，加快建设活力足的开放安徽。省级层面推出 1300 多项改革举措，生态补偿、林长制、农业生产"大托管"、城市生命线等改革品牌推向全国，省级政府透明度居全国第三位，省级行政权力事项全国最少，市场主体日均新增 3000 多户。中国（安徽）自贸试验区、综合保税区链接全球，世界制造业大会、世界显示产业大会展示安徽形象，经贸朋友圈覆盖全球 97% 的国家和地区，全国出口的每 5 辆汽车就有 1 辆是安徽造。十年来，安徽人民牢记习近平总书记"加强民生保障和社会建设"的重要指示,加快建设百姓富的幸福安徽。全省484万贫困人口过上小康生活,居民平均受教育年限提高一年多,医院数增长76%,人均体育场地面积翻一番,人均预期寿命增长两岁多,城乡居民收入倍差降至2.34,平安建设连续十年进入全国先进行列。十年来,安徽人民牢记习近平总书记"党的政治建设是党的根本性建设"的重要论述,纵深推进全面从严治党。不断加强党的自身建设,扎实开展"三严三实"专题教育、"两学一做"学习教育、"不忘初心、牢记使命"主题教育、党史学习教育等活动,持续开展党的作风建设和反腐败斗争,一体推进不敢腐、不能腐、不想腐,政治环境不断改善,政治生态持续向好。

百年大党,百年华章,中国共产党领导人民从救国、兴国、富国到强国,这是矢志践行初心使命、筚路蓝缕奠基立业、创造辉煌开辟未来的一百年,是苦难中铸就辉煌、探索中收获成功、转折中开创新局、奋斗后赢得未来的一百年,是坚定理想信念、敢于直面问题、从严管党治党、勇于自我革命的一百年。安徽实现全面建成小康社会的历史性成就充分印证了中国特色社会主义制度的巨大优势,生动诠释了中国共产党为人民谋幸福、为民族谋复兴的初心使命。从全面建成小康社会到基本实现现代化,再到全面建成富强民主文明和谐美丽的社会主义现代化强国,是中国共产党关于全面建设社会主义现代化国家的战略安排,实现这一宏伟蓝图,需要我们始终高举习近平新时代中国特色社会主义思想伟大旗帜,不忘初心,牢记使命,树牢"四个意识",坚定"四个自信",做到"两个维护",践行"两个确立",自觉肩负起实现中华民族伟大复兴的历史使命,奋力谱写江淮大地新时代美丽画卷。

主要参考文献

[1] 习近平 . 在庆祝中国共产党成立 100 周年大会上的讲话 [M]. 北京：人民出版社，2021.

[2] 习近平 . 论中国共产党历史 [M]. 北京：中央文献出版社，2021.

[3] 本书编写组 . 中国共产党简史 [M]. 北京：人民出版社，2021.

[4] 本书编写组 . 中华人民共和国简史 [M]. 北京：人民出版社，2021.

[5] 本书编写组 . 改革开放简史 [M]. 北京：人民出版社，2021.

[6] 本书编写组 . 社会主义发展简史 [M]. 北京：人民出版社，2021.

[7] 中共安徽省委党史研究室 . 中国共产党安徽历史大事记 [M]. 合肥：安徽人民出版社，2017.

[8] 中共安徽省委党史研究室 . 安徽改革开放大事记 [M]. 合肥：安徽人民出版社，2008.

[9] 侯永 . 当代安徽简史 [M]. 北京：当代中国出版社，2001.

[10] 当代中国丛书编辑委员会 . 当代中国的安徽 [M]. 北京：当代中国出版社，1992.

[11] 安徽省地方志编纂委员会办公室 . 安徽省志：农业志 [M].

北京 : 方志出版社 , 1998.

[12] 安徽省地方志编纂委员会办公室 . 安徽省志 : 大事记 [M].
北京 : 方志出版社 , 1998.

[13] 安徽省地方志编纂委员会办公室 . 安徽省志 : 水利志 [M].
北京 : 方志出版社 , 1999.

[14] 安徽省地方志编纂委员会办公室 . 安徽省志 : 文化艺术志
[M]. 北京 : 方志出版社 , 1999.

[15] 安徽省地方志编纂委员会办公室 . 安徽省志 : 文化艺术志
1986—2010[M]. 北京 : 方志出版社 , 2018.

[16] 当代中国研究所 . 新中国 70 年 [M]. 北京 : 当代中国出版社 ,
2019.

[17] 侯永 , 欧远方 . 当代安徽纪年 [M]. 北京 : 当代中国出版社 ,
1992.

[18] 中共安徽省委党史研究室 . 安徽改革开放实录第 3 辑 [M].
北京 : 中共党史出版社 , 2016.

[19] 安徽省乡村振兴局 . 皖美答卷——安徽省脱贫攻坚全景录 :
上、下册 [M]. 合肥 : 安徽人民出版社 , 2021.

[20] 夏少权 , 孙自铎 . 中国改革开放全景录 [M]. 合肥 : 安徽人民
出版社 , 2018.

[21]《安徽改革开放 40 年成就与经验研究 》课题组 . 改革开放
的 "安徽样本" [M]. 合肥 : 安徽人民出版社 , 2018.

[22] 安徽省社会科学院当代安徽研究所 . 影像中国 70 年 : 安徽
卷 [M]. 合肥 : 安徽人民出版社 , 2019.

[23] 周之林 , 李季林 . 安徽改革开放 40 年巡礼 [M]. 合肥 : 黄山
书社 , 2019.

[24] 邢军 , 胡卫星 . 安徽七十年 [M]. 合肥 : 安徽人民出版社 ,

2020.

[25] 邢军.江淮大地的小康之路 [M].合肥：安徽人民出版社，2022.

[26] 宁吉喆.全面建成小康社会成就报告 [M].北京：中国统计出版社，2021.

[27] 纪录小康工程·安徽数据库 [EB/OL].网址：http://www.ahjlxkgc.cn/fupin.html.

[28] 中共安徽省委党史研究室.安徽农村改革之路 [M].北京：中共党史出版社，2006.

[29] 全国人大常委会办公厅万里论著编辑组.万里论农村改革与发展 [M].北京：中国民主法制出版社，1996.

[30] 张平.安徽农村税费改革实践与探索 [M].北京：当代中国出版社，2001.

[31] 杜诚，季家宏.中国发展全书：安徽卷 [M].北京：国家行政学院出版社，1997.

[32] 欧远方.安徽经济年鉴：1984年 [M].合肥：安徽人民出版社，1984.

[33] 刘征田.安徽建设40年 [M].合肥：安徽人民出版社，1989.

[34] 安徽省人民政府.安徽五十年 [M].北京：中国统计出版社，1999.

[35] 邓小平.邓小平文选：第2卷 [M].北京：人民出版社，1994.

[36] 安徽省来安县地方志编纂委员会.来安县志 [M].北京：中国城市经济社会出版社，1990.

[37] 滁州市地方志编纂委员会.滁州市志 [M].北京：方志出版社，2013.

[38] 安徽省人民政府办公厅.安徽省情 [M].合肥：安徽人民出

版社, 1993.

[39]《中国农业全书·安徽卷》编辑委员会. 中国农业全书: 安徽卷 [M]. 北京: 中国农业出版社, 2000.

[40] 安徽省地方志编纂委员会. 安徽省志: 中共安徽省委志 [M]. 北京: 方志出版社, 2016.

[41] 中共安徽省委党史研究室. 中共安徽九十年简史 [M]. 合肥: 安徽人民出版社, 2011.

[42] 安徽省地方志编纂委员会. 安徽省志: 政党志 [M]. 北京: 方志出版社, 1998.

[43] 王灵丽, 柳茂森. 1979: 中国故事 [M]. 上海: 东方出版中心, 2010.

[44] 黄山志编纂委员会. 黄山志 [M]. 合肥: 黄山书社, 2010.

[45] 安徽省地方志编纂委员会. 安徽省志: 教育志 [M]. 北京: 方志出版社, 1997.

后　记

　　江淮儿女勠力攻坚,世纪伟业奋斗有我。为忠实记录我省全面建成小康社会的光辉历程、伟大成就、历史经验,集中展示江淮儿女的奋斗风采,根据中宣部统一部署,中共安徽省委宣传部牵头成立了编委会,组织编写了"纪录小康工程"地方丛书(安徽卷)。省直相关部门负责撰稿,安徽人民出版社承担出版任务。

　　新中国成立七十多年来,特别是党的十八大以来,在中国共产党坚强领导下,安徽人民发扬"敢为天下先"的担当精神,以改革图强的特色、经济发展的底色、科技创新的亮色、扶贫攻坚的成色、民生保障的暖色、生态文明的美色,书写了江淮大地全面建成小康社会的华丽篇章。《全面建成小康社会安徽小康史》站在为现代化美好安徽熔铸"史诗"的高度,按照由远到近、由粗及细、由简到丰的要求,呈现新中国成立以来特别是党的十八大以来安徽全面建成小康社会的生动实践、伟大成就和历史启示,充分反映安徽全面建成小康社会的历史性进程和成就,为在新时代新征程创造江淮大地新传奇提供精神动力。

　　本丛书编写出版得到安徽省委宣传部的精心指导,安徽省委常委、宣传部长郭强,安徽省委宣传部常务副部长王宏,安徽省委宣传部副部长、省新闻出版局（省版权局）局长查结联等同志主持召开专题会，统筹推进编写和出版工作。安徽省乡村振兴局、安徽省统计局、安徽省档案馆、安徽日报社等单位提供或核实了有关资料。

《全面建成小康社会安徽小康史》是安徽省社会科学规划重点项目"安徽全面小康历程和经验研究"（AHSKZ2021D31）和安徽省社会科学创新发展研究委托课题"安徽小康史"（2021WT011）的阶段性研究成果，安徽省社科院杨俊龙和邢军主持了本书的编写统筹工作。本书的具体分工如下：康武刚撰写第一部分，赵胜撰写第二部分，段金萍撰写第三部分，邢军撰写第四部分、结语，童地轴撰写第五部分，刘慧撰写第六部分，占小凤撰写第七部分。段金萍、刘慧协助编辑统稿。省社科院曾凡银、沈天鹰、沈跃春、唐先田、钱念孙，省社科联程必定，省委党史研究院吴静、朱贵平、胡北等专家审读了书稿，提出了十分宝贵的修改意见。

伟大事业孕育伟大精神，伟大精神引领伟大事业。江淮儿女持续接力，激情写就安徽大地全面建成小康社会奋斗史诗。站在新的历史方位，我们将更加自信、更加坚定地以习近平新时代中国特色社会主义思想为指引，以史为鉴、开创未来，忠诚尽职、奋勇争先，乘胜而进开启全面建设社会主义现代化国家新征程，乘风破浪谱写现代化美好安徽建设新篇章！

本书在写作过程中参阅了省内外专家学者的大量研究成果和珍贵图片，由于体例和篇幅所限，引用文献未能在书中全部标注，仅在参考文献中列出，敬请版权所有人谅解。

受编者水平和时间之限，书中难免有疏漏和不足之处，敬请广大读者批评指正。

本书编写组

2022 年 6 月